Marlies Grötzinger arbeitet in einem Kreissozialamt in Baden-Württemberg und ist dort für alle Hilfen nach dem Bundessozialhilfegesetz zuständig. Da viele Menschen den Weg zur Behörde scheuen, bietet sie ihr Fachwissen und ihre Erfahrungen in diesem Buch an.

Originalausgabe Mai 1991

Umschlaggestaltung Manfred Waller
Umschlagfoto Diagonal/Peter Frischmuth, Hamburg
Satz Auerdruck, Donauwörth
Druck und Bindung Elsnerdruck, Berlin
Printed in Germany 5 4 3 2 1
ISBN 3-426-07883-X

Marlies Grötzinger: Pflegebedürftig – Was nun?

Ratgeber

Knaur

Inhalt

Altenhilfe Altenpflege

Private Vorsorge durch Versicherungen und Vereinbarungen

Pflegehilfen und Leistungsgesetze (außerhalb der Sozialhilfe)

Pflegehilfen durch die Sozialhilfe

Sozialhilfe ist vom Einkommen und Vermögen abhängig

Unterhaltspflicht: Vor der Sozialhilfe kommen die Angehörigen

Was kostet ein Platz in einem Alters- oder Pflegeheim?

Kurzer Streifzug durch das Schwerbehindertenrecht

Ausgleich behinderungsbedingter Nachteile für Pflegebedürftige

Ein Wort zu Pflegschaften bzw. Betreuungen

Vorwort

Die Notwendigkeit ist der beste Ratgeber.
(Goethe)

»Immer wieder lese ich von der Pflegeversicherung. Wie kann ich vorsorgen für den Fall der Pflegebedürftigkeit? Ich möchte meinen Kindern nicht zur Last fallen.« Herr S., fünfzig Jahre jung, macht sich Gedanken.
»Meine Eltern können sich nicht mehr allein versorgen. Meine Mutter, die bisher noch rüstig war, baut geistig ab, ist zeitweise verwirrt. Ich bin berufstätig und kann sie nicht pflegen. Wie soll es nur weitergehen?« Verzweiflung zeigt sich im Gesicht der 55jährigen Frau B.
»Ich pflege mein behindertes Kind Tag für Tag, seit seiner Geburt. Gibt es denn keine Hilfe zur Entlastung?« Frau K. ist ratlos.
»Ich lebe allein in meiner Wohnung, gestern bin ich gestürzt, und nur durch einen glücklichen Zufall konnte mir meine Nachbarin helfen. Aber wie wird es das nächste Mal ausgehen. Ich hab' jetzt einfach Angst, allein zu bleiben«, sagt der 77jährige Herr M.
Das sind die Probleme, mit denen ich fast täglich konfrontiert werde. Dabei bin ich überzeugt, daß sich viele Betroffene erst gar nicht an die Behörde wenden, weil die Scheu vor dem Amt einfach zu groß ist. Vergeblich suchte ich bisher nach einem kompetenten Ratgeber, den ich den Ratsuchenden guten Gewissens empfehlen konnte. Hier ist er nun, denn aus dieser Notwendigkeit

heraus ist mein Buch entstanden. Aus der Praxis – für die Praxis.

Dieser Ratgeber will allen helfen, die

- schon in gesunden Tagen für eine eventuelle Pflegebedürftigkeit vorsorgen wollen,
- einen Angehörigen zu Hause pflegen,
- sich nicht (mehr) selbst versorgen können,
- Angehörige in einem Pflegeheim haben,
- Pflegebedürftige oder deren Angehörige beraten wollen.

Suchen Sie ein Buch, das Auskunft darüber gibt, wer bei Pflegebedürftigkeit weiterhelfen kann, und das leicht verständlich ist, trotz manchmal nicht einfacher Rechtsmaterie? Dann war Ihre Wahl richtig.

Dieser Ratgeber bringt Licht in den Paragraphendschungel der Pflegehilfen. Er lüftet insbesondere den Schleier, der die Pflegehilfen der Sozialämter (scheinbar) umhüllt. Die Pflegehilfen nach dem Bundessozialhilfegesetz, insbesondere das Pflegegeld, werden ausführlich dargestellt. Auch eventuelle Folgen für die Angehörigen, wie die Überprüfung der Unterhaltsfähigkeit, kommen nicht zu kurz. Selbstverständlich werden auch die ab Januar 1991 neugeschaffenen Pflegehilfen der gesetzlichen Krankenversicherungen erklärt. Es erstaunt immer wieder, wie wenig Menschen über ihre Rechte und möglichen Unterstützungen seitens des Staates Bescheid wissen. Schlechte Berater wecken zudem unbegründete Ängste, was unterhaltspflichtige Kinder erwartet, wenn Eltern alt werden und die Hilfe des Sozialamtes brauchen.

Das Buch will Mut machen, nicht zu resignieren. Deshalb informiert es umfassend über mögliche Hilfen. Angesprochen werden insbesondere ältere Menschen und ihre Angehörigen, aber auch Familien mit behinderten Kindern und Pflegebedürftige aufgrund eines Unfalls oder einer Krankheit. Weil es »den« Behinderten nicht

gibt, wird auf spezielle Behinderungsarten und ihre jeweiligen Rehabilitationsmöglichkeiten bewußt nicht eingegangen. Die Aussagen, zitierten Rechte und Vorschriften gelten für alle Behinderungsarten gleichermaßen.
Ich danke allen Freunden und Kollegen sowie den Mitarbeitern in der freien Wohlfahrtspflege, die zum Entstehen dieses Buches beigetragen haben.

Marlies Grötzinger

Einführung – Aktuelle Situation

1 Allgemeines, aktuelle Situation

Genau genommen leben sehr wenige Menschen in der Gegenwart.
Die meisten bereiten sich vor, demnächst zu leben.
(Swift)

In den alten Bundesländern leben derzeit rund 2,1 Millionen Menschen, die auf die Hilfe von anderen angewiesen sind. Eine beachtliche Zahl, die seit 1950 um das Vierfache gestiegen ist und auch in Zukunft steigen wird. Die Gründe liegen im medizinischen Fortschritt und damit in der höheren Lebenserwartung der Bevölkerung: So hatte im Jahr 1932 ein Mann eine Lebenserwartung von sechzig Jahren, 1960 von 67 Jahren und 1990 von 72 Jahren. Für Frauen liegt die Lebenserwartung schon heute bei achtundsiebzig Jahren. Die Vereinten Nationen schätzen, daß der Anteil der unter fünfzehn Jahre alten Menschen in den nächsten Jahren vor allem in entwickelten Ländern stark zurückgehen wird. Dafür wird der Anteil der über Sechzigjährigen in der Bevölkerung immer höher. Heute liegt er bei zwanzig Prozent, bereits im Jahr 2030 wird er bei circa vierzig Prozent liegen. Schon heute ist jeder sechste über Sechzigjährige pflegebedürftig. Steigt der Anteil der über Sechzigjährigen wie erwartet auf etwa ein Drittel der Bevölkerung, so wird das erhebliche Probleme mit sich bringen.
Alter ist aber keineswegs immer gleichbedeutend mit Pflegebedürftigkeit. Es gibt viele über Achtzigjährige, die noch ganz gut allein zurechtkommen oder nur kleine

Handreichungen brauchen. Heutzutage wird man *älter*, ist dabei aber *gesünder* als noch vor wenigen Jahren. Gegenwärtige Schätzungen – verläßliche Zahlen gibt es nicht – gehen davon aus, daß rund dreißig Prozent der über Achtzigjährigen fremde Hilfe benötigen. Dagegen wächst der Anteil jüngerer Menschen, die nach einem schweren Schicksalsschlag, einem Unfall oder einer schweren Erkrankung, nicht mehr in der Lage sind, sich selbst zu versorgen. Nicht zuletzt umfaßt der Personenkreis der Pflegebedürftigen Kinder und Erwachsene, die von Geburt an behindert sind und fremde Hilfe brauchen.

Das Risiko, daß wir uns nicht mehr selbst versorgen können und fremder Hilfe bedürfen, kann jeden von uns, unabhängig vom Alter, treffen.

Um Nutzen aus diesem Ratgeber zu ziehen, müssen Sie nicht selbst schon ein sogenannter »Pflegefall« sein (welch schreckliches Wort, das für Menschen, die fremde Hilfe benötigen, inzwischen gebraucht wird) oder einen »Pflegefall« in der Familie haben. Es ist vielmehr gut, wenn wir uns rechtzeitig Gedanken machen, für den Fall, daß . . . Noch besser, wenn wir wissen, wer uns weiterhelfen kann, welche Hilfen das soziale Netz bietet und welche Vergünstigungen, zum Beispiel nach dem Steuerrecht, möglich sind. Das vorliegende Nachschlagewerk will nicht von einem Besuch bei den freien Wohlfahrtsverbänden oder dem Sozialamt abhalten oder eine Rechtsberatung ersetzen, sondern bereits im Vorfeld gezielt informieren und Hilfen aufzeigen. Auch schwierige Rechtslagen werden allgemeinverständlich dargelegt.

2 Die Familie als größter Pflegedienst

Ganz gewöhnliche widrige Umstände können ein ganz ungewöhnliches Gemeinschaftsgefühl hervorbringen.
(Lennard Bickel)

Von den 2,1 Millionen Pflegebedürftigen in den alten Bundesländern werden fast fünfundachtzig Prozent oder 1,7 Millionen zu Hause versorgt. Nur rund fünfzehn Prozent leben in Heimen.
Noch mehr als in den Städten werden in ländlichen Gebieten die Angehörigen in den eigenen Familien gepflegt. Dort leben in jedem siebten Haushalt Pflegebedürftige. Alle diese Menschen, ob Pflegebedürftige oder Pflegende, brauchen Unterstützung. Die Zahl der Pflegebedürftigen und die Pflegedauer wird in den kommenden Jahren erheblich ansteigen. Doch wird die Pflege von Angehörigen zu Hause mehr Probleme bereiten als bisher: Die Großfamilie früherer Jahre gibt es nicht mehr, immer mehr Menschen leben allein, und die Frauen der mittleren Generation, die in aller Regel die Pflegearbeit leisten müßten, sind überwiegend berufstätig.
Die Pflege von Angehörigen zu Hause bringt für alle Beteiligten eine enorme Belastung mit sich. Für Pflegende bedeutet Pflege den Verlust eines unabhängigen Lebens, so können Freizeit und Urlaub nicht mehr nur nach eigenen Wünschen geplant werden. Für Berufstätige kommt in der Regel hinzu, daß sie den Beruf aufgeben oder einschränken müssen und dadurch neben den psychischen und physischen Belastungen auch noch finanzielle Einbußen hinnehmen müssen. Betroffen sind überwiegend Frauen, da sie es sind, die ihre pflegebedürftigen Kinder, Ehemänner, Mütter, Schwiegermüt-

ter oder Schwiegerväter betreuen. Viele Frauen in der Lebensmitte sehen sich vor diese neue Aufgabe gestellt, wenn Eltern alt und pflegebedürftig werden.
Selbst Politiker haben in den letzten Jahren erkannt, daß es notwendig ist, zur Entlastung der Pflegenden und

für die Pflegebedürftigen Erleichterungen zu schaffen. Sie sprechen von »dringendem Handlungsbedarf«. Inzwischen ist auch schon einiges geschehen. Hilfen wurden vor allem im ambulanten Bereich als familienergänzende und familienunterstützende Dienste und für Alleinstehende geschaffen bzw. ausgebaut. Im Rahmen des Gesundheitsreformgesetzes (GRG) wurden Pflegehilfen der gesetzlichen Krankenkassen im häuslichen Bereich eingeführt. Doch das Angebot an Diensten und Hilfen sowie die finanzielle Unterstützung reichen bei weitem nicht aus. Immer noch haben zum Beispiel Familienangehörige, die ein schwerkrankes Familienmitglied pflegen, keinen Schutz der gesetzlichen Unfallversicherung, wenn sie auf dem Weg zum Pflegebedürftigen verunglücken. Die gesetzliche Unfallversicherung muß in solchen Fällen nicht bezahlen, so hat das Bundessozialgericht jüngst in einem Grundsatzurteil entschieden. Ab 1992 sollen wenigstens Pflegezeiten in der gesetzlichen Rentenversicherung anerkannt werden. Doch es bleibt noch viel zu tun. Da sich die Situation in den nächsten Jahren eher verschärfen als entspannen wird, müssen die Verantwortlichen vor allem rechtzeitig Anreize für den Ausbau weiterer ambulanter Hilfen schaffen.

Heute hören wir überall vom Pflegenotstand. Weder in den Krankenhäusern und Heimen, noch bei den ambulanten Gesundheits- und sozialpflegerischen Diensten sind genügend Pflegekräfte vorhanden. Zuschüsse von seiten des Staates an die Anbieter wären dringend erforderlich, um die Pflegekräfte besser und gerechter entlohnen zu können. Wenn das Angebot den Preis regelt, ist zu befürchten, daß soziale Dienste in einigen Jahren unerschwinglich werden. Um die Nachfrage braucht sich niemand zu sorgen. Auch die Situation der Pflegenden muß gebessert werden, damit Ausbildungen in Alten- und Krankenpflege wieder attraktiver sind.

3 Wer kann weiterhelfen?

Dem Menschen einen Glauben schenken,
heißt seine Kraft verzehnfachen.
(Le Bon)

Jeder Pflegebedürftige hat ein Recht auf Auskunft und Beratung, wer wie und unter welchen Voraussetzungen weiterhelfen kann. *Staatliche* Auskunfts- und Beratungsstellen sind in erster Linie die Kostenträger für die möglichen Leistungen, zum Beispiel gesetzliche Krankenkassen, Gesundheitsämter, Sozial- und Versorgungsämter, aber auch die Gemeindebehörden. Daneben gibt es im gesamten Bundesgebiet *gemeinnützige Organisationen*, die sich zur Aufgabe gemacht haben, Pflegebedürftigen und/oder ihren Angehörigen mit Rat, Informationen und Hilfen zur Seite zu stehen. Dies sind einerseits die Verbände der freien Wohlfahrtspflege, aber auch Interessenverbände und aus privater Initiative entstandene Einrichtungen. Informationen und Beratung sind kostenlos und in der Regel nicht von Mitgliedschaften abhängig. Im Einzelfall kann man sich an die folgenden Stellen um Hilfe wenden:

3.1 Rathäuser

Rathäuser, Bürgermeisterämter, Gemeinde- und Ortsverwaltungen sind für viele die nächsten Ansprechpartner vor Ort. Sie können für alle Bürger, auch für Pflegebedürftige oder pflegende Angehörige, Anlaufstelle und Wegweiser sein.
Wie sieht die Hilfe konkret aus?
Die meisten Mitarbeiter der Gemeindebehörden wis-

sen, wann öffentliche Leistungen des Staates möglich sind und welche privaten sozialen Organisationen am Ort welche Hilfen anbieten. Oft liegen bei den Gemeindebehörden Faltblätter und Broschüren, die über mögliche Hilfen informieren.

3.2 Träger der freien Wohlfahrtspflege

Die Liga der freien Wohlfahrtspflege berät als Träger von verschiedenen Beratungsdiensten durch örtliche Dienststellen Ratsuchende in den verschiedensten Bereichen. Die Träger der freien Wohlfahrtspflege bestimmen im Gegensatz zu den staatlichen Stellen in ihren jeweiligen Satzungen selbst, welche Hilfen sie anbieten und welchen Personenkreis sie betreuen wollen.
In der freien Wohlfahrtspflege sind bundesweit durch Orts-, Kreis- und Landesverbände tätig:

- die Arbeiterwohlfahrt (AWO),
- der Caritasverband,
- das Deutsche Rote Kreuz (DRK),
- der Deutsche Paritätische Wohlfahrtsverband (DPWV),
- das Diakonische Werk,
- die Zentralwohlfahrtsstelle der Juden.

Neben der freien Wohlfahrtspflege haben sich viele Interessenverbände gebildet, zum Beispiel der VdK und der Reichsbund, die ihre Beratung und Hilfe überwiegend den Kriegs- und Wehrdienstopfern und deren Hinterbliebenen, den Behinderten und Sozialrentnern anbieten.
Rat und Hilfe für Behinderte und ihre Angehörigen bieten darüber hinaus zahlreiche Wohlfahrts- und Behindertenverbände im Rahmen ihrer Zielsetzungen an. Die Adressen der Bundesverbände der freien Wohl-

fahrtspflege sind im Adressenteil aufgeführt. Nicht alle Organisationen sind in jeder Stadt oder jedem Landkreis vertreten. Wie und wo welcher Verband am Ort zu erreichen ist, läßt sich dem Telefonbuch entnehmen. Auch Gemeindeverwaltungen oder kirchliche Behörden geben Auskunft.
Die Verbände arbeiten in der Bundesarbeitsgemeinschaft der freien Wohlfahrtspflege eng zusammen. Jeder, der Rat und Hilfe braucht, kann sich an die Stelle wenden, die es an seinem Wohnort gibt und die der eigenen Weltanschauung am ehesten entspricht.
Die Träger der öffentlichen Fürsorge sollten mit den freien Wohlfahrtsverbänden möglichst eng zusammenarbeiten, um so ein geschlossenes Netz der sozialen Hilfen zu schaffen.

Wie sieht die Hilfe konkret aus?

Sie rufen bei einem Verband an Ihrem Wohnort oder Landkreis an und vereinbaren einen Termin für ein Beratungsgespräch. Entweder kommt der Mitarbeiter, in der Regel sind das ausgebildete Sozialarbeiter oder Sozialpädagogen, zu Ihnen nach Hause, oder Sie besuchen das Büro des Verbandes. Das erste Gespräch dient vor allem dem Kennenlernen und dem Schildern Ihres Einzelfalles. Die Beratung ist kostenlos und in der Regel nicht von einer Mitgliedschaft, Konfession oder von sonstigen Voraussetzungen abhängig. Ob bereits weitere Schritte eingeleitet werden, entscheiden Sie selbst. Die Ansprechpartner in den Wohlfahrtsverbänden wissen, welche Hilfen von welcher Stelle am Ort angeboten werden und unter welchen Bedingungen. Die verschiedenen Möglichkeiten werden durchgesprochen und je nachdem, für welche Sie sich entscheiden, werden Dienste vermittelt, Anträge ausgefüllt, gemeinsam die Einrichtungen besichtigt usw.

VdK und Reichsbund bieten darüber hinaus ihren Mitgliedern an, die Vertretung bei sozialgerichtlichen Verfahren zu übernehmen.

3.3 Sozialdienste in Krankenhäusern

Oft zeigt sich während eines Aufenthaltes in einem Krankenhaus, daß der Patient nach der Entlassung nicht mehr allein sein Leben gestalten kann. Im schlimmsten Fall kommt der Arzt zum Patienten, oder er offenbart den Angehörigen, daß nun ärztlicherseits mit keiner Besserung mehr zu rechnen ist und ein »Pflegefall« vorliegt. Das wirkt wie ein Schlag in die Magengegend. Der nunmehr Behinderte oder Pflegebedürftige und auch die Angehörigen blicken dieser Situation oft völlig hilflos entgegen. Sie werden allein gelassen, es fehlen die Ansprechpartner, um zu klären, wie es konkret weitergehen soll. Aus dieser Not heraus wurden inzwischen in den meisten Krankenhäusern Sozialdienste eingerichtet.

Wie sieht die Hilfe konkret aus?

Die Sozialdienste in den Krankenhäusern sind in der Regel mit Sozialarbeitern oder Sozialpädagogen besetzt. Wo sich das Büro befindet, erfahren Sie an der Pforte, von den Krankenschwestern oder vom Arzt selbst. Patienten und Angehörige können noch während des Aufenthaltes im Krankenhaus einen Besprechungstermin vereinbaren, bei dem sie die Situation schildern und der Mitarbeiter des Sozialdienstes sie über die Möglichkeiten der weiteren Hilfe informiert. Er kennt die örtlichen Hilfsangebote und vermittelt die verschiedenen ambulanten Dienste. So können sich Pflegebedürftige und Angehörige besser auf die neue Lebenssituation einstellen. Ist eine Aufnahme in einem Heim unumgänglich, so wird zusammen ein Heimplatz gesucht und auch die Finanzierung geklärt.

3.4 Sozialdienste von Krankenkassen

Nahezu alle größeren Krankenkassen haben in den vergangenen Jahren ebenfalls Sozialdienste eingerichtet, die die Mitglieder bei der Bewältigung von krankheitsbedingten Belastungen unterstützen, Dienste vermitteln und zur Selbsthilfe aktivieren.

Wie sieht die Hilfe konkret aus?

Sie rufen bei Ihrer Krankenkasse an oder schreiben einen kurzen Brief und bitten um den Besuch des Sozialdienstes. Es kommt nicht selten vor, daß der Sozialdienst in außergewöhnlichen Krankheitsfällen von der Leistungsabteilung der Kasse bereits informiert worden ist und wegen des Verlaufs der Krankengeschichte vermutet, daß ein Mitglied Hilfe braucht. Dann kommt der Sozialdienst direkt – telefonisch oder schriftlich – auf Sie zu und bietet Unterstützung an. Es ist nur ein Angebot und keine Verpflichtung. Wenn Sie sich einer fremden Person nicht anvertrauen wollen, dann brauchen Sie auf die angebotene Hilfe nicht zu reagieren.
Die Sozialdienste der Krankenkassen beraten in erster Linie über mögliche Behandlungen, Kur- und Rehabilitationsmaßnahmen und helfen auch beim Ausfüllen notwendiger Anträge. Sie besorgen Hilfsmittel, wie Pflegebetten, Rollstühle usw. und vermitteln ambulante Hilfsdienste. Auf Wunsch werden Hausbesuche gemacht, um die häusliche Situation kennenzulernen und dadurch noch gezielter helfen zu können.

3.5 Gesundheitsämter

Jede größere Stadt und jeder Landkreis haben ein oder mehrere Gesundheitsämter. In nahezu allen Gesundheitsämtern sind in den vergangenen Jahren vermehrt Sozialdienste eingerichtet worden, die mit ausgebildeten Fachkräften besetzt sind.

Wie sieht die Hilfe konkret aus?

Auch die Mitarbeiter der Sozialdienste bei den Gesundheitsämtern sind in erster Linie zur Beratung da. Das Bundessozialhilfegesetz (§ 126 BSHG) weist den Gesundheitsämtern ausdrücklich die Aufgabe der Beratung von behinderten Menschen zu. Wenn Sie Hilfe wünschen, rufen Sie bei Ihrem Gesundheitsamt an oder schreiben ein paar Zeilen. Bei einem Gespräch, entweder im Amt oder bei Ihnen zu Hause, erläutern die Mitarbeiter die verschiedenen Hilfsmöglichkeiten, vermitteln Kontaktadressen – zum Beispiel von Selbsthilfegruppen –, und das alles ganz auf Ihre Bedürfnisse zugeschnitten.

3.6 Krankenpflegeorganisationen, Sozialstationen

Inzwischen gibt es fast flächendeckend Krankenpflegeorganisationen, ob sie nun – je nach Trägerschaft – Sozialstationen, Diakoniestationen, Gemeindeschwesternstationen, Krankenpflegevereine oder so ähnlich heißen. Von Ort zu Ort können sie verschiedene Namen tragen. Bei diesen sozialen Organisationen sind verschiedene ambulante Pflegedienste organisatorisch zusammengefaßt. Im einzelnen können dies sein:

– Krankenpflege,
– Altenpflege,
– Haus- und Familienpflege,
– weitere soziale und pflegerische Dienste,
– Nachbarschaftshilfe.

Als Träger der genannten Einrichtungen treten sowohl die freien Wohlfahrtsverbände als auch Kirchengemeinden oder Kommunen auf. In ländlichen Gebieten haben sich meistens mehrere Gemeinden zu einer gemeinsamen Krankenpflegeorganisation zusammengeschlossen.

Wie sieht die Hilfe konkret aus?

Sozialstationen sind die wichtigsten Ansprechpartner, wenn eine Krankenschwester oder ein Krankenpfleger zur Pflege von kranken und alten Menschen ins Haus kommen soll, also Krankenpflege zu leisten ist. Dadurch können Krankenhausaufenthalte verkürzt oder vermieden und/oder ärztliche Verordnungen durchgeführt werden. Die Familie wird entlastet und erhält Anleitung und Beratung zur Pflege von kranken Angehörigen. In vielen Fällen kann durch den Einsatz der Sozialstationen ein Heimaufenthalt eines Pflegebedürftigen vermieden oder zumindest hinausgeschoben werden. Die ausgebildeten Fachkräfte und ehrenamtlichen Helfer informieren und vermitteln auch über die eigentliche Alten- und Krankenpflege hinausgehende Hilfen, die von Ort zu Ort verschieden sein können. So bieten viele Sozialstationen selbst weitere ambulante Dienste, zum Beispiel »Essen auf Rädern« an. Nachfragen lohnt sich bestimmt.

In der Haus- und Familienpflege springt eine Familienpflegerin oder Dorfhelferin ein, wenn die Mutter durch Krankheit, Geburt, Erholungsaufenthalt oder andere Umstände nicht mehr für die Familie sorgen kann.

Praktischer Hinweis:

Entweder hat man Sie bereits in einem Beratungsgespräch der erwähnten Sozialdienste auf die Krankenpflege aufmerksam gemacht, oder Sie wenden sich direkt an die für Ihren Ort zuständige Sozialstation oder Einrichtung, deren Adresse Sie im Telefonbuch finden. Meistens ist ein formeller Antrag nicht notwendig, sondern ein Telefonanruf genügt. Häufig werden die Einrichtungen der ambulanten Krankenpflege vom behandelnden Arzt oder direkt vom Krankenhaus über die Notwendigkeit der Hilfe informiert. Der Arzt kann so mit den Mitarbeitern besprechen, was im Einzelfall an Krankenpflege zu leisten ist.

3.7 Sozialämter

Allein dieses Wort und der Gedanke, zum Sozialamt gehen zu müssen, wecken in vielen Menschen unangenehme Gefühle. Der Gang dorthin wird leider auch heute noch häufig als Bettelgang angesehen und deshalb so lange wie möglich vermieden. Die Hemmschwelle ist besonders bei älteren Menschen unglaublich hoch. Das sollte nicht sein. Die meisten Beamten und öffentlich Bediensteten entsprechen heute nicht mehr dem negativen Bild, das in vielen Köpfen scheinbar unauslöschbar gespeichert ist. Vielmehr beweisen die Erfahrungen vieler Hilfesuchender, daß sie von den Mitarbeitern in den Sozialbehörden freundlich und zuvorkommend behandelt worden sind. Gerade ältere Menschen, die im Umgang mit Behörden häufig unerfahren und deshalb unsicher sind, sollten nicht aus Furcht vor dem Unbekannten und Unangenehmen auf die ihnen gesetzlich zustehenden Hilfen verzichten.

Wie sieht die Hilfe konkret aus?

Sie wenden sich an Ihr örtliches Sozialamt, das bei Ihrem Stadt- oder Landkreis eingerichtet ist. Das kann formlos, telefonisch oder schriftlich, geschehen. Es ist nicht notwendig, daß Sie einen formellen Antrag auf Hilfe stellen. Fürs erste genügt es auch, wenn Sie bei Ihrer Gemeindeverwaltung Ihre Notlage schildern. Die Mitarbeiter werden Ihre Situation schriftlich festhalten und an das zuständige Sozialamt weiterleiten.
Die Mitarbeiter der Behörden sind gesetzlich verpflichtet, Sie zu beraten und Ihnen zu helfen, sobald die Notlage dem Amt bekannt ist. Zur Beratungspflicht gehört auch, daß Ihnen gesagt wird, welche wirtschaftlichen Hilfen von seiten des Staates, insbesondere nach dem Bundessozialhilfegesetz, möglich sind. Damit Sie bereits vor einem Gespräch Bescheid wissen, werden die Hilfen, die der Staat für Pflegebedürftige vorsieht sowie ihre Voraussetzungen, ausführlich in mehreren Kapiteln dieses Ratgebers besprochen.

3.8 Verbände der Nachbarschaftshilfe

Nicht immer sind hauptamtliche Kräfte erforderlich, wenn es darum geht, Pflegebedürftigen zu helfen oder pflegende Angehörige zu entlasten. In den vergangenen Jahren haben sich vermehrt engagierte Menschen entweder in Eigeninitiative oder mit Unterstützung von sozialen Organisationen oder Kirchengemeinden zusammengeschlossen und sogenannte Nachbarschaftshilfen organisiert. So sind heute in fast jeder Kommune, auch in sehr kleinen Gemeinden, Verbände der Nachbarschaftshilfe anzutreffen. Die Verbände koordinieren den Einsatz ihrer freiwilligen Helfer und wickeln versicherungsrechtliche Fragen ab.

Wie sieht die Hilfe konkret aus?

Die Menschen »aus der Nachbarschaft« helfen in der Regel neben- und ehrenamtlich. Die Einsatzmöglichkeiten sind vielfältig. Die Helfer sind immer dann zur Stelle, wenn Besorgungen zu machen sind, Arbeiten oder Reparaturen in Haushalt und Garten anfallen oder pflegende Angehörige unterstützt werden sollen. Schüler oder Studenten, Hausfrauen oder Rentner verdienen sich so ein Taschengeld und helfen gleichzeitig ihren Mitmenschen. Die Helferinnen und Helfer arbeiten stundenweise. Pro Einsatzstunde wird meistens ein Betrag zwischen neun und zwölf Mark erhoben.
Überlegen Sie sich, bei welchen Arbeiten Sie Hilfe brauchen, und wenden Sie sich dann an einen am Ort ansässigen Wohlfahrtsverband. Auch Ihre Gemeindeverwaltung kann Ihnen sagen, wer in Ihrer Nähe Nachbarschaftshilfe anbietet.

3.9 Gesprächskreise und Selbsthilfegruppen

Gesprächskreise und Selbsthilfegruppen haben sich vor allem zur Aufgabe gemacht, die soziale Situation von Pflegebedürftigen und Pflegenden zu verbessern. Der Schwerpunkt liegt in der praktischen Lebensberatung und im Austausch von Erfahrungen. Beide Seiten, Pflegebedürftige und Pflegende fühlen sich oft allein gelassen und isoliert. So haben sich inzwischen, meist auf Anregung und mit Unterstützung der Wohlfahrtsverbände, in vielen Städten und Gemeinden Selbsthilfegruppen und Gesprächskreise von »pflegenden Angehörigen« gebildet. Auch rein private Eigeninitiativen führen nicht selten zu regelmäßigen Treffen, bei denen Gedankenaustausch möglich ist, wie zum Beispiel bei einem gemeinsamen Mittagstisch von mehreren älteren und alleinstehenden Frauen.

Wie sieht die Hilfe konkret aus?

Nicht jeder kann über seine Probleme offen mit anderen sprechen. Die Hilfe, die Gesprächskreise bieten können, hängt deshalb in hohem Maße von der Persönlichkeit der einzelnen Gruppenmitglieder ab. In Selbsthilfegruppen kann man etwas anonymer bleiben und erhält trotzdem Hilfe. Oft werden umfassende und detaillierte Erkenntnisse aus der eigenen Erfahrung ausgetauscht und dadurch andere Gruppenmitglieder motiviert.
Kontakte zu einer Gruppe von »pflegenden Angehörigen« zeigen: Nach jahrelanger Pflegearbeit sind viele Pflegende – wie bereits festgestellt, sind dies vor allem Frauen mittleren Alters – mit ihren eigenen Kräften am Ende. Vielen ist bereits damit geholfen, daß sie einfach mal für wenige Stunden aus dem Alltagstrott herauskommen und mit anderen reden können, die dieselben Probleme haben. Nicht nur Erfahrungen werden in den Gruppen ausgetauscht, auch Vorträge, zum Beispiel über Fragen der Krankenpflege, oder gemeinsame Ausflüge stehen auf dem Programm. Oft erfahren die ansonsten relativ isoliert lebenden, weil stark eingebundenen Frauen erst bei Vorträgen und Fortbildungen der Gruppe von möglichen Hilfen bei der täglichen Pflegearbeit. Die Isolation, die vorher oft beklagt wurde, ist durchbrochen, meistens entwickeln sich persönliche Freundschaften.

Tip:

Wenn Sie einfach mal in eine Gruppe hineinschnuppern wollen, erkundigen Sie sich bei Ihrer Gemeindeverwaltung oder den Verbänden der freien Wohlfahrtspflege, ob es in Ihrer Umgebung bereits Gesprächskreise und Selbsthilfegruppen von pflegenden Angehörigen gibt. Sie können auch selbst eine Initiative starten, indem Sie zum Beispiel eine Kontaktanzeige in Ihre Tageszeitung setzen und so Menschen ansprechen, die von sich aus nicht besonders kontaktfreudig sind.

Welche Hilfen gibt es überhaupt? – Ein Überblick

1 Allgemeines

Wenn man seinem Nächsten einen steilen Berg hinaufhilft, kommt man selbst dem Gipfel näher.

(John C. Cornelius)

Welche Ansprechpartner bei Pflegebedürftigkeit weiterhelfen können, ist nun bekannt. Dieses Kapitel soll einen Überblick über die verschiedenen Hilfsmöglichkeiten geben. Auf weitergehende Ausführungen in anderen Kapiteln wird an Ort und Stelle verwiesen.
In der Betreuung von Kranken und Pflegebedürftigen gilt der Grundsatz: *Rehabilitation geht der Pflege vor.* Das ist auch richtig, denn solange mit medizinischen und rehabilitativen Maßnahmen ein Zustand gebessert werden kann, sollte das auf jeden Fall geschehen. Das bedeutet aber nicht, daß im Einzelfall vor möglichen Pflegehilfen alle Rehabilitationsmaßnahmen abgeschlossen sein müssen.
Auch wenn jemand pflegebedürftig ist, sind die Betroffenen nicht ganz auf sich allein gestellt. Eines gleich vorweg:
– Es gibt für behinderte und ältere Menschen viele Hilfen, die es ihnen ermöglichen, in der Familie oder der vertrauten Umgebung der eigenen Wohnung zu bleiben, auch dann, wenn die eigenen Kräfte nachlassen.
– Menschen, die einen Angehörigen pflegen, sollten nicht erst dann Hilfe von außen in Anspruch nehmen, wenn es gar nicht mehr anders geht. Durch eine frühzeitige Unterstützung in einzelnen Bereichen können die

physischen und psychischen Kräfte besser eingeteilt werden.
Nicht erst seit die Kostenentwicklung im Gesundheitswesen diskutiert wird, gilt in der Unterstützung von Hilfsbedürftigen die Maxime: *ambulante Hilfen sind stationären Aufenthalten vorzuziehen.* In aller Regel entspricht dies auch dem Willen der Betroffenen. Neben ambulanten Diensten und Hilfsmitteln bietet unsere Sozialordnung finanzielle Hilfen wie Pflegegelder und Pflegezulagen. Erst wenn diese Hilfen nicht mehr ausreichen oder nicht möglich sind, soll ein Umzug in ein Heim notwendig werden.

2 Hilfen zu Hause

Die Menschen, denen wir eine Stütze sind,
geben uns den Halt im Leben.
(Marie v. Ebner-Eschenbach)

Krankenkassen, Kirchen, Städte und Landkreise und vor allem die Träger der freien Wohlfahrtspflege haben in den vergangenen Jahren ambulante Gesundheits-, Sozial- und Pflegedienste weiter ausgebaut und dem ständig steigenden Bedarf angepaßt. Inzwischen ist ein fast flächendeckendes Netz ambulanter Dienste entstanden. Niemand soll heute mehr zu einem Heimaufenthalt gezwungen werden, nur weil es nicht genügend Hilfen für eine Versorgung zu Hause gibt.
Im folgenden werden die wichtigsten Hilfsangebote dargestellt. Es ist durchaus möglich, daß von Stadt zu Stadt andere, ähnliche oder darüber hinausgehende Hilfen angeboten werden – oder sie haben ganz einfach andere

Namen. Deshalb ist es ratsam, sich im Einzelfall bei den Ansprechpartnern vor Ort genau zu informieren.

2.1 Pflegen lernen

Wir werden heute zunehmend mit den Auswirkungen des Pflegenotstandes konfrontiert. Es gibt zuwenig Krankenschwestern und Krankenpfleger. Die Träger der freien Wohlfahrtspflege und andere Krankenpflegeorganisationen können nicht alle Wünsche nach Hilfe erfüllen, da es an Personal mangelt. Dabei werden nicht nur ausgebildete Kräfte gebraucht. Manchmal sind nur einfache Handreichungen vonnöten, die jeder innerhalb kürzester Zeit lernen kann. Menschen, die gerne anderen helfen, sollten deshalb lernen, wie man pflegt. Bei allen in der Sozialarbeit, der Kranken- und Behindertenhilfe tätigen Stellen und Organisationen bestehen für ehrenamtliche Kräfte umfangreiche Mitwirkungsmöglichkeiten. Sicher könnte die Zahl der Heimaufnahmen nochmals verringert und die Pflegebereitschaft in den Familien gestärkt werden, würden mehr Menschen sich zutrauen, Krankenpflege zu leisten. Die Träger der freien Wohlfahrtspflege bieten häufig Kurse in häuslicher Krankenpflege an. Dadurch sollen Laien befähigt werden, ganz alltägliche Pflegesituationen wie zum Beispiel eine Ganzkörperwäsche, zu meistern. Die Kosten sind gering, nicht selten werden die Kurse kostenlos angeboten und – sie können nicht nur von Frauen belegt werden. Meist besteht der Kreis aus pflegenden Angehörigen. Vielerorts haben sich aus diesen Kursen Selbsthilfegruppen gebildet.
Aber auch Menschen, die keine Krankenpflege leisten können oder wollen, können als ehrenamtliche Mitarbeiter von Nachbarschafts- oder Wohlfahrtsverbänden Kranken oder Behinderten durch persönliche Zuwen-

dung und Kontakte helfen, die gerade bei diesem Personenkreis besonders wichtig sind.

2.2 Ambulante pflegerische Dienste – Krankenpflege

Mit Recht darf man die Unterstützung in der Pflege von Kranken und Behinderten als die wichtigste ambulante Hilfe überhaupt bezeichnen. Überwiegend wird sie von Fachkräften der Sozialstationen, Gemeindeschwesternstationen und sonstigen Krankenpflegestationen geleistet. Die ausgebildeten Krankenschwestern oder Krankenpfleger kommen nach Hause und leisten sowohl Grund- als auch Behandlungspflege.
Zur *Behandlungspflege* gehören ausschließlich medizinische Hilfen: so verabreichen die Krankenpflegekräfte notwendige Medikamente und Injektionen, behandeln Wunden, wechseln Verbände, machen Bewegungsübungen und ähnliches. Oft kann nur dadurch der Aufenthalt in einem Krankenhaus verkürzt und eine Aufnahme in einem Heim auf Dauer vermieden werden.
Gegenstand der *Grundpflege* sind alle pflegerischen Maßnahmen. Dazu gehören insbesondere die Hilfe beim Aufstehen, beim Anziehen, bei der Körperhygiene, aber auch Tag- und Nachtwachen.
Nun läßt sich niemand gerne von fremden Personen die Wäsche wechseln. Doch Hemmungen und Scheu müssen nicht sein, sind sogar fehl am Platz. Die Krankenpflegekräfte sind schließlich da, um zu helfen. Der Kranke oder Pflegebedürftige hilft sich selbst am meisten, wenn er versucht, zu den Helfern ein ähnliches Verhältnis wie zu seinen Ärzten aufzubauen.
Auch für die Angehörigen sind die ausgebildeten Krankenpflegepersonen wichtige Helfer und Ansprechpartner. Entlastung und Unterstützung der pflegenden Angehörigen ist so wichtig wie die Pflege selbst, werden die

pflegenden Angehörigen doch mit ihrer schwierigen Aufgabe häufig allein gelassen. Da hilft ein Gespräch von Mensch zu Mensch oft mehr als »Gemütsaufheller« aus der Apotheke.

Praktische Hinweise:

Die häusliche Krankenpflege wird, soweit Behandlungspflege zu leisten ist, vom Arzt verordnet. Die Kosten übernimmt in der Regel die Krankenkasse. Näheres ist im Kapitel Pflegehilfen und Leistungsgesetze unter Punkt 2.5.1 ausgeführt.
Ist das Einkommen gering und nur wenig Vermögen vorhanden, die ambulante Krankenpflege aber auf Dauer notwendig, oder zahlt die Krankenkasse nicht alles, ist es ratsam, auch beim zuständigen Sozialamt wegen der Kostenübernahme nachzufragen.

2.3 Individuelle Schwerstbehindertenbetreuung

Viele schwerst geistig- und mehrfachbehinderte Menschen leben in Heimen. Doch gibt es nicht wenige Familien, die es auf sich nehmen, den Behinderten selbst zu betreuen. Diese brauchen dringend Entlastung. Einige Wohlfahrtsverbände haben deshalb mobile Hilfs- und Betreuungsdienste für Schwerstbehinderte eingerichtet. Auch diesem Personenkreis soll ein Höchstmaß an Eigenverantwortung, Selbständigkeit und individueller Lebensgestaltung erhalten und damit die Fortführung ihres Lebens im häuslichen und familiären Bereich ermöglicht werden.
Die Hilfe wird vor allem von Zivildienstleistenden oder freien – in der Regel fachlich vorgebildeten – Helfern der Wohlfahrtsträger geleistet. Dabei steht nicht die qualifizierte Krankenpflege, die die Fachkräfte der Krankenpflegeorganisationen leisten, im Vordergrund.

Aufgaben der Helfer sind beispielsweise
- die allgemeine Betreuung,
- die Unterstützung bei der Haushaltsführung,
- die Übernahme von kleineren Pflegediensten wie Haare waschen, Maniküre oder Pediküre,
- Fahr- und Begleitdienste sowie
- die Entlastung von Angehörigen.

Praktische Hinweise:

Meistens ist die Nachfrage nach der Schwerstbehindertenbetreuung wesentlich höher als das Angebot. Deshalb der Rat: erkundigen Sie sich rechtzeitig, welche Organisationen in Ihrer Umgebung die Betreuung anbieten, und melden Sie Ihr Interesse an der Betreuung frühzeitig an. Lassen Sie sich gegebenenfalls auf eine Warteliste setzen.
Hat ein Betreuungsverhältnis einmal begonnen, wird es meist auf Dauer fortgesetzt. Um ein Vertrauensverhältnis aufzubauen, wird der Behinderte, wenn möglich, immer vom selben Helfer oder Zivildienstleistenden betreut. Im Normalfall sind die Einsätze stundenweise, bei Bedarf kann auch kurzfristig eine 24-Stunden-Betreuung stattfinden.
Die Kosten liegen bei ungefähr zehn Mark pro Einsatzstunde. Sie werden von den Krankenkassen im Rahmen der neugeschaffenen Pflegehilfen übernommen. Wegen den Voraussetzungen siehe Kapitel »Pflegehilfen und Leistungsgesetze«, Punkt 2. Bei geringem Einkommen kommt auch eine Kostenbeteiligung des zuständigen Sozialamtes in Frage, wenn die Leistungen der Krankenkasse nicht ausreichen.

2.4 Mahlzeitendienste

Mahlzeitendienste werden überwiegend von älteren

Menschen, die nicht mehr selbst einkaufen und kochen können, in Anspruch genommen. Sie machen unabhängig von Angehörigen und ermöglichen somit noch weitgehend eine selbständige Lebensführung.
Die wichtigsten Mahlzeitendienste sind:
– Essen auf Rädern und der
– stationäre Mittagstisch.

Das *Essen auf Rädern* wird entweder täglich warm oder einmal in der Woche tiefgekühlt in die Wohnung gebracht. Bei Tiefkühlkost (die notwendigen Geräte können ausgeliehen werden) können die Bezieher jeden Tag das Gericht auswählen und aufwärmen, auf das sie gerade Appetit haben. Sie können auch die Essenszeit selbst bestimmen. Vorteil der täglichen Anlieferung ist, daß täglich jemand ins Haus kommt. Oft ist der tägliche Besuch des Essenbringers der einzige Kontakt, den alte Menschen zur Außenwelt haben.
Der *stationäre Mittagstisch* wird von Altentagesstätten, Alten- oder Pflegeheimen in deren Räumen serviert. Ältere Menschen aus der Umgebung der Heime können so zusammen mit den Heimbewohnern das Mittagessen einnehmen. Eine gute Sache, wenn jemand seine Wohnung noch verlassen kann. Nicht nur Alleinstehende sollten sich deshalb aufraffen, ein frisches Kleid oder ein frisches Hemd anziehen, um sich mit Menschen zu treffen, die in einer ähnlichen Lage sind. Bei angeregten Gesprächen schmeckt das Essen nochmal so gut, und man ist dem Alleinsein für einige Stunden entronnen.
Gespräche mit Ernährungsberatern machen einen weiteren Vorteil deutlich: Die Mahlzeitendienste stellen eine gesunde und abwechslungsreiche Ernährung sicher, da das Essen nach ernährungswissenschaftlichen Erkenntnissen zubereitet ist. Fast alle Organisationen bieten auch Diätkost, zum Beispiel bei Diabetes, oder Schonkost an.

Praktische Hinweise:

Mahlzeitendienste werden von den Verbänden der freien Wohlfahrtspflege und den von ihnen getragenen Einrichtungen wie Sozialstationen, Alten- und Pflegeheimen, von gemeinnützigen Vereinen oder Großküchen, meistens zum Selbstkostenpreis angeboten. Erkundigen Sie sich bei den Geschäftsstellen dieser Einrichtungen oder bei Ihrer Gemeindeverwaltung, wer in Ihrer Umgebung diesen Service anbietet. Die Kosten liegen pro Mahlzeit bei sechs bis zehn Mark und sind damit nicht viel höher, als wenn selbst gekocht wird. Wer nur geringe Einkünfte und nicht viel Vermögen hat, kann beim Sozialamt nachfragen, ob die Kosten von dort übernommen werden oder wenigstens ein Zuschuß möglich ist. Wegen der Voraussetzungen im einzelnen siehe Kapitel »Pflegehilfen durch die Sozialhilfe«, Punkt 7.5.

2.5 Hilfen für den Haushalt

Viele ältere, behinderte oder alleinstehende Menschen wollen möglichst lange in ihrer eigenen Wohnung bleiben und selbständig ihren Haushalt führen. Allerdings fehlen ihnen die Kräfte für einzelne schwere Tätigkeiten, wie zum Beispiel Fenster putzen, Kohlen schleppen oder den Frühjahrsputz. Warum sollten sie aus diesem Grund ihre Selbständigkeit eintauschen gegen einen Heimplatz? Für Handreichungen dieser Art sind keine ausgebildeten Fachkräfte erforderlich. Vor allem ehrenamtliche Helferinnen und Helfer von der organisierten Nachbarschaftshilfe oder Zivildienstleistende von Wohlfahrtsverbänden können hier entlasten. Sie übernehmen auch kleinere handwerkliche Arbeiten oder Reparaturen in der Wohnung, helfen im Garten und kaufen ein.

Praktische Hinweise:

Die Kosten werden pro Einsatzstunde erhoben und liegen meistens zwischen fünf und zehn Mark.
Bei geringem Einkommen und Vermögen hilft das Sozialamt. Näheres im Kapitel »Pflegehilfen durch die Sozialhilfe«, Punkt 4.
In Notfällen, zum Beispiel bei Krankheit oder Verhinderung der Pflegeperson, kann es kurzfristig notwendig sein, daß ein Helfer, meistens eine Helferin, den gesamten Haushalt führt. Die gesetzliche Krankenkasse übernimmt in Notfällen die Kosten für eine Haushaltshilfe – allerdings nur für einen befristeten Zeitraum von normalerweise vier Wochen, also nicht auf Dauer. Im Kapitel »Pflegehilfen und Leistungsgesetze« wird unter Punkt 2.5.2 ausführlich auf die Haushaltshilfe der Krankenkasse eingegangen. Ist kein Krankenversicherungsschutz vorhanden, oder zahlt die Krankenkasse aus einem berechtigten Grund nicht, so können die Kosten einer Haushaltshilfe auch im Rahmen der Sozialhilfe übernommen werden, siehe Kapitel »Pflegehilfen durch die Sozialhilfe«, Punkt 7.1.

Noch nicht sehr verbreitet sind sogenannte Wäschedienste, obwohl sie eine große Erleichterung für Pflegebedürftige wie auch für Pflegende darstellen. Sie holen die verschmutzte Wäsche in der Wohnung ab und bringen sie gereinigt, gewaschen und gebügelt zurück. Wo dies nicht möglich ist, kann die Wäsche möglicherweise von den Nachbarschaftshelfern zur Wäscherei gebracht und wieder abgeholt werden.

2.6 Hilfsmittel für Behinderte und Pflegebedürftige

Oft können ältere oder behinderte Menschen auf fremde Hilfe weitgehend verzichten, wenn sie sogenannte stumme Helfer haben, die das Baden und Anziehen, das Essen oder Trinken erleichtern. Für Pflegebedürftige, die zu Hause gepflegt werden, sind vor allem Hilfsmittel für Küche, Bett, Bad und Toilette wichtig – nicht zuletzt auch zur Entlastung der Pflegenden. Viele Hilfsmittel ermöglichen beispielsweise erst das Heben und Transportieren eines Schwerpflegebedürftigen und somit eine Pflege im häuslichen Bereich. Der Fachhandel bietet eine Vielzahl von Hilfsmitteln für Behinderte und ältere Menschen an. Dieser Ratgeber will nur exemplarisch einige davon nennen: so gibt es zum Beispiel Eßbestecke, die auch jemand anfassen kann, dessen Hand gelähmt ist, oder Frühstücksbretter mit Halteklammern für Menschen, die nur eine Hand bewegen können. Kann jemand nicht mehr allein baden, können mit wenig Aufwand zusätzliche Haltegriffe, ein Stützgestell, ein Spezialsitz oder ein Badewannenlift installiert werden. Auch für die Toilette gibt es Stützgestelle, Sitzerhöhungen usw. Für Bettlägerige werden Spezialbetten angeboten. Selbst für den Bereich Freizeit ist das Angebot reichhaltig. Es reicht von Lese- und Schreibhilfen über Autositz-Rollstühle bis zu Spielkartenhaltern.

Praktische Hinweise:

Kataloge, welche Hilfsmittel es für die einzelnen Behinderungsarten gibt, liegen bei den Beratungsstellen der freien Wohlfahrtspflege, den Sozialämtern, den Krankenpflege-, Behinderten- und Selbsthilfeorganisationen. Welche Hilfsmittel im Einzelfall sinnvoll und notwendig sind, kann nur nach einer eingehenden Beratung entschieden werden. Besprechen Sie sich mit Ihrem behandelnden Arzt und wenden Sie sich dann an die genannten Stellen. Auch die Kostenträger können Anlaufstellen sein. Größere Behinderteneinrichtungen und Rehabilitationskliniken bieten oftmals eine fachmännische Beratung durch Ergotherapeuten.

Und die Kosten? Hilfsmittel zahlen in vielen Fällen die Krankenkassen. Rechtzeitiges Nachfragen in der Leistungsabteilung oder beim Sozialen Dienst der Krankenkasse ist auf jeden Fall angebracht. Auch ein Zuschuß vom Sozialamt ist unter bestimmten Voraussetzungen möglich. Deshalb auch hier der Rat: lieber einmal zuviel nachfragen!

2.7 Fahr- und Begleitdienste

Behinderte oder alleinstehende Pflegebedürftige können öffentliche Verkehrsmittel oft wegen Gehbehinderung oder Gehunfähigkeit nicht benutzen. Um trotzdem am Leben in der Gemeinschaft teilnehmen zu können, sind sie auf Fahr- und Begleitdienste angewiesen, die inzwischen flächendeckend angeboten werden. Allerdings ist auch hier die Nachfrage groß. Vor allem Rollstuhlfahrer können mit den speziellen Fahrdiensten transportiert werden. Natürlich darf man nicht erwarten, daß man jeden Tag zum Spaziergang oder ins Schwimmbad abgeholt wird, aber ab und zu ist das schon möglich. Für Arzttermine, Einkäufe, Besuche von öffentlichen Veranstaltungen oder Gottesdiensten stehen die Fahrdienste auf jeden Fall zur Verfügung. Auch Fahrten und Begleitung zu Behörden und Ämter gehören zu diesem Service.

Praktische Hinweise:

Die Fahr- und Begleitdienste werden von den Wohlfahrtsverbänden und den von ihnen getragenen Organisationen oder von freien kirchlichen Gruppen angeboten. Sie sind sehr begehrt, und noch stehen zu wenige Fahrzeuge, vor allem für Schwerstbehinderte, zur Verfügung. Deshalb rechtzeitig vor dem gewünschten Termin anrufen und reservieren lassen.

Die Kosten betragen circa zehn Mark pro Fahrt. Sie sind aber auch von den gefahrenen Kilometern abhängig. Einige Kommunen übernehmen für ihre schwerstbehinderten Einwohner die Kosten. Eine Nachfrage bei den Verkehrsbehörden ist zu empfehlen. Für Schwerstbehinderte, die nicht anders als im Spezialfahrzeug transportiert werden können, kann das Sozialamt die Kosten übernehmen. Wer dazu gehört, ist in Kapitel »Pflegehilfen durch die Sozialhilfe«, Punkt 5.2.2 nachzulesen.

2.8 Der Hausnotrufdienst

Viele alte, kranke oder behinderte Menschen, die allein leben oder zeitweise allein sind, haben Angst, daß sie in Notsituationen nicht rechtzeitig Hilfe herbeirufen können. Um aus diesem Grund nicht in ein Heim zu müssen, wurden in vielen Städten Hausnotrufsysteme eingerichtet. Damit eine Teilnahme möglich ist, braucht man einen Telefonanschluß mit einem Anschlußstecker, ein Zusatzgerät und ein Kästchen. Das Kästchen trägt der Teilnehmer entweder um den Hals oder in der Tasche. Wenn dann eine Notsituation eintritt, drückt man eine Taste oder zieht an einer Schnur und stellt damit den Sprechkontakt zu einer rund um die Uhr besetzten Notrufzentrale her. Der Teilnehmer braucht also nicht bis zum Telefon zu gehen und den Hörer abzunehmen. Die Notrufzentrale meldet sich telefonisch bei den Nachbarn oder den Angehörigen, je nachdem, wer sich bereit erklärt hat, bei Bedarf nachzusehen. Falls notwendig, wird dann sofort Hilfe geholt. Eine gute Sache, denn so kann verhindert werden, daß der Hilfsbedürftige nach einem Schwächeanfall oder einem Treppensturz tagelang allein und hilflos in der Wohnung liegen muß.

Praktische Hinweise:

Die Wohlfahrtsverbände, die Bundespost, aber auch Gemeinde- oder Kreisverwaltungen geben Auskunft, ob es in Ihrer Nähe einen Hausnotrufdienst gibt und wer ihn anbietet. Manchmal wird es gebrechlichen Mitbürgern, die in unmittelbarer Nachbarschaft von Pflegeheimen wohnen, erlaubt, ihr Telefon an das Notrufsystem des Heimes anschließen zu lassen. Im Notfall kann dann ein Mitarbeiter des Heimes gerufen werden. Die Kosten sind unterschiedlich hoch, sie betragen für das Zusatzgerät rund fünfzig Mark monatlich. Fragen Sie beim Sozialamt, ob ein Zuschuß möglich ist.

2.9 Telefonketten

Telefonketten sind eine wichtige Hilfe zur Selbsthilfe. Heute leben über fünfundsechzig Prozent der Senioren allein oder mit ihrem älteren Ehepartner zusammen. Besonders im Winter, wenn die Kontaktmöglichkeiten zur Umwelt eingeschränkt sind, können Alleinstehende oft tagelang von der Bildfläche verschwunden sein. Ein häuslicher Unfall, eine Erkrankung oder ein Schwächeanfall kann schlimme Folgen haben. Deshalb haben sich in vielen Gemeinden Telefonketten gebildet, sowohl auf Anregung von Wohlfahrtsverbänden als auch durch private Initiative.

In nahezu jedem Haushalt befindet sich heute ein Telefon. Die Telefonketten bestehen aus sechs bis zwölf Mitgliedern, die sich täglich gegenseitig zu einer vereinbarten Zeit anrufen. Was liegt näher, als sich einer Kette anzuschließen oder eine neue aufzubauen? Diese Hilfe auf Gegenseitigkeit läßt Beziehungen wachsen und kostet wenig. Meldet sich der Angerufene nicht, ohne daß er sich zuvor abgemeldet hat, liegt offensichtlich ein Notfall vor, und es wird Hilfe organisiert.

Praktische Hinweise:

Die Bundespost und die Sozialämter geben Auskunft, ob und unter welchen Voraussetzungen eine Gebührenbefreiung möglich ist. Achten Sie auf alten- und behindertenfreundliche Apparate, zum Beispiel schnurlose Funktelefone.

3 Ein Beispiel aus der Praxis

Jeden Tag kommt Schwester Uschi von der Sozialstation.
»Heute habe ich doch fast verschlafen.« Mit diesen Worten begrüßt die 82jährige Frau Martens Schwester Uschi an ihrer Wohnungstür. Frau Martens ist zuckerkrank und wird fünfmal in der Woche von der Schwester der Sozialstation besucht. Über Schwester Uschi sagt die Seniorin anerkennend: »Sie könnte meine Enkelin sein, aber meine Tochter könnte mich nicht besser versorgen.« Im Laufe der Zeit hat sich zwischen den beiden Frauen ein richtiges Vertrauensverhältnis entwickelt.
Schwester Uschi ist inzwischen eingetreten und richtet bereits die tägliche Insulinspritze, ohne die Frau Martens nicht leben könnte. »Na, wollen wir heute baden? Sie haben mir doch gestern erzählt, daß Ihre Tochter Sie zu einer Geburtstagsfeier abholen wird«, ruft Schwester Uschi durch die offene Tür und läßt bereits Wasser in die Wanne einlaufen. Für Frau Martens, die auch leichtes Übergewicht hat, ist ein warmes Bad mit vielen Schwierigkeiten und Gefahren verbunden. Endlich ausgezogen, hält sie sich am Lift über ihrer Badewanne fest und zusammen mit der Schwester schafft sie schließlich den Einstieg.
Nach dem Bad ist sie müde. Schwester Uschi legt einen

neuen Verband auf das seit einiger Zeit offene Geschwür an ihrem Unterschenkel und legt noch ein Medikament zurecht, das Frau Martens nach dem Mittagessen einnehmen muß. Dann gehen die beiden gemeinsam zum Lieblingssessel von Frau Martens, in dem es sich die Seniorin bequem macht und die Schwester für heute verabschiedet.
An den Wochenenden wird Frau Martens von ihrer berufstätigen Tochter versorgt, die rund zwanzig Kilometer entfernt wohnt. Meistens kocht sie sich ihre Mahlzeiten noch selbst. Doch wenn sie sich einen Tag mal nicht wohl fühlt, ruft sie beim Roten Kreuz an und bestellt sich ein Mittagessen. Schonkost für Diabetiker natürlich. »Das kostet mich sieben Mark fünfzig, aber so habe ich doch eine warme Mahlzeit.« Während Frau Martens das sagt, klingelt das Telefon. Es ist ihr Nachbar, der einkaufen geht und sich erkundigt, ob er ihr etwas aus der Stadt mitbringen kann. »Nein, heute brauche ich nichts. Aber Sie könnten mich zum Friseur mitnehmen, damit ich beim Geburtstag meines Schwiegersohnes die Schönste bin.«

4 Pflegegelder und weitere finanzielle Hilfen des Staates

Die Wohltat des Staates besteht darin,
daß er der Hort des Rechtes ist.
(Jacob Burckhardt)

Menschen, die Angehörige oder Bekannte pflegen, setzen viel Zeit und Kraft ein, dabei wird Pflegearbeit meistens denkbar schlecht belohnt. Pflegende Angehörige freuen sich natürlich über eine Anerkennung ihrer

Leistungen, die durchaus materiell spürbar sein darf. Hat ein Pflegebedürftiger genügend Einkommen und Vermögen, ist das kein Problem. Er kann seine Pflegeperson finanziell nach eigenem Gutdünken entlohnen. An Richtsätze ist niemand gebunden, doch können als Orientierung die Pflegegeldsätze der Krankenkassen oder, als unterste Grenze, die Pflegegeldsätze des Sozialamtes dienen, siehe hierzu Kapitel »Pflegehilfen und Leistungsgesetze«, Punkt 2.1.4 und Kapitel »Pflegehilfen durch die Sozialhilfe«, Punkt 5.2.

Viele Pflegebedürftige bekommen von diesen Stellen ein Pflegegeld – oder könnten zumindest Pflegegeld bekommen, wenn sie es beantragen würden. Deshalb kann nur empfohlen werden, wegen den Voraussetzungen die oben genannten Kapitel dieses Ratgebers zu studieren. Viel mehr Pflegebedürftige könnten sich bei ihren Pflegern für die geleistete Arbeit erkenntlich zeigen. Manche Gesetze, nach denen Pflegegelder möglich sind, definieren Sinn und Zweck des Pflegegeldes sogar ausdrücklich darin, die Pflegebereitschaft der Pflegeperson zu steigern bzw. zu gewährleisten. Empfänger und Anspruchsberechtigter der Pflegegelder ist allerdings immer der Pflegebedürftige selbst, der dann einen Teilbetrag oder das Pflegegeld insgesamt an seine Pflegeperson weitergeben sollte. Die Pflegeperson selbst kann für ihre Leistung bei den Institutionen direkt kein Pflegegeld beantragen.

Praktische Hinweise:

Pflegegeld gibt es aufgrund von verschiedenen Gesetzen. Welches im Einzelfall zutreffend ist, sagt das Kapitel »Pflegehilfen und Leistungsgesetze«. Trifft kein Spezialgesetz zu, so bleibt nur das Pflegegeld nach dem Bundessozialhilfegesetz. Wie und ob Sie dieses bekommen können, steht im Kapitel »Pflegehilfen durch die Sozialhilfe«.

Pflegebedürftige, Behinderte und ihre Familien müssen gegenüber Nichtbehinderten viele Einschränkungen in ihrer Lebensgestaltung in Kauf nehmen. Es ist eine wichtige Aufgabe des Sozialstaates, auch in diesem Bereich die Chancengleichheit so weit wie möglich zu verwirklichen und Benachteiligungen auszugleichen. Dies geschieht auf verschiedene Arten: Einmal werden Geldleistungen (z. B. Pflegegeld) an die Betroffenen gezahlt, zum anderen räumt der Staat bestimmte Ermäßigungen und besondere Rechte ein, die die Nachteile ausgleichen sollen. Auf diese Hilfen wird im Kapitel »Ausgleich behinderungsbedingter Nachteile für Pflegebedürftige« näher eingegangen.

Ab 1992 wird auch die Arbeit der Pflegenden von staatlicher Seite besser honoriert. In der Rentenversicherung werden ab diesem Zeitpunkt Pflegezeiten ähnlich den Kindererziehungszeiten anerkannt: Zeiten, in denen ein Pflegebedürftiger nicht erwerbsmäßig häuslich gepflegt wird und dafür mindestens zehn Stunden wöchentlich aufgewendet werden, werden als sogenannte *Berücksichtigungszeiten* ausgestaltet. *Freiwillige Beiträge*, die eine ehrenamtlich tätige Pflegeperson entrichtet, werden auf Antrag als *Pflichtbeiträge* gewertet. Damit ist es Pflegepersonen möglich, mit freiwilligen Beiträgen einen Anspruch auf Rente wegen verminderter Erwerbstätigkeit sowie für Altersrenten zu erwerben. Pflegepersonen, die ihre *Erwerbstätigkeit* wegen der Pflege *eingeschränkt* haben, können zusätzlich zu den Pflichtbeiträgen ihr *bisheriges Arbeitsentgelt* weiter versichern, um eine Senkung des Rentenniveaus zu vermeiden.

Die Berücksichtigungszeiten wirken sich wie folgt aus:

– Ein Anspruch auf Rente wegen *verminderter Erwerbsfähigkeit* bleibt während der Zeit der Pflege aufrechterhalten. Der Fünfjahreszeitraum vor dem Versicherungsfall, in dem mindestens für drei Jahre Pflichtbeiträge vorliegen müssen, wird um die Pflegezeit verlängert.

– Bei der Ermittlung des *Gesamtleistungswerts* werden Pflegezeiten so behandelt, als ob in dieser Zeit für fünfundsiebzig Prozent des Durchschnittsentgeltes Beiträge gezahlt worden wären. Dadurch wird verhindert, daß diese Zeiten als versicherungsrechtliche Lücken den Gesamtleistungswert mindern. Auch auf die 35jährige Wartefrist für vorzeitige Altersrenten (für Schwerbehinderte ab dem sechzigsten, für sonstige Personen ab dem 63. Lebensjahr) werden die Berücksichtigungszeiten angerechnet.

Praktischer Hinweis:

Wer einen Pflegebedürftigen, zum Beispiel ein erheblich behindertes Kind, pflegebedürftige Eltern oder Nachbarn, zu Hause pflegt, sollte beim Rentenversicherungsträger für Pflegezeiten ab 1992 eine Anrechnung als Berücksichtigungszeit beantragen. Die Voraussetzungen sind durch amtliche Bescheinigungen nachzuweisen. Wie sich die Berücksichtigungszeit im Einzelfall auswirkt, kann bei den Rentenversicherungsträgern und den Ortsbehörden für die Sozialversicherung, die bei jeder Gemeindeverwaltung eingerichtet sind, erfahren werden.

5 Alten- und behindertengerechtes Wohnen

Das beste aller Güter, wenn es überhaupt Güter gibt, ist die Ruhe, die Zurückgezogenheit und ein Plätzchen, das man sein eigen nennen kann.

(La Bruyère)

5.1 Alten- und behindertengerechte Wohnungen

Erfahrungsgemäß schätzen ältere Menschen den Verbleib in der eigenen oder gewohnten Umgebung hoch ein. Dabei sind viele Wohnungen von alten Menschen schlecht ausgestattet, schlecht zu erreichen und zu beheizen. Sie verfügen über kein eigenes Bad oder WC, sind meistens für eine oder zwei Personen zu groß, und längst notwendige Renovierungen werden hinausgeschoben. Nicht alters- und behindertengerechte Wohnungen erschweren eine selbständige Haushaltsführung und belasten die Arbeit von Pflegekräften und Hilfsdiensten. Viele Städte und Gemeinden haben deshalb in den letzten Jahren altengerechte Wohnungen ge- bzw. ausgebaut.
Altengerecht heißt, kleine Wohneinheiten sind

- gut, ohne viel Treppensteigen, zu erreichen,
- modern ausgestattet (im Bad zum Beispiel mit Zusatzgriffen oder höhenverstellbarem WC),
- leicht zu reinigen und zu unterhalten und
- zentral beheizt.

In aller Regel ist auch die Infrastruktur in der Umgebung dieser neu geschaffenen Wohnungen besser. Ladengeschäfte und öffentliche Einrichtungen sind schneller zu erreichen. Natürlich können auch in diesen Woh-

nungen bei Bedarf die genannten ambulanten Hilfsdienste in Anspruch genommen werden. Der vereinzelt gehörte Vorwurf, die alten Menschen würden gettoisiert, wiegt die vielen Vorteile nicht auf.
Die Angst vieler älterer Menschen vor einem Umzug ist verständlich, hat sich doch in all den Jahren in der Wohnung vieles an liebgewordenen Dingen und Möbeln angesammelt. Ist der Umzug aus der alten Wohnung aber erst mal geschafft, bereut kaum jemand diesen Schritt.

Praktische Hinweise:

Fragen Sie in Ihrer Gemeindeverwaltung oder dem Stadtbauamt nach, ob Ihre Gemeinde altengerechte Wohnungen gebaut oder geplant hat. Lassen Sie sich vormerken oder auf die Warteliste setzen.
Die Mieten können durch Zuschüsse seitens der Länder in der Regel relativ niedrig gehalten werden. Sollte die Miete doch zu hoch sein, lohnt eine Nachfrage auf dem Amt für Wohngeld, ob ein Zuschuß zur Miete möglich ist. Und zum Umzug selbst: Heute bieten viele Unternehmen einen kompletten Umzugsservice an, der die Betroffenen von Arbeiten beim Umzug und dem Umzugsstreß weitgehend entlastet. Die Firmen verpacken alle Gegenstände und Sachen in Kartons, transportieren und stellen alles in der neuen Wohnung wieder auf. Wenn sie keine Angehörigen haben, die ihnen helfen können, erkundigen Sie sich bei den Wohlfahrtsverbänden, ob ehrenamtliche Mitarbeiter oder Zivildienstleistende – gegen geringe Entlohnung – behilflich sind.

5.2 Betreutes Wohnen

Viele Städte und Gemeinden haben in den letzten Jahren betreute Altenwohnungen gebaut.

Betreutes Wohnen bedeutet,

- der Haushalt wird soweit möglich selbständig geführt,
- einzelne Tätigkeiten und wenn nötig Pflegeleistungen werden von ambulanten Hilfsdiensten übernommen. Diese Dienste arbeiten hier konzentriert, ohne große Wegstrecken in Kauf nehmen zu müssen. Die Betreuung und Versorgung kann dadurch schneller, umfassender und kostengünstiger sichergestellt werden.

Praktische Hinweise:

Durch einen Anruf bei Ihrer Gemeindeverwaltung oder Ihrem Stadtbauamt erfahren Sie, ob es in Ihrer Umgebung betreute Altenwohnungen gibt. Diese sind häufig an Altenwohnheime oder Altenpflegeheime angegliedert.
Der Mieter einer betreuten Altenwohnung zahlt für den abrufbaren Zusatzservice zusätzlich oder zusammen mit der Miete eine sogenannte Grund- bzw. Leistungsbereitstellungspauschale und dann den Stundensatz für die in Anspruch genommenen Dienstleistungen.
Klären Sie bereits vor einem Umzug, welche Dienst- und Betreuungsleistungen (Mahlzeiten-, Reinigungs- und Pflegedienste) angeboten werden und was diese kosten. Sind die Altenwohnungen an ein Pflegeheim angeschlossen, klären Sie auch, ob und wann eine Übersiedlung ins Pflegeheim möglich ist. Braucht jemand nur kurzfristige Pflege, sollte er in der eigenen Wohnung bleiben können und nicht umgehend in das Pflegeheim verlegt werden.

5.3 Wohnheime

Wohnheime sind Einrichtungen, die mehrere, meistens zehn bis fünfzig, Wohnheimplätze umfassen. Die Bewohner bewohnen ein Zimmer auf Mietbasis, das mit den eigenen Möbeln eingerichtet werden kann. Sie leben unabhängig vom meistens angegliederten Alten- oder Pflegeheim. Im Notfall oder bei Bedarf können sie aber Leistungen des Heimes, wie Verpflegung oder Zimmerreinigung oder auch kurzfristige Pflege und Hilfe bei Unwohlsein oder Erkrankung, in Anspruch nehmen.

Praktische Hinweise:

Auch Wohnheimplätze sind rar, der Bedarf ist wesentlich höher als das Angebot. Deshalb: frühzeitig anfragen bzw. sich nach der Wartezeit erkundigen. Unentschlossene sollten sich einmal ein Zimmer in einem Wohnheim ansehen und mit den Bewohnern reden. In manchen Wohnheimen ist ein Tag Probewohnen möglich. Im übrigen gilt das beim Punkt »betreutes Wohnen« Gesagte.

5.4 Tagesheime und Tagespflegeheime

Rund fünfundachtzig Prozent der Pflegebedürftigen werden von ihrer Familie versorgt und gepflegt. Diese Zahl straft all jene Lügen, die behaupten, daß alte oder behinderte Menschen heute von ihren Angehörigen überwiegend in Heime abgeschoben werden.
Jemanden in der Familie zu pflegen, das ist traditionell Frauenarbeit. In der Praxis sind, wie bereits festgestellt, überwiegend die Ehefrauen, Töchter oder Schwiegertöchter mit der Pflege ihrer Angehörigen betraut und dadurch neben Haushalt und Beruf meist stark belastet. Ständiges Angebundensein und die Isolation vom früheren Bekanntenkreis führen bei vielen Pflegenden zu psychischen Problemen. Zu schweren Konfliktsituationen kommt es auch, wenn der Angehörige ständiger Betreuung bedarf, die Ehefrau oder Tochter aber be-

rufstätig ist. Bisher gab es in diesen Fällen nur zwei Möglichkeiten: der Hilfsbedürftige mußte in ein Heim, oder die Angehörige mußte ihren Beruf an den sprichwörtlichen Nagel hängen. In jüngster Zeit versprechen Tagesheime und Tagespflegeheime auch bei uns Abhilfe – in Holland und Dänemark sind sie schon länger verbreitet:

Der hilfsbedürftige Mensch wird tagsüber in der Einrichtung versorgt und ist abends und an den Wochenenden bei seiner Familie oder in der gewohnten Umgebung der eigenen Wohnung. Die Pflegeperson ist entlastet und nicht tagtäglich mit dem Hilfsbedürftigen zusammen. Das Selbstwertgefühl dessen, der fremde Hilfe braucht, steigt, da er nicht mehr vollständig auf die Hilfe der Angehörigen angewiesen ist.

Die Übergänge zwischen den beiden teilstationären Angeboten Tagesheim und Tagespflegeheim sind fließend:

– Im Tagesheim erhalten einsame oder hilfsbedürftige Menschen leichte Pflegeleistungen und ihre Mahlzeiten. Gemeinsam werden Spaziergänge, Ausflüge oder Gymnastik gemacht, oder es wird gesungen, gespielt und gebastelt.

– Tagespflegeheime verfügen zusätzlich über Apparate, Einrichtungen und Personal für Behandlung, Therapie und Pflege der dort Betreuten. Es wird oft auch Krankenhausnachsorge angeboten.

Praktische Hinweise:

Tagespflegeheime bieten sich auch zur Krankenhausnachsorge an und sind für ältere Menschen, die den Heimalltag kennenlernen wollen, gute Einstiegsmöglichkeiten. Tagesheime und vor allem Tagespflegeheime sind noch nicht sehr verbreitet. Meistens übernehmen Pflegeheime zusätzlich Tagesgäste in ihre Betreuung. In der Regel gibt es auch einen Fahrdienst, der die Tagesgäste morgens abholt und abends wieder

zurückbringt. Nicht zuletzt wegen organisatorischen Problemen des Fahrdienstes konzentriert sich das Angebot noch hauptsächlich auf Ballungsräume.
Die Kosten sind relativ hoch, siehe Kapitel »Was kostet ein Platz in einem Alten- oder Pflegeheim«, Punkt 3.3.
Adressen von Heimen, die Tagespflege anbieten, erhalten Sie bei den Verbänden der freien Wohlfahrtspflege, den Sozialdiensten oder dem zuständigen Sozialamt.

6 Hilfen im Heim

Immer gibt es einen Ausweg,
aber nicht immer sehen wir ihn gleich.
(Lech Walesa)

6.1 Kurzzeitpflege im Heim

Wer keine pflegebedürftigen Angehörigen zu versorgen hat, kann kaum ermessen, wie sehr die tägliche Pflege an den psychischen und physischen Kräften des Pflegenden zehrt: Es gibt kein Ausspannen, keinen freien Tag und keinen Urlaub. Hier setzt nun die Kurzzeitpflege im Heim als echte Hilfe zur Selbsthilfe ein. Pflegebedürftige sind für einige Wochen im Jahr versorgt, wenn die Pflegeperson Abstand braucht und in den dringend notwendigen Urlaub fährt, selbst krank ist oder sonst verhindert ist. Die Versorgung bei der Kurzzeitpflege entspricht der Betreuung in einem Pflegeheim.

Praktische Hinweise:

Kurzzeitpflegeplätze werden von speziell dafür geschaffenen Heimen und in herkömmlichen Pflegeheimen angeboten. Kostengünstiger sind in der Regel die

Plätze, die in den Pflegeheimen für die Kurzzeitunterbringung bereitgestellt werden.
Über die Kosten der Kurzzeitpflege und wann das Sozialamt zuzahlt, informiert Sie Kapitel »Was kostet ein Platz in einem Alten- oder Pflegeheim«, Punkt 3.2 und 4. Ob und wann sich eine gesetzliche Krankenkasse an den Kosten beteiligt, erfahren Sie aus Kapitel »Pflegehilfen und Leistungsgesetze«, Punkt 2.2.
Die Nachfrage nach Kurzzeitpflegeplätzen steigt ständig und das nicht erst, seit das Gesundheitsreformgesetz die Kurzzeitpflege in den Leistungskatalog der gesetzlichen Krankenkasse aufgenommen hat. Deshalb ist es wichtig, sich rechtzeitig zu informieren, wenn man einen Pflegeplatz für einen bestimmten Zeitraum braucht.
Adressenlisten gibt es bei Krankenkassen, Wohlfahrtsverbänden und dem Sozialamt.

6.2 Pflege im Heim

Der Ausbau der offenen Hilfen hat dazu geführt, daß Pflegebedürftige heute länger in der eigenen Wohnung bleiben können und der Umzug in ein Heim zu stationärer Pflege immer weiter hinausgeschoben werden kann. Altersheime im herkömmlichen Sinne werden immer seltener, viele Betten werden in Pflegebetten umgewandelt. Das Durchschnittsalter in den Pflegeheimen steigt ständig.
Für viele Mitmenschen ist die Aufnahme in einem Pflegeheim auf Dauer ein Schreckgespenst: Endstation Leben. Pflegeheim wird gleichgesetzt mit Isolation und Sterben. Das muß nicht sein. Auch dort, in der Gemeinschaft mit Menschen, die in derselben Situation sind, kann das Leben lebenswert sein. Es lohnt sich, die in Frage kommenden Heime einfach mal anzusehen und

die Heimbewohner zu befragen, ob diese sich wohlfühlen. In einem Heim zu leben, sich um nichts mehr kümmern zu müssen und den Angehörigen nicht zur Last zu fallen, empfinden erstaunlich viele Menschen als sehr positiv.
Oft werden Familien, die ihre Angehörigen in ein Heim geben, von Außenstehenden kritisiert. »Meine Mutter hat mich aufgezogen und gepflegt, also ist es selbstverständlich, daß ich sie versorge, wenn sie meine Hilfe braucht«, sagt Frau M., die ihre Mutter zehn Jahre lang zu Hause gepflegt hat. »Ins Heim abgeschoben hätte ich sie nie. Das gehört sich einfach nicht, das sind schlechte Menschen, die so etwas ihren alten Eltern antun.«
Ist diese Schwarzweißmalerei wirklich angebracht? Es kann ja nicht darum gehen, Angehörige, die ihre Kranken und Pflegebedürftigen ins Heim geben, zu verurteilen. Die Großfamilie von früheren Zeiten existiert nicht mehr, viele Frauen der mittleren Generation sind berufstätig. Deshalb hier die Meinung der früheren Bundesministerin für Jugend, Familie, Frauen und Gesundheit, Prof. Dr. Dr. h. c. Ursula Lehr, die eine renommierte Altersforscherin ist:
»Die oft angeprangerte und lautstark verurteilte ›Abschiebung in ein Heim‹ geschieht in den allermeisten Fällen erst dann, wenn die Familie wirklich alles getan hat, was in ihrer Macht stand . . . Dort, wo ein Heimaufenthalt nötig und/oder gewünscht wird, sollte diese Entscheidung nicht diskriminiert werden, indem man die weggebende Familie verurteilt. Familienpflege, die in der Realität ja Tochterpflege ist, hat nun einmal ihre Grenzen.«

Praktische Hinweise:

Die meisten Pflegeheime werden von den Verbänden der freien Wohlfahrtspflege, von Kirchen, Städten und Landkreisen, aber auch von Privatpersonen betrieben.

Leider haben fast alle Heime lange Wartelisten. Deshalb wieder der dringende Rat, sich möglichst frühzeitig wegen einer Aufnahme zu erkundigen, damit Sie ein Heim aussuchen können, das Ihren Wünschen und Bedürfnissen weitgehend entspricht.
Adressenlisten von Heimen gibt es bei den genannten Verbänden und Sozialdiensten sowie beim Sozialamt.
Und noch etwas: Besichtigen Sie rechtzeitig mehrere Heime. Besorgen Sie sich ein Exemplar der jeweiligen Heimordnung. Hier ist geregelt, was die Bewohner und das Personal im einzelnen tun dürfen, wann Nacht- und Mittagsruhezeiten sind, und vieles mehr. Manche Heime bieten sogar Gästebetten zum Probewohnen an.
Über die Kosten eines Platzes in einem Pflegeheim informiert Sie das Kapitel »Was kostet ein Platz in einem Alten- oder Pflegeheim«, Punkt 3.1. Reicht das eigene Einkommen und Vermögen zur Bezahlung nicht aus, wenden Sie sich an das zuständige Sozialamt. Wann dieses zahlt und ob auch die Angehörigen beisteuern müssen, das erfahren Sie im obengenannten Kapitel, Punkt 4 und im Kapitel »Unterhaltspflicht: Vor der Sozialhilfe kommen die Angehörigen.«

Private Vorsorge durch Versicherungen und Vereinbarungen

1 Gesetzliche Pflegeversicherung

Ein Heute ist immer besser als zehn Morgen.

(Sprichwort)

Seit Bismarck, der die gesetzliche Sozialversicherung vor rund hundert Jahren eingeführt hat, haben wir eines der besten Sozialversicherungssysteme der Welt. Unsere Politiker sind stolz darauf, alle sogenannten »Wechselfälle des Lebens« wie Krankheit, Arbeitslosigkeit, Erwerbsunfähigkeit und Alter durch die Sozialversicherung abgesichert zu wissen. Nur wenn jemand Pflege brauchte, versagte bisher das Netz der sozialen Sicherung. Pflegebedürftigkeit gehört aber auch zu den allgemeinen Lebensrisiken, besonders im Alter. Bisher wurde auf die Hilfe der Familie vertraut, und so wurde die Pflege von Angehörigen zum Schicksal der – meist weiblichen – Verwandten.

Die Großfamilie, wie sie früher üblich war, gibt es heute fast nicht mehr. Der medizinische Fortschritt macht uns ein längeres Leben möglich, die Geburtenrate sinkt, und so kommen zahlenmäßig immer mehr alte Menschen auf einen jüngeren. Deshalb wurde bereits vor Jahren der Ruf nach einer gesetzlichen Pflegeversicherung laut, die auch die Pflegebedürftigkeit als vorhersehbares Risiko sozialversicherungsrechtlich absichert. Momentan sind verschiedene Modelle in der Diskussion. Noch konnten sich die Verantwortlichen nicht endgültig einigen. Die Liga der freien Wohlfahrtsver-

bände verlangt eine beitragsfinanzierte Pflegeversicherung ähnlich der Arbeitslosen- oder Rentenversicherung. Dies hätte den großen Vorteil, daß Pflegebedürftige sofort abgesichert wären. Auch innerhalb der Regierungskoalition besteht keine Einigkeit: Die CDU und der Bundesarbeitsminister plädieren für eine umfassende gesetzliche Versicherungspflicht. Die FDP ist für eine Versicherung auf freiwilliger Basis.
Inzwischen ist soviel bekannt:

- Die Trägerschaft soll bei den gesetzlichen Krankenversicherungen liegen,
- das Pflegegeld soll sich nach dem Grad der Pflegebedürftigkeit richten und
- häusliche Pflege soll Vorrang vor Heimpflege haben.

Die Landesregierung von Baden-Württemberg plädiert dagegen für eine private Pflichtversicherung. So sollen zum Beispiel alle über 45jährigen gezwungen werden, ihr Pflegerisiko selbst abzusichern.
Durch das Gesetz zur Strukturreform im Gesundheitswesen – das Gesundheitsreformgesetz (SGB V) – wurde jetzt erstmals ein Einstieg durch die gesetzliche Krankenversicherung gewagt. Bisher wurde unterschieden zwischen behandlungsbedürftiger Krankheit und einem »Pflegefall« und bei letzterem Leistungen der Krankenversicherung versagt. Welche Leistungen nun unter welchen Voraussetzungen bei Pflegebedürftigkeit möglich sind, wird im Kapitel »Pflegehilfen und Leistungsgesetze«, Punkt 2, ausführlich behandelt.
Doch damit ist das Risiko bei Pflegebedürftigkeit keineswegs vollkommen abgesichert. Die Voraussetzungen sind eingeschränkt und kompliziert, die Krankenversicherung zahlt nur einen bestimmten Höchstbetrag, nur bei Schwerpflegebedürftigkeit und nur bei der Pflege zu Hause, nicht im Heim. Es bleibt zu hoffen, daß die

Leistungen in den nächsten Jahren ausgebaut werden, am besten durch eine gesetzliche Pflegeversicherung. Doch darauf kann sich der einzelne nicht berufen und tatenlos abwarten. Eine über die Leistungen der Krankenversicherung hinausgehende *Eigenvorsorge* ist zumindest solange wünschenswert, wie die gesetzliche Pflegeversicherung auf sich warten läßt.

2 Private Pflegeversicherungen

Das wenige, das du tun kannst, ist viel.
(Albert Schweitzer)

Die Diskussionen über Pflegebedürftigkeit, die Berichte in Zeitungen, in Funk und Fernsehen haben Wirkung gezeigt. Nicht nur Politiker, auch private Versicherungsunternehmen haben reagiert: Nahezu alle großen Lebens- und Krankenversicherungsgesellschaften bieten seit einiger Zeit Pflegeversicherungen an. So wie heute viele Menschen zusätzlich zur gesetzlichen Kranken- oder Rentenversicherung individuell durch zusätzliche Lebens- oder Krankenversicherungen vorsorgen, kann sich jeder für den Fall der Pflegebedürftigkeit selbst versichern. Es bleibt zu hoffen, daß möglichst viele Menschen von diesem Angebot Gebrauch machen, denn das Risiko, einmal pflegebedürftig zu werden, wird oft genug einfach verdrängt. Insofern ist in unserer Gesellschaft ein Umdenken erforderlich: Auch soziale Leistungen gibt es nicht zum Nulltarif. Wird beispielsweise der Kundendienst zur Reparatur der defekten Waschmaschine ins Haus geholt, so ist jedem klar, daß dafür ein Stundenlohn zwischen fünfzig und siebzig Mark zu bezahlen ist. Nicht so, wenn jemand

Hilfe durch ambulante Pflegedienste oder Pflege im Heim in Anspruch nehmen muß, oder wenn die Angehörigen pflegen. Immer noch verlassen sich zu viele Menschen in diesem Fall *nur* auf die anderen oder die Allgemeinheit. Viele glauben, es müsse doch in diesem Fall von irgendeiner Stelle einen Zuschuß geben und es könne nicht angehen, daß die Leistungen selbst bezahlt werden müssen. Zugegeben, das Beispiel aus dem technischen Bereich ist hart, und Zuschüsse gibt es auch, wie einige nachfolgende Kapitel zeigen. Es trifft aber genau den Kern der Forderung, sich selbst für den Fall der Pflegebedürftigkeit besser abzusichern. Eine private Pflegeversicherung bietet zusammen mit der häuslichen Pflegehilfe der gesetzlichen Krankenversicherung und eventuell zusammen mit den Pflegeleistungen der Familie diese Sicherheit. Die Finanzkraft des einzelnen wird im Fall der Pflegebedürftigkeit nicht überstrapaziert. Ist eine Heimaufnahme notwendig, wird der Betroffene nicht zwangsläufig über kurz oder lang zum Empfänger von Sozialhilfe. Die privaten Pflegeversicherungen sind zwar nicht ohne Mängel, derzeit aber die beste Alternative. Nachteil der privaten Pflegeversicherungen gegenüber der gesetzlichen Lösung: Die privaten Versicherungsgesellschaften können den Versicherungsschutz wegen Vorerkrankungen ablehnen.

2.1 Allgemeine Versicherungsbedingungen des Verbandes der privaten Krankenversicherungen für eine Pflegekrankenversicherung

Der Verband der privaten Krankenversicherungen hat allgemeine Musterbedingungen für die Pflegekrankenversicherung ausgearbeitet, die zusammen mit den Tarifbedingungen und den Tarifen der einzelnen Versicherungsunternehmen gelten. Tarifbedingungen und Tarife

sind von Versicherung zu Versicherung verschieden. Sowohl in der Beitragshöhe als auch in den Leistungen selbst bestehen erhebliche Unterschiede.
Die Allgemeinen Versicherungsbedingungen enthalten eine Vielzahl von Paragraphen. Wer sich für Einzelheiten interessiert, kann die Bedingungen bei den Versicherungsunternehmen direkt anfordern. Wichtig für potentielle Versicherungsnehmer: §1 legt Gegenstand, Umfang und Geltungsbereich des Versicherungsschutzes fest:

(1) Der Versicherer leistet im Versicherungsfall in vertraglichem Umfang Ersatz von Aufwendungen für Pflege oder ein Pflegetagegeld.
(2) Versicherungsfall ist die Pflegebedürftigkeit einer versicherten Person. Pflegebedürftigkeit im Sinne dieser Bedingungen liegt vor, wenn die versicherte Person so hilflos ist, daß sie nach objektivem medizinischem Befund für die in Abs. 3 genannten Verrichtungen im Ablauf des täglichen Lebens in erheblichem Umfang täglich der Hilfe einer anderen Person bedarf. Der Versicherungsfall beginnt mit der ärztlichen Feststellung der Pflegebedürftigkeit. Er endet, wenn Pflegebedürftigkeit nicht mehr besteht.
(3) Als Verrichtungen im Ablauf des täglichen Lebens gelten Aufstehen und Zubettgehen, An- und Auskleiden, Waschen, Kämmen und Rasieren, Einnehmen von Mahlzeiten und Getränken, Stuhlgang und Wasserlassen.
(4) ...
(5) ...

Die Voraussetzungen, unter denen die Versicherungsunternehmen leisten, sprich: wann überhaupt Pflegebedürftigkeit vorliegt, sind nahezu identisch mit den Bestimmungen, wie sie die Schwerpflegebedürftigkeitsrichtlinien für das Gesundheitsreformgesetz festlegen.

Wenn streitig ist, was zum Beispiel der Begriff »hilflos sein« bedeutet, können die Bestimmungen der Schwerpflegebedürftigkeitsrichtlinien, erläutert im Kapitel »Pflegehilfen und Leistungsgesetze« Punkt 2.1.2, zur Beurteilung herangezogen werden.

2.2 Verschiedene Möglichkeiten von privaten Pflegeversicherungen

Die Versicherungsgesellschaften bieten verschiedene Arten von privaten Pflegeversicherungen an. Bei Krankenversicherern gibt es zwei Möglichkeiten:

1. Die Pflege*kosten*versicherung:
Es werden die tatsächlichen Kosten der Pflege übernommen und zwar in der Höhe, wie sie versichert wurden. Meistens werden tariflich achtzig Prozent der anfallenden Pflegekosten gezahlt, egal ob die Pflege stationär, teilstationär oder ambulant durchgeführt wird. Allerdings werden bei teilstationärer und vollstationärer Pflege die Kosten für Kost und Logie nicht übernommen. Leistungsabschläge bei nur teilweiser Pflegebedürftigkeit sehen die Tarife nicht vor, die meisten Tarife enthalten aber bestimmte Monats- bzw. Jahreshöchstbeträge. Sind diese erreicht, so zahlt die Versicherung im laufenden Jahr nicht weiter. Leisten Angehörige oder Bekannte die Pflege ambulant, zahlen die meisten Versicherer ein Tagegeld, dessen Höhe wie bei der Pflegetagegeldversicherung vom Grad der Pflegebedürftigkeit und vom vereinbarten Tagessatz abhängt. Viele Versicherungen übernehmen daneben auch die Kosten für Hilfsmittel als Sachkosten. Die Leistungen setzen ein, wenn ein ärztliches Zeugnis die Pflegebedürftigkeit bestätigt und die Kosten nachgewiesen werden.

2 Die Pflege*tagegeld*versicherung:
Die Versicherung zahlt ein Pflege*tagegeld*, das je nach Schwere der Pflegebedürftigkeit unterschiedlich hoch ist. Da es auf den Grad der Pflegebedürftigkeit abgestimmt wird, bekommt ein Schwerstpflegebedürftiger ein höheres Tagegeld als jemand, der nur für einzelne Tätigkeiten Hilfe braucht. Wie schwer jemand pflegebedürftig ist, wird aufgrund eines ärztlichen Attestes nach Punkten bewertet. Je nach erreichter Punktzahl wird der Grad der Pflegebedürftigkeit festgelegt. Verschlechtert sich der Gesundheitszustand auf Dauer, so wird auch die Pflegestufe geändert. Der Versicherungsnehmer kann die Höhe des Tagessatzes zwischen fünf und 150 DM selbst wählen. Je höher der versicherte Tagessatz, desto höher das Tagegeld, desto höher auch der zu zahlende Beitrag, der im übrigen mit zunehmendem Eintrittsalter kräftig ansteigt. Zwischen den einzelnen Versicherungsunternehmen weisen die Prämien erhebliche Unterschiede auf. Deshalb: Ein Vergleich der Tarife lohnt sich.

3. Die Pflege*renten*versicherung:
Diese weitere Art einer Pflegeversicherung wird von Lebensversicherungsgesellschaften angeboten. Bei der Pflegerentenversicherung wird eine monatliche Pflegerente gezahlt, deren Höhe weitgehend selbst bestimmt werden kann. Die Rentenhöhe richtet sich auch nach der Schwere der Pflegebedürftigkeit. So wird bei leichter oder mittlerer Pflegebedürftigkeit nur ein Teilbetrag bezahlt. Tritt keine Pflegebedürftigkeit ein, so wird ab dem 81. bzw. 85. Lebensjahr eine Altersrente gezahlt. Nachteil dieser Lösung: Die Kosten! Sie ist teuer. Allerdings sind die Beiträge im Gegensatz zu den anderen Versicherungen nur bis zum Eintritt der Pflegebedürftigkeit oder dem Erreichen der Altersgrenze zu zahlen.

Praktische Hinweise:

Die meisten Versicherungen legen ein Höchstaufnahme- bzw. Eintrittsalter fest. Oft bestehen Wartezeiten von drei Jahren. Erst nach Ablauf dieser Frist, die vom Versicherungsbeginn an läuft, werden Leistungen bei Pflegebedürftigkeit erbracht.

Tip:

Lassen Sie sich von verschiedenen Versicherungsunternehmen individuelle Angebote vorlegen und vergleichen Sie. Die Stiftung Warentest hat in ihrer Zeitschrift »test«, Ausgabe September 1990, einen Vergleich von Pflegeversicherungen, Leistungen und Tarifen veröffentlicht. Entscheiden Sie selbst, welche Art von Pflegeversicherung in Ihrem Fall die beste ist. Wenn Angehörige pflegen, heißt es besonders aufpassen: Die Bedingungen mancher Pflege*kosten*versicherungen sehen für Angehörige kein Tagegeld vor. Aufwendungen von privaten Pflegepersonen lassen sich oft nur schwer nachweisen und werden zum Teil sogar ausgeschlossen.

Wichtig ist, *daß* jeder einzelne sich zusätzlich zur Pflegehilfe der gesetzlichen Krankenversicherung selbst absichert, will er nicht bei Pflegebedürftigkeit von anderen abhängig oder, im schlimmsten Fall, zum Empfänger von Sozialhilfe werden. Je früher ein Vertrag abgeschlossen wird, desto niedriger sind die Prämien. Bisher ist allerdings die Bereitschaft, bereits in jungen Jahren für den Fall der Pflegebedürftigkeit selbst und freiwillig vorzusorgen, nicht besonders groß. Das liegt nicht allein an uneinsichtigen oder leichtsinnigen Bürgern, sondern auch an der fehlenden staatlichen Förderung, die es leider bis heute nicht gibt. Als Motivation für die Eigenvorsorge könnten zum Beispiel steuerliche Anreize geschaffen werden.

Nach soviel Theorie ein **Beispiel** aus der Praxis:
Herr Balsen ist 55 Jahre alt und seit dem Tod seiner Frau alleinstehend. Der einzige Sohn lebt mit seiner Familie im Ausland. Er macht sich erst jetzt Gedanken, was einmal sein wird, wenn er sich nicht mehr selbst versorgen kann. In einem Gespräch mit Freunden erfährt er, daß es private Pflegeversicherungen gibt. Er läßt sich verschiedene Angebote unterbreiten und schließt dann eine Pflegetagegeldversicherung mit folgenden Beitrags- und Versicherungsleistungen ab:
Da er im Falle der Pflegebedürftigkeit niemanden hat, der die Pflege übernimmt, wird er voraussichtlich in ein Pflegeheim umziehen. Nachdem Herr Balsen weiß, daß der Tagessatz in vielen Pflegeheimen heute schon die Hundert-Mark-Grenze überschreitet, legt er den versicherten Tagessatz auf hundert Mark fest. Bei einem Eintrittsalter von 55 Jahren muß er dann schon rund 140 DM monatlich an Beitrag entrichten. Das ist viel Geld, doch kann er, wenn er zum Pflegefall wird, mit einem monatlichen Betrag von maximal dreitausend Mark rechnen. Zusammen mit seiner Rente dürfte das ausreichen, auch für längere Zeit die Kosten eines Heimaufenthaltes zu finanzieren. Kann er doch zu Hause oder außerhalb eines Pflegeheimes gepflegt werden und braucht er nur für einzelne Verrichtungen, zum Beispiel für das Aufstehen und Zubettgehen, für An- und Auskleiden und zum Waschen und Rasieren fremde Hilfe, sieht diese Versicherung einen Leistungsabschlag vor. Bei den genannten Hilfeleistungen besteht nur die niedrigste Pflegestufe, bei der nur 25 Prozent des versicherten Tagessatzes, also 25 DM täglich gezahlt werden. Dieser Betrag dürfte für die ambulanten Dienste einer Krankenpflegeorganisation ausreichen. Verschlechtert sich der Gesundheitszustand, muß er ein neues ärztliches Attest vorlegen, damit sich die Versicherungsleistungen auf bis zu 100 Prozent erhöhen.

3 Private Pflegeverträge und Pflegevereinbarungen

Die Welt lebt von den Menschen,
die mehr tun als ihre Pflicht.
(Balser)

Pflegeverträge:

Es gibt eine weitere Möglichkeit, eine Heimaufnahme zu vermeiden, die bisher leider fast ausschließlich von Pflegebedürftigen praktiziert wird, die keine Angehörigen haben oder bei denen Familienpflege – aus welchen Gründen auch immer – nicht möglich ist: Der Pflegebedürftige stellt eine Pflegeperson an und schließt mit ihr einen Pflegevertrag ab. Die Anzahl der Pflegestunden richtet sich nach der Schwere der Pflegebedürftigkeit. Sind keine Angehörigen oder Nachbarn vorhanden, ist vielleicht jemand aus dem Bekanntenkreis bereit, gegen entsprechenden Lohn zu pflegen. Auch Anzeigen in der Zeitung oder Meldung der Stelle beim Arbeitsamt führen immer wieder zum Erfolg bei der Suche nach einer geeigneten Pflegeperson.

Leider werden Pflegeverträge in der Praxis viel zu selten abgeschlossen – wie gesagt, fast ausschließlich für fremde Pflegekräfte. Pflegende Angehörige arbeiten meistens um »Gottes Lohn«. Dabei wäre ein Pflegevertrag die beste Absicherung für den Pflegebedürftigen, daß die Pflege gern und auf Dauer geleistet wird, auch oder gerade von Angehörigen. Unentgeltliche Pflege kann heutzutage selbst von den nächsten Verwandten nicht mehr erwartet werden. Jeder Mensch verrichtet seine Arbeit lieber und meistens auch besser, wenn sie angemessen honoriert wird. Deshalb ein Hinweis an alle pflegenden Angehörigen:

Heutzutage braucht niemand mehr umsonst zu pflegen! Entweder hat ein Pflegebedürftiger Einkommen und Vermögen, aus dem er seiner Pflegeperson eine Entschädigung zukommen lassen kann, oder die staatlichen Hilfen (siehe Kapitel »Pflegehilfen durch die Sozialhilfe«) treten ein. Auch ein pflegender Angehöriger, etwa die Tochter oder Schwiegertochter, sollte auf den Abschluß eines Pflegevertrages hinwirken.
Viele ältere Pflegebedürftige, die die Pflege durch Tochter oder Schwiegertochter bisher als Selbstverständlichkeit betrachten, müssen umdenken. Auch Pflegearbeit von Angehörigen sollte anerkannt werden, und zwar auch finanziell. Ein Vorschlag an alle Pflegebedürftigen, die von Angehörigen versorgt werden oder versorgt werden wollen: Ihnen liegt doch sicher daran, möglichst gut, zuvorkommend und möglichst lange zu Hause gepflegt zu werden. Was spricht also dagegen, daß die Tochter oder Schwiegertochter genauso bezahlt wird wie eine fremde Pflegekraft? Anstatt einer Halbtagsbeschäftigung irgendwo in der freien Wirtschaft nachzugehen, arbeitet die Tochter oder Schwiegertochter als Pflegerin in der eigenen Familie.
Ganz wichtig wird ein Pflegevertrag dann, wenn Vermögen vorhanden ist. Die Pflegeperson sollte vom vermögenden Pflegebedürftigen nicht auf das Testament verwiesen, sondern bezahlt werden. »Es steht alles geschrieben . . .«, so hört man oft von alten Menschen. Sie meinen damit, daß die pflegende Tochter oder Schwiegertochter im Testament angemessen bedacht ist und deshalb zu Lebzeiten keinen Lohn zu beanspruchen hat. Aber warum das Vermögen so lange behalten? Mit ins Grab nehmen kann niemand etwas. Und ist es nicht besser, zu Lebzeiten zu geben und den Dank dafür zu empfangen? Die Alternative zur Hauspflege ist ein Heimaufenthalt – und dann ist das Vermögen noch viel schneller aufgebraucht. Alles Geschriebene nützt dann

gar nichts. Die Pflegeperson, die oft jahrelang umsonst – in der Hoffnung auf das Erbe – gepflegt hat, geht leer aus.
Pflegeverträge stellen somit auch einen Schutz für die Pflegenden dar, daß das Vermögen nicht anderweitig aufgebraucht oder verschenkt wird. Bei Erbauseinandersetzungen gehen die vertraglichen Ansprüche vor. Mit einem Pflegevertrag können Schwierigkeiten, wie sie beim sogenannten *»vorweggenommenen Erbausgleich«* oftmals entstehen, vermieden werden. Hat eine Tochter ein Elternteil gepflegt, muß sie nämlich gegenüber den weiteren Geschwistern *nachweisen*, daß sie einen Anspruch aus geleisteter Pflege aus dem Erbe hat, der dem Erbanspruch vorgeht. Das führt leider oft zu Schwierigkeiten und Streitereien unter den Erben. Ist ein Pflegevertrag vorhanden, können solche Auseinandersetzungen im Todesfall umgangen werden.

3.1 Wie hoch sollte die Vergütung für die Pflege angesetzt werden?

Grundsätzlich gilt: Es gibt keine gesetzlichen Einschränkungen, jede freie Vereinbarung ist möglich. Die Stundensätze der Nachbarschaftshilfe liegen im Durchschnitt bei etwa zehn Mark. Ohne weiteres kann dieser Satz auch angesetzt werden, wenn Angehörige pflegen. Oder ist die Pflege durch Angehörige etwa weniger wert, als die Pflege durch eine fremde Pflegekraft? Versorgt eine Tochter ihren Vater also täglich zwei Stunden, so würde sie im Monat 600 DM bekommen. Damit sind aber nur die Pflegeleistungen abgedeckt. Lebt der Pflegebedürftige im Haushalt der pflegenden Tochter oder Schwiegertochter, können für das vom Pflegebedürftigen bewohnte Zimmer und für volle Verpflegung zusätzlich Kosten angesetzt werden.

Praktischer Hinweis:

Durch den Abschluß eines Pflegevertrages kann der Pflegebedürftige zum Arbeitgeber werden. Die Richtlinien über Sozialversicherung und Lohnsteuer müssen eingehalten werden. Für nähere Auskünfte stehen die gesetzlichen Krankenversicherungen, die Finanzämter und auch die Sozialämter sowie die Vormundschaftsgerichte zur Verfügung. Sie können sich auch an einen Steuerberater wenden.

Beispiel:

Frau Böhm hat bisher allein gelebt. Sie braucht nun Pflege und zieht deshalb in den Haushalt ihres Sohnes. Die Schwiegertochter gibt notgedrungen ihre Halbtagsbeschäftigung auf und pflegt die Schwiegermutter. Dazu schließen die beiden einen Pflegevertrag ab: für die tägliche Pflege werden zwei Stunden angesetzt. Pro Stunde bekommt die Schwiegertochter zehn Mark. Als Lohn für ihre Pflegearbeit erhält sie also 600 DM. Für das Zimmer, das Frau Böhm bewohnt, zahlt sie 200 DM. Frau Böhm nimmt auch an den Mahlzeiten teil, die die Schwiegertochter für die Familie bereitet. Dafür werden 300 DM vereinbart. Frau Böhm hat ein Altersruhegeld mit 800 DM und eine Witwenrente von 1.200 DM. Die Tochter bekommt nun monatlich insgesamt 1.100 DM von der Schwiegermutter.

3.2 Pflegeverträge nur bei hohem Einkommen oder Vermögen?

Jemand, der genügend Einkommen oder Vermögen besitzt, entscheidet sich wahrscheinlich leichter, auch mit Angehörigen einen Pflegevertrag abzuschließen. Reicht aber das Einkommen eines Pflegebedürftigen nicht aus, um die Pflegeperson angemessen zu bezahlen, muß das

vorhandene Vermögen belastet bzw. eingesetzt werden. Keine Probleme gibt es bei Geldvermögen. Bei Grundvermögen wird empfohlen, eine Grundschuld zur Sicherung des Pflegevertrages eintragen zu lassen. Besteht der pflegende Angehörige nicht darauf, daß der gesamte, monatlich vereinbarte Betrag sofort ausbezahlt wird, kann der Betrag, der nicht ausbezahlt wird, grundbuchrechtlich gesichert werden, siehe Beispiel unten. Sonstiges Vermögen wie Wertpapiere, Münzsammlungen oder Schmuck werden durch Zeitablauf nach und nach übertragen.
Ist kein oder nur geringes Vermögen vorhanden und reicht das Einkommen allein nicht aus, kann ein Zuschuß beim Sozialhilfeträger beantragt werden, siehe hierzu Kapitel »Pflegehilfen durch die Sozialhilfe«.
Nun einige Beispiele, wie Pflegeverträge in der Praxis aussehen können:

1. Herr Dohm zieht, da er sich nicht mehr allein versorgen kann, zu seiner Tochter und deren Familie. Seine schuldenfreie Eigentumswohnung möchte er langfristig vermieten. Die Tochter ist bereit, ihn zu pflegen. Er hat ein Altersruhegeld von 1.400 DM. Mit der Tochter schließt er einen Pflegevertrag, in dem vereinbart wird, daß ihr für Kost, Logis und Pflege monatlich 1.500 DM zustehen. Das ist mehr, als er an laufendem Einkommen hat, und kann aus diesem Grund nicht in vollem Umfang aus dem Einkommen bezahlt werden. Der Pflegevertrag enthält deshalb folgende Regelung: Die Tochter bekommt monatlich tausend Mark direkt. Ins Grundbuch wird eine Grundschuld mit 50.000 DM eingetragen. Jeden Monat wird diese faktisch um 500 DM »verbraucht«. Sind nach einigen Jahren Pflegegelder bis zum gesamten Betrag aufgelaufen, kann Herr Dohm eine weitere Grundschuld eintragen lassen.
Anmerkung: Nur wenn die Tochter auf den vollen ver-

einbarten Betrag zur Deckung ihres Lebensunterhalts angewiesen wäre, müßte Herr Dohm die Wohnung verkaufen.

2. Der pflegebedürftige Herr Kunz lebt in seinem kleinen Einfamilienhaus. Täglich kommt eine Schwester der Krankenpflegestation zur Behandlungspflege sowie seine in der Nachbarschaft lebende Tochter, die ihn rund drei Stunden betreut. Die Kosten der Krankenschwester werden von der Krankenkasse übernommen. Sein Einkommen, ein Altersruhegeld von 1.300 DM braucht er für seinen Lebensunterhalt. Deshalb kann er seiner Tochter für ihre Leistungen nichts geben, und er beantragt daher ein Pflegegeld beim Sozialamt. Das Einfamilienhaus ist bei der Sozialhilfe geschützt (siehe Kapitel »Sozialhilfe ist vom Einkommen und Vermögen abhängig«, Punkt 4.1.1). Herr Kunz bekommt ein Pflegegeld in Höhe von 325 DM, das er an seine Tochter weitergibt. Stirbt Herr Kunz, ist das Grundvermögen für die Erben nicht mehr geschützt, das heißt, die Erben müssen *aus dem Nachlaß* die gezahlten Pflegegelder (abzüglich eines Freibetrages) zurückzahlen. Nur das dann noch verbleibende Vermögen kann unter den Erben aufgeteilt werden. Im Ergebnis haben die Erben also ein schlechtes Geschäft gemacht.

Herr Kunz hätte auch anders handeln können:
Herr Kunz schließt mit seiner Tochter einen Pflegevertrag. Er kann die Pflege zwar aus seinem Einkommen nicht bezahlen, aber er besitzt Grundvermögen in Form seines Einfamilienhauses. Benötigt die Tochter das Pflegegeld für ihren Lebensunterhalt nicht unbedingt sofort, so ist es besser, *anstelle* des Pflegegeldes der Sozialhilfe einen Pflegevertrag abzuschließen und den Anspruch der Tochter durch Eintragung einer Grundschuld ins Grundbuch abzusichern. Warum? Mit der Tochter wird

dann beispielsweise ein monatliches Pflegegeld in Höhe von 600 DM vereinbart. Sie braucht sich nicht mit dem niedrigeren Sozialhilfesatz zu begnügen. Da die Sozialhilfe nicht eintreten muß, muß auch nichts zurückgezahlt werden. Nach dem Tode von Herrn Kunz hat sie Ansprüche aus dem Pflegevertrag, die grundbuchrechtlich abgesichert sind. Diese vertraglichen Ansprüche gehen Erbansprüchen vor.

Und die Miterben? Bleibt nach Befriedigung der Forderung ein Teil des Vermögenswertes übrig, so wird dieser unter den Erben aufgeteilt. Glaubt ein weiterer Angehöriger, wegen der Höhe der Vergütung um sein Erbe gebracht zu werden, ist er sicher bereit, die Pflege selbst zu übernehmen.

Zur näheren Erläuterung: der Anspruch auf Pflegegeld wird im Beispielsfall wegen des geringen Einkommens des Pflegebedürftigen erst nach dessen Tod realisiert, vorausgesetzt das Haus wird nicht vorher verkauft. Wird das Haus vorher verkauft, etwa weil der Pflegebedürftige in den Haushalt der Pflegenden aufgenommen wird oder die Pflegeperson das Geld braucht, dann wird der Anspruch berücksichtigt. Kommt der Pflegebedürftige eines Tages doch ins Pflegeheim und braucht die Sozialhilfe, dann hat die Tochter nicht umsonst gepflegt, weil bei einem Verkauf des Hausgrundstücks der vertragliche Anspruch erfüllt werden muß, und zwar vor der Sozialhilfe.

Die Konsequenz aus den Ausführungen kann deshalb nur ein Appell an alle Pflegebedürftigen sein: Schließen Sie mit pflegenden Angehörigen, auch mit Ihrer Tochter oder Schwiegertochter, einen Pflegevertrag, in dem Ansprüche klar formuliert sind. Sie haben dann einen Anspruch auf Pflege, den Sie bezahlen und der Sie frei von dem Gedanken macht, Ihren Angehörigen zur Last fallen zu müssen.

Und allen pflegenden Angehörigen sei nochmals geraten: Lassen Sie sich nicht vertrösten auf das Erbe. Machen Sie dem Pflegebedürftigen die Vorteile eines Pflegevertrages deutlich. Erfahrungsgemäß ist bei manchen, vor allem bei älteren Pflegebedürftigen, viel Überzeugungskunst notwendig. Bleiben Sie hartnäckig, der Einsatz lohnt sich.

Praktischer Hinweis:

Ein Muster eines Pflegevertrages, der für alle Pflegebedürftigen anwendbar ist, kann nicht vorgestellt werden. Bitte wenden Sie sich im Einzelfall an Rechtspfleger, Vormundschaftsrichter oder Notare. Auch Rechtsanwälte sind bei der Ausarbeitung von Pflegeverträgen behilflich. Auch die Träger der freien Wohlfahrtspflege und die Sozialämter können im Einzelfall Tips geben.

Pflegevereinbarungen:

Im Grunde genommen hat eine Pflegevereinbarung denselben Zweck wie der oben beschriebene Pflegevertrag: die Absicherung von Pflegebedürftigem und Pflegendem.
Eine Pflegevereinbarung ist dann sinnvoll, wenn ein Eigentümer eines oder mehrerer Grundstücke diese an seine Verwandten oder Bekannten übergibt und im Vertrag das Risiko der Pflegebedürftigkeit absichert. Der häufigste Fall sind in der Landwirtschaft die Übergabeverträge bei Bauernhöfen. Fast ausnahmslos werden hier Pflegevereinbarungen zur Absicherung bei Pflegebedürftigkeit des Übergebers aufgenommen. Wenn Grundstücke übergeben werden, bedarf dieses Geschäft der notariellen Beurkundung. Jeder Notar formuliert eine Pflegevereinbarung etwas anders. Sinngemäß und im »Amtsdeutsch« lautet der Text meistens:
Der Übernehmer verpflichtet sich, die Übergeber in alten und kranken Tagen, solange die Übergeber im

Gebäude . . . wohnen, unentgeltlich zu warten und zu pflegen.
Der Übernehmer hat insbesondere auch die Kleidung und Wäsche sowie die Wohnräume zu pflegen und instand zu halten, soweit die Übergeber hierzu nicht selbst in der Lage sind.
Hofübergabeverträge in der Landwirtschaft sind zwar dic gängigsten Fälle, in denen Pflegevereinbarungen aufgenommen werden, doch bieten sie sich auch bei sonstigen Grundstückskaufverträgen an.

Beispiel:
Ein Grundstück wird zu einem relativ niedrigen Preis verkauft, zusätzlich enthält der Vertrag eine Pflegevereinbarung, wonach der Übernehmer verpflichtet ist, den Übergeber bei Pflegebedürftigkeit zu pflegen, Text siehe oben.
Auch in Schenkungs- und Erbverträgen finden sich oft Pflegevereinbarungen. Da wird zum Beispiel festgelegt, daß die Nichte das Haus für die Pflege des Onkels erhält. Damit wird unnötigen Streitereien bei der Erbauseinandersetzung vorgebeugt. Genausogut könnte auch ein Pflegevertrag abgeschlossen werden.
Ist jemand im Zweifel, ob ein solcher Vertrag im Einzelfall sinnvoll ist, kann ein Gespräch mit einem Notar oder dem Vormundschaftsgericht Klarheit schaffen. Der »Wert« von Pflegeleistungen kann mittels Tabellen festgestellt werden, die ebenfalls bei Notariaten und Vormundschaftsgerichten liegen.

4 Private Vollmachten

Vertrauen ist etwas so Schönes, daß selbst der ärgste Betrüger sich eines gewissen Respektes nicht erwehren kann vor dem, der es ihm schenkt.
(Marie v. Ebner-Eschenbach)

Kann jemand seine Angelegenheiten nicht mehr selbst besorgen, kann er einen anderen Mitbürger seines Vertrauens mit seiner Vertretung beauftragen. Er stellt dazu eine Handlungsvollmacht aus, die den Bevollmächtigten berechtigt, Geschäfte für den Vollmachtgeber zu erledigen. An eine Form ist der Vollmachtgeber nicht gebunden. Soll die Vollmacht längere Zeit und für mehrere Geschäfte gelten, empfiehlt es sich, die Vollmacht schriftlich zu formulieren.
Fühlt sich ein Pflegebedürftiger nicht in der Lage, notwendige Anträge selbst zu stellen oder sich mit Behörden, insbesondere mit dem Sozialamt, auseinanderzusetzen, so kann er sich durch einen Bevollmächtigten vertreten lassen. Zu Verhandlungen und Besprechungen kann er mit einem Beistand erscheinen. Die Vollmacht ermächtigt den Bevollmächtigten, alle Verfahrenshandlungen für den Vollmachtgeber vorzunehmen, es sei denn, die Vollmacht ist auf ganz bestimmte Handlungen, etwa die Stellung eines Pflegegeldantrages, begrenzt. Die Behörde kann verlangen, daß der Bevollmächtigte eine schriftliche Vollmacht vorlegt.
Der Vollständigkeit halber sei an dieser Stelle ein weiteres Rechtsinstitut genannt, das ausführlicher im Kapitel »Ein Wort zu Pflegschaften bzw. Betreuungen«, Punkt 4 behandelt wird: die Vorsorgevollmacht. Sie ist ein Instrument, mit der ebenfalls Vorsorge für den Fall der Pflegebedürftigkeit oder Geschäftsunfähigkeit getroffen

werden kann. Mit der Vorsorgevollmacht kann jemand, solange er noch im Vollbesitz seiner geistigen und körperlichen Kräfte ist, eine Person seiner Wahl bestimmen, die dann, wenn er nicht mehr selbst handeln kann, für ihn umfassend tätig wird.

5 Mitglied bei Krankenpflegeorganisationen werden

Du mußt den Brunnen graben, bevor du Durst hast.

(aus China)

Jeder, der sich für den Fall der Pflegebedürftigkeit absichern will, sollte Mitglied bei einer Krankenpflegeorganisation in seiner näheren Umgebung werden. Viele dieser Organisationen sind mitgliedschaftlich organisiert. Der Mitgliedsbeitrag ist gering, manchmal beträgt er nur zwanzig Mark im Jahr – und ist zudem noch steuerlich absetzbar. Muß ein Mitglied Pflegeleistungen in Anspruch nehmen und die Krankenkasse bezahlt nicht oder nicht alles, wird Mitgliedern eine geringere Gebühr in Rechnung gestellt als Nichtmitgliedern – pro Hausbesuch sind es oft nur fünf Mark.

Praktischer Hinweis:
Manche Satzungen sehen vor, daß die Mitglieder eine bestimmte Wartezeit erfüllen müssen, bis die Dienste zum günstigen Mitgliedstarif beansprucht werden können. Deshalb der Rat: Nicht erst dann Mitglied werden, wenn bereits konkreter Bedarf besteht.

Pflegehilfen und Leistungsgesetze (außerhalb der Sozialhilfe)

1 Allgemeines

In jedes Lebensalter treten wir als Neulinge und ermangeln darin der Erfahrung.
(La Rochefoucauld)

Das Sozialrecht ist im Laufe der Zeit durch eine Vielzahl von Einzelgesetzen recht unübersichtlich geworden. Deshalb sollen alle auf Dauer angelegten Sozialleistungsgesetze im Sozialgesetzbuch (SGB) zusammengefaßt werden. Dieses soll nach Fertigstellung insgesamt zehn Bücher umfassen, die inzwischen zum Teil erlassen sind:
Das Erste Buch SGB I enthält die Aufgaben des SGB, die sozialen Rechte und Gesetze sowie allgemeine Vorschriften, die für alle Teile der folgenden Bücher gemeinsam gelten. Es erklärt diejenigen Leistungsgesetze, die noch nicht vereinheitlicht worden sind, zu besonderen Teilen des Gesamtwerkes. Dazu gehören auch die nachfolgend genannten Leistungsgesetze, soweit sie nicht bereits Bücher des Sozialgesetzbuches geworden sind.
Alle Vorschriften, nach denen Pflegehilfen möglich sind, enthalten den Grundsatz, daß nur der Pflegebedürftige selbst Anspruch auf die Hilfen hat und die Hilfen beantragen kann. Die pflegenden Angehörigen haben bisher keine Möglichkeit, unmittelbar Hilfe zu bekommen. Da Entlastung der pflegenden Angehörigen erklärtes Ziel der Politik der Bundesregierung ist, wäre es sicher sinnvoll, dies zu ändern bzw. die Anspruchsberechtigung auszudehnen.

2 Pflegehilfen durch die gesetzlichen Krankenversicherungen

Alle Gesetze sind Versuche, sich den Absichten der moralischen Weltordnung im Welt- und Lebenslaufe zu nähern.
(Goethe)

Bis Dezember 1988 waren alle Leistungen, die von den gesetzlichen Krankenversicherungen beansprucht werden konnten, in der Reichsversicherungsordnung (RVO) geregelt. Dabei wurde zwischen behandlungsbedürftiger Krankheit und »Pflegefall« unterschieden. Behandlungskosten wurden übernommen, Leistungen bei Pflegebedürftigkeit sah der Leistungskatalog der Krankenkassen nicht vor. Zum 1. Januar 1989 ist das Gesetz zur Strukturreform im Gesundheitswesen, das Gesundheitsreformgesetz (GRG), als Fünftes Buch des Sozialgesetzbuches (SGB V) in Kraft getreten. Erstmals wurden in den §§ 53 ff SGB V auch Hilfen bei Pflegebedürftigkeit der Mitglieder in den Leistungskatalog der gesetzlichen Krankenversicherungen aufgenommen. Bisher mußten Pflegebedürftige entweder ihr Einkommen und Vermögen zur Bezahlung ihrer Pflegeperson bzw. ihrer Pflegeheimkosten einsetzen oder, wenn keine finanziellen Reserven vorhanden waren, gleich Unterstützung beim Sozialamt beantragen. Dies war in höchstem Maße unbefriedigend. Die Pflegeleistungen, die das Gesundheitsreformgesetz jetzt durch die Krankenkassen möglich macht, bedeuten erstmals bundesweit eine Unterstützung für Pflegebedürftige außerhalb der Sozialhilfe. Allerdings wird noch keine vollkommene Absicherung des Risikos der Pflegebedürftigkeit erreicht, da die Voraussetzungen sehr eng gehalten sind. Die Leistungen sind vielmehr ein erster Einstieg und

können allenfalls als Tropfen auf den heißen Stein gewertet werden.
Anzumerken bleibt in diesem Zusammenhang noch, daß die bisher nach der RVO geltenden Einschränkungen für Rentner in Pflegeheimen weggefallen sind. Pflegeheimbewohner haben nun auch Anspruch auf ambulante ärztliche Behandlung. Sie können außerhalb des Pflegeheimes einen Arzt ihrer Wahl konsultieren. Allerdings können Bewohner von Pflegeheimen die im folgenden beschriebenen Pflegeleistungen und die häusliche Krankenpflege nicht beanspruchen, wenn sie keinen eigenen Haushalt führen, sondern im Pflegeheim vollständig versorgt werden.

2.1 Häusliche Pflegehilfe

Ist eine Person pflegebedürftig und wird sie zu Hause gepflegt, kann sie von der Krankenkasse eine Pflegehilfe erwarten. Die Voraussetzungen nennt 53 SGB V:

(1) Versicherte, die nach ärztlicher Feststellung wegen einer Krankheit oder Behinderung so hilflos sind, daß sie für die gewöhnlichen und regelmäßig wiederkehrenden Verrichtungen im Ablauf des täglichen Lebens auf Dauer in sehr hohem Maße der Hilfe bedürfen (Schwerpflegebedürftige), erhalten häusliche Pflegehilfe.
(2) Der Anspruch nach Abs. 1 entfällt, soweit ein Anspruch nach § 37 (häusliche Krankenhilfe) besteht.
(3) ...
(4) ...

Erläuterungen zum Gesetzestext:
Laut Gesetzestext hat ein Versicherter also nur dann Anspruch auf häusliche Krankenpflege, wenn er »schwerpflegebedürftig« ist. Wer zur Gruppe der

Schwerpflegebedürftigen zu zählen ist, das haben die Spitzenverbände aller Krankenkassen in gemeinsamen Richtlinien verbindlich festgelegt.

2.1.1 Wer gehört zur Gruppe der Schwerpflegebedürftigen?

Nach den *Schwerpflegebedürftigkeits-Richtlinien* vom 9. 8. 1989 ist schwerpflegebedürftig, wer nach ärztlicher Feststellung wegen einer Krankheit oder Behinderung so hilflos ist, daß er für die gewöhnlichen und regelmäßig wiederkehrenden Verrichtungen im Ablauf des täglichen Lebens auf Dauer in sehr hohem Maße der Hilfe bedarf.
Das ist ein komplizierter Satz mit vielen Begriffen, die wiederum der Auslegung bedürfen:

- Der Begriff »Hilflosigkeit«:

Ob jemand »hilflos« ist, beurteilt sich danach, inwieweit er aufgrund der körperlichen, psychischen oder geistigen Defizite bestimmte Verrichtungen im täglichen Leben selbst ausüben kann oder auf die Hilfe anderer angewiesen ist. Zu diesen Verrichtungen gehören beispielsweise im Bereich der Mobilität und der Motorik:

– das selbständige Aufstehen und Zubettgehen,
– das Umlagern,
– das Gehen, Stehen oder Treppensteigen.

Im Hygienebereich gehören insbesondere
– das selbständige Waschen, Duschen oder Baden,
– das Zähneputzen, Kämmen, An- und Auskleiden sowie
– die selbständige Benutzung der Toilette und
– das selbständige Reinigen der Wohnung dazu.

Im Bereich der Ernährung insbesondere
- die selbständige Nahrungszubereitung oder -aufnahme.

Auch auf die Fähigkeit der Kommunikation, insbesondere
- auf das Sprechen, das Sehen oder das Hören wird hingewiesen.

Maßstab bei der Beurteilung der Hilflosigkeit ist, inwieweit die Fähigkeit zur Ausübung der genannten Verrichtungen gegenüber einem gleichaltrigen, nicht behinderten, gesunden Menschen eingeschränkt ist.

● In sehr hohem Maße:
Ein Versicherter muß in nahezu allen genannten Bereichen regelmäßig auf intensive Hilfe angewiesen sein, damit die Voraussetzung »in sehr hohem Maße« erfüllt ist. Kann jemand nur einzelne Tätigkeiten nicht ausführen, so begründet dies noch keine Schwerpflegebedürftigkeit.

● Auf Dauer:
Auf Dauer ist jemand dann hilfebedürftig, wenn der Zustand seiner Natur nach voraussichtlich nicht nur vorübergehend ist. Eine vorübergehende zeitweilige Besserung im Befinden des Pflegebedürftigen steht dann nicht entgegen, wenn die Hilflosigkeit die dauernde Pflege in einer gewissen Regelmäßigkeit erfordert.

● Ärztliche Feststellung:
Die Feststellung, ob Schwerpflegebedürftigkeit vorliegt, trifft in der Regel der Arzt, der aufgrund seiner Behandlungstätigkeit die Person bereits kennt. Aber auch andere Ärzte, insbesondere Krankenhausärzte, können Schwerpflegebedürftigkeit attestieren. Bevor Leistungen gezahlt werden, muß ein Arzt des medizinischen Dienstes der Krankenkassen ein zweites Gutachten er-

stellen. Diese Untersuchung sollte normalerweise im häuslichen Bereich stattfinden.
Neben den medizinischen Aspekten der Krankheit oder der Behinderung sind auch das soziale Umfeld des Versicherten sowie besondere Belastungen bei der Pflege mit zu berücksichtigen.
Nach Absatz 2 des § 53 SGB V entfällt der Anspruch auf häusliche Pflegehilfe, wenn jemand Anspruch auf häusliche Krankenpflege hat. Welche Leistungen die häusliche Krankenhilfe beinhaltet und unter welchen Voraussetzungen die Hilfe zu bekommen ist, kann dem Punkt: Abgrenzung der Pflegehilfen zur häuslichen Krankenpflege, 2.5.1, entnommen werden.

2.1.2 Weitere Anspruchsvoraussetzungen

Wenn ein Versicherter schwerpflegebedürftig ist, muß er, um Pflegehilfen von seiner Krankenversicherung zu bekommen, noch weitere Voraussetzungen erfüllen. Dazu gehört die festgelegte *Vorversicherungszeit*. Anscheinend soll es einem Versicherten nicht zu einfach gemacht werden, in den Genuß der häuslichen Pflegeleistungen zu kommen. Schließlich war oberstes Ziel des Gesundheitsreformgesetzes die Kostendämpfung! So ließe sich immerhin erklären, warum der Gesetzgeber diese weitere Hürde eingebaut hat:

§ 54 SGB V:
(1) Versicherte erhalten häusliche Pflegehilfe, wenn sie seit der erstmaligen Aufnahme einer Erwerbstätigkeit bis zur Feststellung der Schwerpflegebedürftigkeit mindestens neun Zehntel der zweiten Hälfte dieses Zeitraums und in den letzten 60 Kalendermonaten vor Feststellung der Schwerpflegebedürftigkeit mindestens 36 Kalendermonate Mitglied oder nach § 10 (Familienhilfeanspruch) versichert waren. Der Mitgliedszeit steht bis zum 31. De-

zember 1988 die Zeit der Ehe mit einem Mitglied gleich, wenn die mit dem Mitglied verheiratete Person nicht mehr als geringfügig beschäftigt oder geringfügig selbständig tätig war.

Nun sind wahrscheinlich alle Unklarheiten beseitigt, oder etwa nicht? Etwas anders formuliert heißt das:
Seit ein Versicherter ins Berufsleben eingetreten ist, muß er bis zum Beginn der Schwerpflegebedürftigkeit in der zweiten Hälfte dieses Zeitraumes zu neunzig Prozent in einer gesetzlichen Krankenkasse versichert gewesen sein. Zusätzlich muß das Mitglied oder der Familienversicherte in den letzten fünf Jahren mindestens drei Jahre Mitglied einer gesetzlichen Krankenkasse gewesen sein. Erfüllt ein Mitglied diese Voraussetzungen, spricht man von ausreichender Vorversicherungszeit.

Beispiel:
Herr Neuer hat seit 1950 ununterbrochen gearbeitet und war dabei von Beginn bis 1967 pflichtversichert. Danach zahlte er als Selbständiger freiwillige Versicherungsbeiträge. Ab Januar 1972 war er wieder pflichtversichert. Nach einem Unfall wird er 1990 schwerpflegebedürftig und beantragt bei seiner Krankenkasse häusliche Pflegehilfe. Der Sachbearbeiter rechnet: In der zweiten Hälfte seiner Erwerbstätigkeit, von 1970 bis 1990, war Herr Neuer achtzehn Jahre lang pflichtversichert.
Das sind genau neunzig Prozent der Versicherungszeiten im maßgeblichen Zeitraum. Dies reicht für den Anspruch auf häusliche Pflegehilfe aus.
Die Voraussetzungen muß laut Gesetz *der Versicherte selbst* nachweisen, was nicht immer ganz einfach sein dürfte. Sicher ist aber der Sozialdienst oder der zuständige Sachbearbeiter der jeweiligen Krankenkasse gerne zur Mithilfe bereit. Schließlich ist die Materie für alle Beteiligten Neuland, und die komplizierten Formulie-

rungen machen die Arbeit der zuständigen Sachbearbeiter auch nicht gerade leichter.
Und damit es nicht zu einfach bleibt, geht es weiter:

§54 Absatz 2 SGB V:
(2) Bei Versicherten, die keine Erwerbstätigkeit ausgeübt haben, tritt an die Stelle der erstmaligen Aufnahme einer Erwerbstätigkeit der Tag der Geburt. Für versicherte Kinder gelten die Voraussetzungen nach Abs. 1 Satz 1 als erfüllt, wenn sie ein Elternteil erfüllt.

Trotzdem: Niemand sollte sich durch diese nicht einfach zu verstehenden und teilweise schwer nachzuweisenden Voraussetzungen davon abhalten lassen, die Leistungen bei Schwerpflegebedürftigkeit zu beantragen.

2.1.3 Was beinhaltet die häusliche Pflegehilfe?

Welche Erleichterungen die häusliche Pflegehilfe bringt, das steht in §55 SGB V:

(1) Die Pflegehilfe soll die Pflege und Versorgung schwerpflegebedürftiger Versicherter in ihrem Haushalt oder dem ihrer Familie ergänzen. Sie ist darauf auszurichten, daß Pflegebedürftige möglichst dort verbleiben können und stationäre Pflege vermieden wird. Sie umfaßt die im Einzelfall notwendige Grundpflege und hauswirtschaftliche Versorgung bis zu einer Stunde je Pflegeeinsatz und bis zu 25 Pflegeeinsätzen je Kalendermonat. An einem Tag können mehrere Pflegeeinsätze in Anspruch genommen werden. Die Aufwendungen der Krankenkasse für die Leistung nach Satz 1 bis 4 dürfen im Einzelfall 750 Deutsche Mark je Kalendermonat nicht übersteigen.
(2) Leistungen nach Abs. 1 werden vom 1. Januar 1991 an erbracht.

2.1.4 Wird die häusliche Pflegehilfe auch als laufendes Pflegegeld für die Pflegeperson gezahlt?

Das SGB V geht davon aus, daß die Krankenkassen die häusliche Pflegehilfe als Sachleistung, also als direkte Leistung, erbringen. Die Krankenkasse beauftragt dazu eine Person mit der Pflege ihres Mitglieds oder dessen Familienangehörigen. Sie bedient sich dabei in aller Regel der von den Trägern der freien Wohlfahrtspflege eingerichteten Sozialstationen, der gemeindlichen Schwesternstationen, aber auch privaten Anbietern. Was ist nun aber, wenn das Mitglied bereits eine Pflegeperson hat und dieser gerne eine Unterstützung zukommen lassen will?

§ 57 SGB V:
(1) Auf Antrag der schwerpflegebedürftigen Versicherten kann die Krankenkasse anstelle der häuslichen Pflegehilfe einen Geldbetrag von 100 DM je Kalendermonat zahlen, wenn die Schwerpflegebedürftigen die Pflege durch eine Pflegeperson in geeigneter Weise und in ausreichendem Umfang selbst sicherstellen können.
(2) Die Geldleistung nach Abs. 1 wird nur gezahlt, wenn die Pflegeperson auch bei Ausübung einer Erwerbstätigkeit zu einer ausreichenden Pflege in der Lage ist.
(3) Besteht der Anspruch nach Abs. 1 nicht für den gesamten Kalendermonat, ist der Geldbetrag entsprechend zu mindern.
(4) Die Geldleistung wird vom 1. Januar 1991 an gezahlt.
Hat der Versicherte also schon eine Pflegeperson oder kann er jemanden aus seinem Bekannten-, Freundes- oder Familienkreis mit der Pflege beauftragen, so kann er ein Pflegegeld beantragen. Die Krankenkasse zahlt dann *anstelle* der Pflegehilfe, die für fünfundzwanzig Stunden monatlich möglich wäre und maximal 750 DM

kosten dürfte, einen Geldbetrag mit 400 DM. Eine zusätzliche Pflegekraft als »Sachleistung« der Krankenkasse ist dann allerdings nicht mehr möglich. Für die selbst beschaffte Pflegeperson kann der Versicherte nur den Betrag von 400 DM bekommen. Neben der Pflege darf die Pflegeperson zumindest stundenweise berufstätig sein, ohne daß dies den Anspruch auf das Pflegegeld ausschließt. Trotz Erwerbstätigkeit muß allerdings eine ausreichende Pflege gewährleistet sein. Das Pflegegeld wird auch dann gezahlt, wenn sich mehrere Personen in der Pflege abwechseln.

2.2 Pflegehilfe bei Urlaub oder Verhinderung der Pflegeperson

Die Pflege eines schwerkranken Menschen zehrt unglaublich an den psychischen und physischen Kräften der Pflegeperson. Dazu kommt, daß der Pflegebedürftige oft nicht allein gelassen werden kann, wenn der Pflegende mal ausspannen möchte, selbst krank wird oder zur Kur müßte. Eine Erleichterung kann § 56 SGB V bringen, der sich mit Urlaub oder Behinderung der Pflegeperson befaßt:

§ 56 SGB V:
(1) Kann die Pflege und Versorgung schwerpflegebedürftiger Versicherter wegen Erholungsurlaubs oder anderweitiger Verhinderung der Pflegeperson zeitweise nicht erbracht werden, wird die häusliche Pflegehilfe über den Rahmen des § 55 hinaus, im erforderlichen Umfang für längstens vier Wochen je Kalenderjahr erbracht, wenn die Pflegeperson den Schwerpflegebedürftigen vor der Verhinderung mindestens 12 Monate gepflegt hat. Die Aufwendungen der Krankenkasse für die Leistung nach Satz 1 dürfen im Einzelfall 1.800 DM nicht

überschreiten. Werden die Versicherten während dieser Zeit außerhalb ihres Haushalts oder ihrer Familie gepflegt, übernimmt die Krankenkasse die dadurch entstehenden Kosten bis zur Höhe des Betrages, den sie bei Pflege und Versorgung der Versicherten in ihrem Haushalt oder ihrer Familie aufzuwenden hätte.

Erläuterungen zu § 56 SGB V:
Die Pflegeperson kann also mal ausspannen, ohne daß der Schwerpflegebedürftige in seiner körperlichen Existenz gefährdet wird. Eine erfreuliche Verbesserung für viele Pflegende. Damit die Krankenkasse diese Zeit überbrückt, muß die Pflegeperson, die Urlaub von der Pflege machen will oder sonst verhindert ist, den Pflegebedürftigen bereits ein Jahr lang gepflegt haben.
Im Regelfall stellt die Krankenkasse für diese Zeit eine geeignete Ersatzkraft, für die keine spezielle Berufsausbildung notwendig ist. Die »Vertretungspflege« kann aber auch von einem Angehörigen übernommen werden, mit dem die Krankenkasse dann eine entsprechende Vereinbarung schließt. Es ist auch möglich, daß sich der Pflegebedürftige für die Zeit der Abwesenheit seiner Pflegeperson in eine Einrichtung zur Kurzzeitpflege begibt. Die Krankenkasse beteiligt sich in diesem Fall wiederum mit höchstens 1.800 DM an den anfallenden Kosten.
Die Kosten der Kurzzeitpflege werden für längstens vier Wochen pro Kalenderjahr übernommen. Dabei wird nicht gefordert, daß die vier Wochen am Stück genommen werden müssen. Hat ein versichertes Mitglied also bereits für zwei Wochen wegen Krankheit seiner Pflegeperson eine fremde Pflegekraft in Anspruch genommen, kann im selben Jahr nochmals eine Hilfe wegen Urlaubs der Pflegeperson gewährt werden. Allerdings zahlt die Krankenkasse nur bis zum Höchstbetrag von 1.800 DM jährlich.

Auch bei der Urlaubs- und Kurzzeitpflege muß vom Mitglied die ausreichende Vorversicherungszeit (vgl. § 54 SGB V) nachgewiesen werden.

2.2.1 Ein Beispiel aus der Praxis:

Frau Huber pflegt ihre schwerkranke bettlägerige Mutter seit drei Jahren. Bis vor kurzem hat sie keine Hilfe von außen in Anspruch genommen. Sie hat durch das Heben und Lagern der Mutter inzwischen erhebliche Kreuzschmerzen und ist ständig in ärztlicher Behandlung. Durch Vermittlung der Sozialarbeiterin der Krankenkasse ihrer Mutter kommt seit einiger Zeit täglich eine Schwester der am Ort ansässigen Schwesternstation und hilft beim Umbetten und Waschen der Mutter. Bei Gesprächen mit der Schwester erfährt Frau Huber von der Möglichkeit der sogenannten Urlaubspflege bei Verhinderung der Pflegeperson. Sie überlegt sich jetzt, ob sie mit dieser Hilfe nicht doch die vom Arzt dringend befürwortete Kur antreten kann. Sie nimmt Kontakt mit der Krankenkasse der Mutter auf, und die dortige Sozialarbeiterin vermittelt einen Kurzzeitpflegeplatz für die Dauer der Abwesenheit von Frau Huber. Vier Wochen Kurzzeitpflege der Mutter im Heim kosten rund 3.500 DM einschließlich Transport. Die Krankenkasse beteiligt sich mit 1.800 DM, so daß für die Mutter selbst noch ein Betrag von 1.700 DM übrig bleibt.

2.3 Wie bekommt man diese Leistungen?

Die Krankenkasse kann erst dann eintreten, wenn ihr die genannten Voraussetzungen bekannt sind. Der Versicherte muß nachweisen, daß die Voraussetzungen vorliegen, und zwar auch die ausreichende Versicherungsdauer, was vor allem für ältere Menschen oft nur schwer

möglich ist. Die Krankenkasse, bei der der Versicherte zur Zeit der Antragstellung versichert ist, überprüft dann den Antrag.
Kommt jemand mit den Voraussetzungen oder mit dem Ausfüllen des Antrages nicht zurecht, so helfen die Mitarbeiter bei den Krankenkassen oder sonstigen sozialen Einrichtungen.
Wichtig ist, daß die Leistungen rechtzeitig beantragt werden, da von der Antragstellung bis zur Bewilligung erfahrungsgemäß einige Zeit vergeht. Eine Erstattung von Kosten im nachhinein ist nicht möglich.

2.4 Kurze Zusammenfassung und Beurteilung der Pflegehilfen

Seit Januar 1991 gehören zum Leistungskatalog der gesetzlichen Krankenversicherung auch Hilfen bei Schwerpflegebedürftigkeit. Der Versicherte kann für maximal fünfundzwanzig Stunden monatlich eine fremde Hilfe, die die Krankenkasse bestellt, bekommen. Die Kosten trägt die Kasse bis zu 750 DM monatlich. Hat der Versicherte bereits eine Pflegeperson, oder ist jemand zur Pflege bereit, kann er ein monatliches Pflegegeld in Höhe von vierhundert Mark beanspruchen. Auf die fremde Pflegekraft muß er dann allerdings verzichten. Will eine Pflegeperson, die bereits ein Jahr lang gepflegt hat, Urlaub machen, oder ist sie aus einem anderen Grund an der Pflege gehindert, kann der Versicherte für maximal vier Wochen im Jahr eine fremde Pflegekraft verlangen oder sich zur Kurzzeitpflege in ein Heim begeben. Die Krankenkasse steuert bis zu 1.800 DM bei.
Die häusliche Pflegehilfe ist, wie gesagt, allenfalls ein erster Einstieg, die Situation von Pflegebedürftigen und Pflegenden etwas zu erleichtern. Eine Pflege und Ver-

sorgung rund um die Uhr, wie viele Pflegebedürftige sie brauchen, wird damit nicht gesichert. Ob die Pflegenden dadurch, daß eine fremde Pflegekraft für maximal fünfundzwanzig Stunden monatlich oder für eine Stunde täglich kommt, spürbar entlastet werden, hängt sicher vom Einzelfall ab. Oft wird sich der Einsatz der pflegenden Angehörigen nicht spürbar und nachhaltig vermindern lassen. Allerdings gibt die häusliche Pflegehilfe der Pflegeperson wenigstens für kurze Zeit die Möglichkeit, der aufreibenden und Kräfte zehrenden Pflege zu entkommen.

Ist weitergehende Hilfe erforderlich oder erfüllt ein Versicherter die geforderten Voraussetzungen nicht, bleibt auch nach Einführung der Leistungen bei Schwerpflegebedürftigkeit durch die gesetzliche Krankenversicherung der Gang zum Sozialamt nicht erspart.

Unbefriedigend ist auch, daß derjenige Versicherte, der stationär im Heim gepflegt werden muß, sei es, weil er keine Familie hat oder weil die Familie bereits bis zur Belastungsgrenze gepflegt hat, keinerlei Unterstützung der Krankenkasse bekommt. Ein Heimbewohner muß, obwohl er die gleichen Beiträge bezahlt, auch nach Einführung der Pflegehilfen neben Unterkunft und Verpflegung die gesamten Pflegekosten selbst bezahlen oder eben Sozialhilfe beantragen.

2.5 Weitere Leistungen der gesetzlichen Krankenversicherung für Pflegebedürftige

2.5.1 Abgrenzung der Pflegehilfen zur häuslichen Krankenpflege

Krankenversicherte erhalten in ihrem Haushalt oder ihrer Familie neben der ärztlichen Behandlung häusliche Krankenpflege durch geeignete Pflegekräfte, wenn

- Krankenhausbehandlung geboten, aber nicht ausführbar ist, oder
- eine Krankenhauspflege dadurch vermieden werden kann, oder
- eine Krankenhausbehandlung dadurch verkürzt werden kann.

Man spricht auch vereinfachend von der Krankenhausersatzpflege. Bei einzelnen Krankenkassen bestimmt die Satzung, daß auch dann häusliche Krankenpflege geleistet wird, wenn sie zur Sicherung des Ziels der ärztlichen Behandlung erforderlich ist. Deshalb ist es ratsam, bei der zuständigen Krankenkasse nachzufragen.

Die häusliche Krankenpflege umfaßt die im Einzelfall notwendige Grund- und Behandlungspflege sowie die hauswirtschaftliche Versorgung des Kranken. Der Anspruch besteht bis zu vier Wochen je Krankheitsfall (§ 37 Abs. 1 SGB V). Allerdings nur dann, wenn eine im Haushalt lebende Person den Kranken in dem erforderlichen Umfang nicht pflegen und versorgen kann.

Es ist Aufgabe der Krankenkasse, eine geeignete Kraft, in der Regel eine Krankenpflegeperson mit staatlicher Erlaubnis, mit der Krankenpflege zu beauftragen.

Kann die Kasse keine Kraft für die häusliche Krankenpflege stellen oder besteht Grund, davon abzusehen, sind den Versicherten die Kosten für eine selbstbeschaffte Kraft in angemessener Höhe zu erstatten. Nur im Ausnahmefall zahlt also die Krankenversicherung für eine vom Mitglied selbst besorgte Krankenpflegekraft.

Die hauswirtschaftliche Versorgung können geeignete Personen, zum Beispiel Freunde, Verwandte außerhalb des Haushalts oder organisierte Nachbarschaftshelfer, übernehmen.

Wenn Anspruch auf häusliche Krankenpflege anstelle von Krankenhausbehandlung oder zur Sicherung der ärztlichen Behandlung besteht, was innerhalb der genannten üblichen vier Wochen durchaus einmal möglich ist, dann entfällt der Anspruch auf häusliche Pflegehilfe und Urlaubspflege. Dies gilt aber nur für diesen Zeitraum. Stellt sich im Anschluß an die häusliche Krankenpflege heraus, daß das Mitglied auf Dauer schwerpflegebedürftig sein wird und die geforderten Mitgliedsmonate erreicht hat, dann können die Leistungen bei Schwerpflegebedürftigkeit beantragt werden. Da Anspruchsinhaber das Mitglied selbst ist, ist ein Antrag an die Krankenkasse von diesem selbst zu stellen.

2.5.2 Abgrenzung der Pflegehilfen zur Haushaltshilfe

Versicherte erhalten Haushaltshilfe, wenn sie oder ihr Ehegatte
- wegen einer Krankenhausbehandlung, Entbindung, medizinischen Vorsorgeleistung oder Rehabilitationsmaßnahme, Müttervorsorge- oder Müttergenesungskur den Haushalt nicht weiterführen können, und
- wenn ein Kind im Haushalt lebt, das bei Beginn der Haushaltshilfe unter acht Jahre alt oder behindert und auf fremde Hilfe angewiesen ist.

Die Satzungen mancher Krankenkassen enthalten darüber hinausgehende Bestimmungen. So kann eine Haushaltshilfe auch dann möglich sein, wenn anstelle eines Klinikaufenthaltes bei einer akuten Erkrankung häusliche Krankenpflege zusammen mit der Haushaltshilfe eine Pflege im Krankenhaus entbehrlich machen. Deshalb: nachfragen!

Wie bei der häuslichen Krankenpflege kann man eine Haushaltshilfe nur dann beanspruchen, wenn keine im Haushalt lebende Person den Haushalt weiterführen kann. Aus welchen Gründen – beruflichen oder schulischen Verpflichtungen, körperliche Verfassung – dies nicht möglich ist, ist unerheblich. An arbeitsfreien Ta-

gen, während eines bezahlten Urlaubs, bei Arbeitsunfähigkeit oder Arbeitslosigkeit wird dem Familienmitglied die Haushaltsführung zugemutet. Auch mangelnde persönliche Eignung und Erfahrung der im Haushalt lebenden Angehörigen werden von der Kasse als Gründe nicht anerkannt.
Die Haushaltshilfe umfaßt alle die Dienstleistungen, die zur Weiterführung des Haushaltes erforderlich sind, sowie die Beaufsichtigung und Betreuung der Kinder. Sie ist allerdings auf die Dauer des Krankenhausaufenthaltes oder der Kur- bzw. Rehabilitationsmaßnahme begrenzt.
Die Haushaltshilfe der Krankenkassen ist eine Sachleistung, das heißt, eine Ersatzkraft wird normalerweise von der Kasse gestellt. Nur wenn die Kasse selbst keine Haushaltshilfe stellen kann oder darauf verzichtet, weil dies nicht sinnvoll ist, werden die Kosten einer selbstbeschafften Haushaltshilfe erstattet. Aber Vorsicht: Für Verwandte und Verschwägerte bis zum zweiten Grad werden nur Fahrtkosten und Verdienstausfall erstattet und auch das nur, sofern die Erstattung in einem angemessenen Verhältnis zu den sonst für eine Ersatzkraft entstehenden Kosten steht. Einer im Haushalt lebenden Person, die unbezahlten Urlaub genommen hat, wird das Nettoarbeitsentgelt erstattet.
Haushaltshilfe können neben Freunden oder Verwandten auch Haus- und Familienpflegerinnen der Sozialstationen oder die organisierten Helfer in der Nachbarschaftshilfe leisten. Es ist auch möglich, das Kind bzw. die Kinder vorübergehend außerhalb des Haushaltes unterzubringen.
Auch die Haushaltshilfe stellt nur eine kurzfristige Lösung für den Notfall dar, keine Entlastung auf Dauer. Tritt bei Eltern mit behinderten und pflegebedürftigen Kindern solch ein Notfall ein, ist es ratsam, sich im Einzelfall möglichst umgehend an die Krankenkasse

oder den Unfall- bzw. Rentenversicherungsträger, der die Kosten für den Krankenhausaufenthalt, die Kur bzw. Rehabilitationsmaßnahme übernimmt, zu wenden.

3 Pflegegeld durch die gesetzliche Unfallversicherung

Es gibt zwei Arten von Menschen: solche, die Bananenschalen auf den Boden werfen und solche, die sie aufheben.
(Verfasser unbekannt)

Ist jemand aufgrund eines Arbeitsunfalls oder einer Berufskrankheit im Sinne der gesetzlichen Unfallversicherung pflegebedürftig, so gehen daraus resultierende Ansprüche den Leistungen der gesetzlichen Krankenversicherung vor. Welcher Personenkreis Ansprüche an die Unfallversicherung haben könnte, das steht im dritten Buch der Reichsversicherungsordnung (RVO), das mit »Unfallversicherung« überschrieben ist und bei den §§ 537 ff RVO beginnt. § 557 RVO bestimmt, daß die Heilbehandlung eines Arbeitsunfallgeschädigten neben zahlreichen anderen Maßnahmen auch die Gewährung von Pflege umfaßt.

§ 558 RVO Haus- und Anstaltspflege
(1) Pflege ist zu gewähren, solange der Verletzte infolge des Arbeitsunfalls so hilflos ist, daß er nicht ohne Wartung und Pflege sein kann. Der Träger der Unfallversicherung kann mit Zustimmung des Verletzten auch in anderen Fällen Pflege gewähren.
(2) Die Pflege besteht
1. in der Gestellung der erforderlichen Hilfe und War-

tung durch Krankenpfleger, Krankenschwestern oder auf andere geeignete Weise (Hauspflege) oder
2. in der Gewährung von Unterhalt und Pflege in einer geeigneten Anstalt (Anstaltspflege), wenn der Verletzte nicht widerspricht.
(3) Statt der Pflege kann ein Pflegegeld gewährt werden. Es beträgt vom 1. 7. 1989 an zwischen 436 DM und 1.747 DM monatlich (vgl. Artikel 1 § 7 des Gesetzes vom 9. 5. 1989, BGBl I S. 874). Die neuen Mindest- und Höchstsätze werden durch das jeweilige RAG (Rentenanpassungsgesetz) festgesetzt. Übersteigen die Aufwendungen für fremde Wartung und Pflege den Betrag des Pflegegeldes, so kann es angemessen erhöht werden.
(4) Auf Antrag des Verletzten soll möglichst Hauspflege gewährt werden, wenn die Übernahme der Hilfe und Wartung Angehörigen des Verletzten wegen Krankheit, Kinderzahl oder aus einem anderen wichtigen Grund nicht zugemutet werden kann.

Wer kann außerdem Anspruch auf Pflegegeld nach § 558 RVO haben?
Jeder Arbeitnehmer ist gegen Arbeitsunfälle und Berufskrankheiten versichert. Für diese Versicherung zahlt nur der Arbeitgeber Beiträge. Dem Schutz der gesetzlichen Unfallversicherung sind darüber hinaus eine Vielzahl von Gesundheitsschäden außerhalb des Arbeitslebens unterstellt. Außer Arbeitnehmern und ihnen gleichgestellten Personen können folgende Personen nach einem Unfall Ansprüche an die gesetzlichen Unfallversicherungsträger haben:

- Kinder im Kindergarten,
- Schüler in der Schule,
- Studenten in der Hochschule,
- diejenigen, die bei Not oder Gefahr Hilfe leisten,

– Blut- und Gewebespender,
– ehrenamtlich Tätige.

Der Versicherungsschutz besteht für alle Unfälle, die in ursächlichem Zusammenhang mit diesen Tätigkeiten stehen. Auch Unfälle, die auf den Wegen passieren, die die genannten Personen für ihre Tätigkeit benutzen, sind in den Schutz eingeschlossen. Besteht nach einem solchen Unfall also Pflegebedürftigkeit, kann der Betroffene aufgrund § 558 RVO ein Pflegegeld oder die Kosten einer Pflegekraft erhalten.

Wie hoch ist das Pflegegeld nach § 558 RVO?
Das Pflegegeld der gesetzlichen Unfallversicherung ist gestaffelt und abhängig von der Schwere der unfallbedingten Gesundheitsbeeinträchtigung. Es gibt die vier Kategorien A–D. Kategorie A setzt eine hundertprozentige Beeinträchtigung voraus, Kategorie D eine solche von fünfzig. Der Höchstbetrag des Pflegegeldes bei hundertprozentiger Pflegebedürftigkeit beträgt derzeit 1.802 DM (Stand 7/90). Wie schwer die Beeinträchtigung ist, wird vom behandelnden Arzt festgestellt.

Wie bekommt man das Pflegegeld nach § 558 RVO?
Der Geschädigte muß beim zuständigen Unfallversicherungsträger einen Antrag auf Pflegegeld oder auf Übernahme der Kosten einer Pflegekraft stellen.
Besonderheit dieses Pflegegeldes und der Ersatzleistung ist, daß es ohne Berücksichtigung des jeweiligen Einkommens gezahlt wird.

Praktischer Hinweis:
Neben dem Pflegegeld werden auch Rentenversicherungsbeiträge für die Pflegeperson übernommen. Die Höhe der Beiträge richtet sich nach dem Aufwand, der für die Pflege erforderlich ist, eventuell nach der Beitragsklasse, die maßgebend war, bevor die Erwerbstä-

tigkeit wegen der Pflege aufgegeben wurde. Es wird nicht unterschieden, ob die Pflege von Angehörigen oder von einer fremden Pflegeperson geleistet wird.

4 Pflegezulage durch die Ausgleichsämter

Es gibt weder eine gute noch eine schlechte Zeit, die hundert Jahre dauert.

(aus Spanien)

Wer eine Kriegsschadensrente in Form von Unterhaltshilfe nach dem Lastenausgleichsgesetz (LAG) bezieht, kann bei Pflegebedürftigkeit eine Pflegezulage erhalten. Die Bedeutung dieser Leistung nimmt ständig ab, da die berechtigten Personen bereits ein hohes Alter erreicht haben.

Die Pflegezulage nach dem LAG ist Teil der Unterhaltshilfe und wird auch mit dieser zusammen ausgezahlt. Der Lastenausgleich ist eine sehr komplizierte Rechtsmaterie. Die Voraussetzungen werden kurz und vereinfacht dargestellt.

Unterhaltshilfe wird nach § 267 LAG dann gewährt:

– Wenn die anderen Einkünfte, zum Beispiel Renten, des Berechtigten einen bestimmten Höchstbetrag (im Einzelfall zuzüglich Selbständigen- bzw. Sozialzuschlag), der jährlich angepaßt wird und ab Juli 1990 monatlich 688 DM für Alleinstehende beträgt, nicht übersteigen. Für nicht getrennt lebende Ehegatten und unterhaltsberechtigte Kinder erhöht sich der Betrag nochmals.

– Ist jemand pflegebedürftig und ist eine Pflegeperson vorhanden, wird der Einkommenshöchstbetrag um die

Pflegezulage mit derzeit 231 DM erhöht, wenn ein Pflegegeld nach anderen Rechtsvorschriften nicht gewährt werden kann.

– Ist keine Pflegeperson vorhanden, wird der Höchstbetrag nur um einen Freibetrag von 75 DM erhöht, wenn anrechenbare Einkünfte (Renten) da sind. Ansonsten wirkt sich der Freibetrag nicht aus.

– Der Einkommenshöchstbetrag erhöht sich ferner um eine Pflegezulage von 50 DM, wenn der alleinstehende Berechtigte oder beide Ehegatten infolge körperlicher oder geistiger Gebrechen so hilflos sind, daß sie nicht ohne fremde Hilfe und Pflege leben können. Das gleiche gilt, wenn der eine Ehegatte die Pflege des anderen nicht übernehmen kann.

Die Pflegezulage der Ausgleichsämter beträgt demnach im Normalfall 231 DM zuzüglich fünfzig Mark, derzeit also 281 DM.

Die genannten Begriffe »fremde Wartung und Pflege« fordern eine ähnliche Hilfsbedürftigkeit, wie sie von den anderen Leistungsgesetzen verlangt wird. Die inhaltlichen Voraussetzungen können im Kapitel »Pflegehilfen durch die Sozialhilfe«, Punkte 1 und 2 nachgelesen werden. Da der Personenkreis der Begünstigten nach dem Bundessozialhilfegesetz wesentlich größer ist, werden die Begriffe dort erläutert.

Besonderheit:

Im Gegensatz zu anderen Gesetzen muß bei der Pflegezulage nach dem LAG die Pflegeperson namentlich benannt werden. Außerdem muß die Pflegeperson ständig, das heißt über einen längeren Zeitraum, zur Verfügung stehen. Ständige Verfügbarkeit wird auch dann noch bejaht, wenn die Pflegeperson bei Bedarf ohne Verzögerung herbeigerufen werden kann. Eine dauernde Anwesenheit wird nicht verlangt. Die Pflegeperson muß auch nicht im Haushalt des Pflegebedürftigen wohnen, die Pflege kann durchaus von nahestehenden

Personen im Rahmen der Nachbarschaftshilfe wahrgenommen werden.
Problematisch ist, ob eine Pflegeperson, die voll berufstätig ist, zu ständiger Wartung und Pflege zur Verfügung steht. Für diesen Fall wird empfohlen, eine Bestätigung des Arbeitgebers vorzulegen, daß die Arbeitsstelle jederzeit verlassen werden kann.

Wie bekommt man die Pflegezulage nach dem LAG?
Der Berechtigte muß beim für seinen Wohnort zuständigen Ausgleichsamt einen Antrag auf die Pflegezulage stellen. Der Einkommenshöchstbetrag wird dann ab dem Monat erhöht, ab dem die Pflegebedürftigkeit vorliegt. Bezieher von Unterhaltshilfe bekommen von ihrem Ausgleichsamt einmal jährlich einen Überprüfungsbogen zugesandt. Dieser Bogen enthält auch die Fragen, die für die Bewilligung der Pflegezulage maßgebend sind.
Bei Ehegatten wird die Pflegezulage nur einmal gezahlt, auch wenn beide Ehegatten pflegebedürftig sind.

Pflegezulage nach LAG für Heimbewohner:
Die Pflegezulage wird auch dann gezahlt, wenn ein Berechtigter in einem Heim gepflegt wird. Zahlt das Sozialamt, beträgt die Pflegezulage nur zwanzig Mark, ggf. zuzüglich des Freibetrages mit 75 DM.
Ist ein Ehegatte im Heim untergebracht, der andere ist zu Hause pflegebedürftig, wird die Pflegezulage von bis zu 281 DM nur für den zu Hause Pflegebedürftigen gewährt.

Beispiel zu Pflegezulage nach LAG:
Die alleinstehende Frau Maas ist pflegebedürftig. Die Pflegeperson wohnt in der Nachbarschaft. Wenn Frau Maas fremde Hilfe braucht, ruft sie ihre Pflegerin an, die dann unverzüglich kommt.

Das Altersruhegeld von Frau Maas beträgt 852 DM. Sie hätte zwar als Vertriebene grundsätzlich Anspruch auf Unterhaltshilfe. Da das eigene Einkommen den Höchstbetrag bisher überstieg, konnte die Unterhaltshilfe bisher nicht ausgezahlt werden.
Als Alleinstehende beträgt ihr Einkommenshöchstbetrag 688 DM. Nachdem Frau Maas Pflegezulage beantragt hat, erhält sie einen individuellen Freibetrag von 87 DM. Von den 852 DM sind somit noch 765 DM anzurechnen. Da eine Pflegeperson benannt werden kann, wird der Einkommenshöchstbetrag von 688 DM um den Grundbetrag von 50 DM und den Erhöhungsbetrag von derzeit 231 DM erhöht. Die Berechnung der Pflegezulage sieht dann wie folgt aus:

Einkommenshöchstbetrag	688 DM
zuzüglich Pflegezulage	281 DM
neuer Höchstbetrag	969 DM

Das eigene anzurechnende Einkommen beträgt 765 DM. Ab Beginn der Pflegebedürftigkeit kann Frau Maas nun eine Pflegezulage von 204 DM erhalten, die sich wie folgt errechnet: 969 DM abzüglich eigenes Einkommen von 765 DM ergibt 204 DM. (Sozialzuschlag – zur Zeit 95 DM – oder Selbständigenzuschlag – 6 Stufen! – sind im Beispiel nicht berücksichtigt.)

5 Beihilfen für Angehörige des öffentlichen Dienstes

Jeder erwartet vom Staat Sparsamkeit im allgemeinen und Freigebigkeit im besonderen.
(Anthony Eden)

Beamte und Empfänger beamtenrechtlicher Versorgungsbezüge erhalten Krankenfürsorge in Form der

Beihilfe. Die Beihilfe beträgt fünfzig Prozent der notwendigen Pflegekosten, bei Ehegatten siebzig Prozent und bei Kindern achtzig Prozent. Die Beihilfeverordnungen des Bundes und der Länder, soweit diese eigene Beihilfevorschriften erlassen haben, sehen *neben* Beihilfen für die notwendigen Pflege- und Behandlungskosten auch Leistungen für *Unterkunft und Verpflegung* vor.

Voraussetzungen:
– Ein körperlich, geistig oder seelisch Kranker ist wegen Behandlungs- oder Pflegebedürftigkeit anderweitig, also außerhalb des Haushalts, untergebracht. Dies kann entweder in einer Kranken-, Heil- oder Pflegeanstalt, in einem Pflegeheim oder einer Pflegefamilie sein.
– Die anderweitige Unterbringung muß nach ärztlichem Zeugnis und infolge der häuslichen Verhältnisse des Kranken notwendig sein.
– Zusätzlich zu den anderen notwendigen Pflegekosten sind die Kosten für *Unterkunft und Verpflegung* bis zum niedrigsten Satz insoweit beihilfefähig, als sie monatlich einen nach dem Familienstand festgelegten Eigenanteil übersteigen.

Der Eigenbehalt beträgt:

1. bei Beihilfeberechtigten mit einem Angehörigen 270 DM, bei Beihilfeberechtigten mit zwei oder drei Angehörigen 225 DM, bei Beihilfeberechtigten mit mehr als drei Angehörigen 180 DM,

2. bei Beihilfeberechtigten ohne Angehörige und bei gleichzeitiger Unterbringung des Beihilfeberechtigten und aller Angehörigen siebzig Prozent der Dienst- und Versorgungsbezüge sowie der Renten aus den gesetzlichen Rentenversicherungen und aus einer zusätzlichen Alters- und Hinterbliebenenversorgung für Angehörige des öffentlichen Dienstes.

– Werden Unterkunft ggf. einschließlich Verpflegung nicht gesondert erbracht und berechnet, so werden für Unterkunft und Verpflegung achtzig Prozent der Unterbringungskosten und für Pflege zwanzig Prozent als beihilfefähiger Aufwand angesetzt.

Wer ist beihilfeberechtigt?

Beihilfeberechtigt sind:
– Richter, Beamte, Ruhestandsbeamte sowie frühere Beamte mit ihren Ehegatten und Kindern. (Kinder werden solange berücksichtigt, solange der Beihilfeberechtigte für sie Kindergeld erhalten kann, siehe auch Kapitel »Ausgleich behinderungsbedingter Nachteile für Pflegebedürftige«, Punkt 5.2)
– Witwen, Witwer und Waisen von Richtern, Beamten und Ruhestandsbeamten,
– Dienstanfänger.
Diese Personen sind beihilfeberechtigt, wenn und solange sie u. a. Dienstbezüge, Ruhegehalt, Witwen-, Witwer- oder Waisengeld erhalten.
– Auch Personen in einem privatrechtlichen Arbeitsverhältnis (Angestellte und Arbeiter des öffentlichen Dienstes) haben aufgrund des für sie geltenden Arbeits- oder Tarifvertrages teilweise Anspruch auf Beihilfe. Dies allerdings nur, solange sie aktiv im Dienst stehen. Rentner haben also keinen Anspruch.
Das Kostenrisiko bei einem notwendigen Heimaufenthalt von Pflegebedürftigen ist für Angehörige des öffentlichen Dienstes demnach durch die Beihilfefähigkeit der Aufwendungen weitgehend abgedeckt.
Im Einzelfall sollten die Voraussetzungen unmittelbar mit der zuständigen Beihilfestelle vor der Heimaufnahme besprochen werden.

6 Pflegegeld nach Landesgesetzen

Verschwendete Zeit ist Dasein. Gebrauchte Zeit ist Leben.
(Edward Young)

In den drei Bundesländern Berlin, Bremen und Rheinland-Pfalz gibt es für Pflegebedürftige ein einkommens- und vermögensunabhängiges Landespflegegeld nach entsprechenden Landesgesetzen. Die übrigen Bundesländer gewähren zwar Blinden ein Blindengeld, das nicht vom Einkommen und Vermögen abhängt, nicht jedoch allen Pflegebedürftigen ein Pflegegeld.

Gemeinsamkeiten der drei Landespflegegeldgesetze:
– Das Pflegegeld wird nur *auf Antrag* des Berechtigten bezahlt und
– erst *ab Vollendung des ersten Lebensjahres*. Der Gesetzgeber geht davon aus, daß ein Kind unter einem Jahr ohnehin, auch wenn es nicht behindert ist, ständige Pflege braucht.

Unterschiede der drei Landespflegegeldgesetze:
– Die Landespflegegeldgesetze unterscheiden sich im *Personenkreis der Berechtigten*. In Bremen zum Beispiel bekommen nur Schwerstbehinderte im Sinne von § 24 Absatz 2, Satz 1 des Bundessozialhilfegesetzes (BSHG) ein Pflegegeld nach dem Landesgesetz. Wer zu diesem Personenkreis gehört, wird im Kapitel »Pflegehilfen durch die Sozialhilfe«, Punkt 5.2.3 ausgeführt.
– Das Landespflegegeld ist in jedem der drei Bundesländer *unterschiedlich hoch*.
– Wenn der Begünstigte auf Rechnung eines öffentlichen Kostenträgers, zum Beispiel dem Sozialamt, in ein Heim oder eine gleichartige Einrichtung aufgenommen

wird, so wird das Landespflegegeld *gekürzt.* Wie hoch die Kürzung ausfällt, ist von Land zu Land verschieden. Pflegebedürftigen Bewohnern der genannten drei Länder steht also außerhalb den Regelungen des Gesundheitsreformgesetzes und des Bundessozialhilfegesetzes ein Pflegegeld zu, das unabhängig vom Einkommen und Vermögen gewährt wird. Die Auszahlung wird von den Sozialbehörden übernommen, in der Stadt Bremen ist dies zum Beispiel das Amt für soziale Dienste.
Es würde den Rahmen dieses Ratgebers sprengen, würde auf alle Einzelheiten der Landespflegegeldgesetze eingegangen. Es wird deshalb auf die entsprechenden Gesetze verwiesen:

Berlin:
Gesetz über die Gewährung von Leistungen an Zivilblinde, Gehörlose und Hilflose in der Fassung vom 12. 2. 1982 mit Änderungen.

Bremen:
Gesetz über die Gewährung von Pflegegeld an Blinde und Schwerstbehinderte in der Fassung vom 27. 4. 1984 mit Änderungen.

Rheinland-Pfalz:
Landesgesetz über die Leistung von Pflegegeld an Schwerbehinderte vom 31. 10. 1974 mit Änderungen.

7 Pflegehilfen durch die Träger der Kriegsopferfürsorge

Kränklichkeit ist gar kein Hindernis zu guten Taten.
Die größten Dinge sind schon von Invaliden geleistet worden.
(Carl Hilty)

Ansprüche auf Pflegehilfen ergeben sich auch aus dem Bundesversorgungsgesetz (BVG). Dieses Gesetz regelt in erster Linie Ansprüche von Personen, die während eines militärischen oder militärähnlichen Dienstes gesundheitliche und wirtschaftliche Schäden erlitten haben, gegenüber dem Staat. Verschiedene andere Gesetze verweisen aber ebenfalls auf die Leistungen nach dem BVG. Das Bundesversorgungsgesetz ist deshalb neben den Kriegsopfern für weitere Personen anzuwenden. Im folgenden ist zwar von Kriegsbeschädigten die Rede, die Pflegehilfen können aber auch andere Berechtigte bekommen:

Wer kann Ansprüche nach dem Bundesversorgungsgesetz haben?
- Soldaten der Bundeswehr und Zivilbedienstete,
- Angehörige des Bundesgrenzschutzes,
- Kriegsopfer, Kriegsbeschädigte und ihre Angehörige,
- ehemalige politische Häftlinge,
- Angehörige von Kriegsgefangenen,
- Opfer von Gewalttaten,
- Geschädigte von gesetzlich vorgeschriebenen Impfungen.

Pflegebedürftige Kriegsbeschädigte (und wegen der Verweise in anderen Gesetzen die oben genannten Personen) haben nach § 26 c BVG Anspruch auf Hilfe zur

Pflege für sich selbst und ihre Familie sowie für die Hinterbliebenen.

§ 26 c BVG:
(1) Hilfe zur Pflege erhalten Beschädigte und Hinterbliebene, die infolge Krankheit oder Behinderung so hilflos sind, daß sie nicht ohne Wartung und Pflege bleiben können; § 35 bleibt unberührt.
(2) Dem Pflegebedürftigen sollen auch Hilfsmittel zur Verfügung gestellt werden, die zur Erleichterung seiner Beschwerden wirksam beitragen. Ferner sollen ihm nach Möglichkeit angemessene Bildung und Anregungen kultureller oder sonstiger Art vermittelt werden.
(3) Reichen häusliche Wartung und Pflege nicht aus, gelten die Absätze 4 bis 7.
(4) Der Träger der Kriegsopferfürsorge soll darauf hinwirken, daß Wartung und Pflege durch Personen, die dem Pflegebedürftigen nahestehen, oder im Wege der Nachbarschaftshilfe übernommen werden. In diesen Fällen sind dem Pflegebedürftigen die angemessenen Aufwendungen der Pflegeperson zu erstatten; auch können angemessene Beihilfen gewährt und Beiträge der Pflegeperson für eine angemessene Alterssicherung übernommen werden, wenn diese nicht anderweitig sichergestellt ist. Ist neben oder anstelle der Wartung und Pflege nach Satz 1 die Heranziehung einer besonderen Pflegekraft erforderlich, so sind die angemessenen Kosten hierfür zu übernehmen.
(5) Ist ein Pflegebedürftiger, der das 1. Lebensjahr vollendet hat, so hilflos, daß er für die gewöhnlichen und regelmäßig wiederkehrenden Verrichtungen im Ablauf des täglichen Lebens in erheblichem Umfang der Wartung und Pflege dauernd bedarf, so ist ihm ein Pflegegeld zu gewähren. Zusätzlich zum Pflegegeld sind dem Pflegebedürftigen die Aufwendungen für die Beiträge einer Pflegeperson oder einer besonderen Pflegekraft für eine

angemessene Alterssicherung zu erstatten, wenn diese nicht anderweitig sichergestellt ist. Leistungen nach den Sätzen 1 und 2 werden nicht gewährt, soweit der Pflegebedürftige gleichartige Leistungen nach anderen Rechtsvorschriften erhält. Auf das Pflegegeld sind Leistungen nach § 27 d Abs. 1 Nr. 8 (Blindenhilfe) oder ihnen gleichartige Leistungen nach anderen Rechtsvorschriften mit 70 vom Hundert anzurechnen. Bei der Anwendung der Sätze 3 und 4 bleibt § 2 des Bundessozialhilfegesetzes unberührt.

(6) Das Pflegegeld beträgt 325 Deutsche Mark monatlich; es ist angemessen zu erhöhen, wenn der Zustand des Pflegebedürftigen außergewöhnliche Pflege erfordert. Bei Pflegebedürftigen, deren Hilflosigkeit so erheblich ist, daß sie als Beschädigte die Pflegezulage nach den Stufen III bis VI nach § 35 Abs. 1 Satz 2 erhielten, beträgt das Pflegegeld 883 Deutsche Mark monatlich; bei ihnen sind die Voraussetzungen für die Gewährung des Pflegegeldes stets als erfüllt anzusehen. Bei teilstationärer Betreuung des Pflegebedürftigen kann das Pflegegeld angemessen gekürzt werden.

(7) ...

(8) ...

Zu § 26 c BVG:

Die Hilfe zur Pflege nach § 26 c BVG ist vom Einkommen und Vermögen des Hilfsbedürftigen abhängig. Die Vorschrift ist identisch mit den Regelungen in den §§ 68 und 69 des Bundessozialhilfegesetzes (BSHG). Ansprüche haben also nur »arme« Pflegebedürftige. Der Gesetzestext räumt den Anspruchsberechtigten dieselben Leistungen ein, wie sie nach dem BSHG möglich sind. Da der Personenkreis der Berechtigten nach dem BSHG wesentlich größer ist, wird der Gesetzestext dort erläutert. Um Wiederholungen zu vermeiden, wird auf die Ausführungen bei der Hilfe zur Pflege nach dem Bun-

dessozialhilfegesetz verwiesen, siehe Kapitel »Pflegehilfen durch die Sozialhilfe«. Das bedeutet aber nicht, daß ein Beschädigter, der Anspruch auf Pflegegeld nach dem BVG hat, Pflegegeld nach dem BSHG beim Sozialamt beantragen soll. Die Regelungen im BSHG sind zwar gleichlautend, aber immer nachrangig, das heißt, daß andere Ansprüche, wie der Anspruch auf Hilfe zur Pflege nach dem BVG, immer vorgehen. Berechtigte nach dem BVG müssen deshalb, wenn sie oder ihre Angehörigen pflegebedürftig sind, einen Antrag auf Hilfe zur Pflege nach § 26 c BVG stellen. Ein Antrag auf Hilfe zur Pflege durch die Sozialhilfe würde wegen des vorrangigen Anspruches nach dem BVG abgelehnt.
Die Voraussetzungen für Pflegehilfen nach dem BVG entsprechen zwar genau denen, die im BSHG für die dortige Hilfe zur Pflege verlangt werden. Es gelten jedoch in der Kriegsopferfürsorge wesentlich höhere Freibeträge. Wegen des besonderen Rechtscharakters ist eine Beratung im Einzelfall durch das jeweilige Amt für Kriegsopferfürsorge sinnvoll.

Wie bekommt man die Hilfe?
Beim jeweils zuständigen Amt für Kriegsopferfürsorge stellt der Pflegebedürftige selbst oder sein Vertreter einen formlosen Antrag auf Hilfe zur Pflege nach § 26 c BVG. Empfänger der Hilfe ist nicht die Pflegeperson, sondern der Pflegebedürftige.

8 Pflegehilfen durch die Versorgungsämter

Leicht ist es, geboren zu werden,
aber hart, ein Mensch zu werden.
(von den Philippinen)

Anerkannte Kriegsbeschädigte, die besonders schwer pflegebedürftig sind, können zu ihrer Entschädigungsrente eine weitere finanzielle Hilfe erhalten: die Pflegezulage nach § 35 BVG.

§ 35 BVG:
(1) Solange der Beschädigte infolge der Schädigung so hilflos ist, daß er für die gewöhnlichen und regelmäßig wiederkehrenden Verrichtungen im Ablauf des täglichen Lebens in erheblichem Umfang fremder Hilfe dauernd bedarf, wird eine Pflegezulage von 402 DM (Stufe I) monatlich gewährt. Ist die Gesundheitsstörung so schwer, daß sie dauerndes Krankenlager oder außergewöhnliche Pflege erfordert, so ist die Pflegezulage je nach Lage des Falles unter Berücksichtigung der für die Pflege erforderlichen Aufwendungen auf 684, 970, 1.249, 1.620 oder 1.996 DM (Stufe II, III, IV, V und VI) zu erhöhen. Blinde erhalten mindestens die Pflegezulage nach Stufe III. Erwerbsunfähige Hirnbeschädigte erhalten eine Pflegezulage mindestens nach Stufe I. Übersteigen die Aufwendungen für fremde Wartung und Pflege den Betrag der Pflegezulage, so kann sie angemessen erhöht werden.
(2) Für Beschädigte, die infolge der Schädigung dauernder Pflege im Sinne des Absatzes 1 bedürfen, werden, wenn geeignete Pflege sonst nicht verschafft werden kann, die Kosten der nicht nur vorübergehenden Anstaltspflege unter Anrechnung auf die Versorgungsbezüge übernommen. Jedoch ist dem Beschädigten von

seinen Versorgungsbezügen zur Bestreitung der persönlichen Bedürfnisse ein Betrag in Höhe der zustehenden Grundrente und den Angehörigen mindestens ein Betrag in Höhe der Hinterbliebenenrente, die ihnen unter Berücksichtigung der tatsächlichen Einkommensverhältnisse zustehen würden, wenn der Beschädigte an den Folgen der Schädigung gestorben wäre, zu belassen.

(3) Während einer stationären Behandlung nach § 11 Abs. 1 und 2 (Krankenhausbehandlung, Badekur oder Heilstättenbehandlung), die länger als einen Monat dauert, wird die Pflegezulage nicht gezahlt. Die Zahlung wird mit dem Ersten des auf die Aufnahme folgenden zweiten Monats eingestellt und mit dem Ersten des Entlassungsmonats wieder aufgenommen. Dies gilt nicht für Empfänger einer Pflegezulage mindestens nach Stufe III.

(4) Werden dem Beschädigten Leistungen bei Pflegebedürftigkeit nach § 11 Abs. 4 oder entsprechende Leistungen nach anderen gesetzlichen Vorschriften gewährt, so wird der in § 56 des Fünften Buches Sozialgesetzbuch bestimmte Betrag auf die Pflegezulage angerechnet. Dies gilt nicht, wenn die Hilflosigkeit überwiegend auf schädigungsunabhängigen Gesundheitsstörungen beruht.

Erläuterungen:

– Nach § 35 BVG können nur Beschädigte für sich selbst, nicht für die Angehörigen, eine Pflegezulage erhalten. Diese geht dann der Pflegehilfe nach § 26 c BVG vor und schließt daneben eine Pflegehilfe nach dieser Vorschrift aus. Für Angehörige und Hinterbliebene gilt § 35 BVG nicht. Diese können keine Pflegezulage nach § 35 BVG erhalten, sondern nur Pflegehilfe nach § 26 c BVG.

– Ein Beschädigter muß infolge der Schädigung so hilflos sein, daß er für die gewöhnlichen und regelmäßig wiederkehrenden Verrichtungen im Ablauf des täglichen Lebens in erheblichem Umfang fremder Hilfe dauernd bedarf. Diese Begriffe kennen wir bereits aus § 26 c BVG, sie werden auch noch öfter verwendet. Die inhaltlichen Voraussetzungen entsprechen wiederum genau den Anforderungen, die auch beim Pflegegeld nach dem Bundessozialhilfegesetz (BSHG) verlangt werden. Da der Personenkreis der Berechtigten nach dem BSHG wesentlich größer ist, wird – um Wiederholungen zu vermeiden – auf die Ausführungen dort verwiesen.

Was wird bezahlt?
Es wird grundsätzlich eine Pflegezulage in Höhe der genannten Pauschalsätze gewährt. Welche Pflegegruppe im Einzelfall maßgebend ist, hängt vom Gesundheitszustand des Beschädigten ab. Dabei ist nicht nur ein ärztliches Attest allein entscheidend, auch die besonderen Umstände jedes einzelnen Falles müssen in die Entscheidung mit einbezogen werden.
Die Pflegezulage nach Stufe V kommt beispielsweise dann in Betracht, wenn ein außergewöhnlicher Leidenszustand vorliegt und die Pflege besonders hohe Aufwendungen erfordert. Dies trifft immer zu bei Querschnittsgelähmten mit Blasen- und Mastdarmlähmung. Bei Verlust beider Beine im Oberschenkel wird Pflegezulage nach Stufe II gezahlt.
Verschlechtert sich der Zustand so, daß ein Beschädigter bettlägerig wird und außergewöhnliche Pflege braucht, ist die Pflegezulage auf eine der nächsten Stufen zu erhöhen. Die für die Pflege erforderlichen Aufwendungen sind dabei mit in die Entscheidung einzubeziehen.

Zweck der Pflegezulage:
Die Pflegezulage ist nach Aussagen des Bundesministeriums für Arbeit und Sozialordnung ausschließlich dazu bestimmt, dem Beschädigten, der zur Erhaltung seiner

körperlichen Existenz auf fremde Hilfe angewiesen ist, die notwendigen Aufwendungen für diese Hilfe zu ersetzen. Dabei sind alle für die Pflegeperson angemessenen Ausgaben in Betracht zu ziehen. Auch Beiträge für eine angemessene Alterssicherung der Pflegeperson können berücksichtigt werden. Pflegen Angehörige den Beschädigten, sind die Kosten zu berücksichtigen, die für eine bezahlte fremde Pflegeperson entstehen würden.

Es können aber nur Aufwendungen berücksichtigt werden, die durch solche Verrichtungen entstanden sind, die in einem unmittelbaren Zusammenhang mit der Wartung und Pflege des Beschädigten stehen. Dazu gehören insbesondere:

- das An- und Auskleiden,
- Essen und Trinken,
- Waschen, Baden, Verrichten der Notdurft,
- notwendige und mögliche körperliche Bewegung.

Allgemeine hauswirtschaftliche Arbeiten wie Kochen und Putzen der Wohnung fallen nicht darunter.

Ist es nicht (mehr) möglich, einen schwerbeschädigten Pflegebedürftigen zu Hause zu pflegen, so können an Stelle der Pflegezulage auch die Kosten in einem Heim übernommen werden.

Allerdings muß dann ein Alleinstehender seine Entschädigungsrente zur Deckung der Kosten einsetzen. Für seine persönlichen Bedürfnisse verbleibt ihm nur noch ein Betrag in Höhe der Grundrente. Sind Angehörige da, muß ihnen ein Betrag belassen werden, der so hoch ist, wie mögliche Hinterbliebenenbezüge wären.

Was ist, wenn die Pflegeperson Urlaub macht oder aus anderen Gründen ausfällt?

Fallen dem Versorgungsberechtigten Mehrkosten an,

weil seine Pflegeperson durch Kur, Krankheit oder Urlaub vorübergehend ausfällt, können auch diese Kosten übernommen werden. Dabei kommt es nicht darauf an, ob bisher der Ehegatte oder eine andere Person gepflegt hat. Unerheblich ist auch, ob eine Ersatzkraft zu Hause weiterpflegt, oder ob der Beschädigte vorübergehend in ein Heim kommt. Hat der Versorgungsberechtigte Anspruch auf die Hilfe der Krankenkasse bei Urlaub oder Verhinderung der Pflegeperson nach § 56 SGB V (siehe Kapitel »Pflegehilfen und Leistungsgesetze«, Punkt 2.2), so wird diese Hilfe auf die Pflegezulage angerechnet. Allerdings nur dann, wenn die Gesundheitsbeeinträchtigungen überwiegend auf Schädigungsfolgen beruhen.

Wo wird die Pflegezulage nach BVG beantragt?
Zuständig sind die Verwaltungsbehörden der Kriegsopferversorgung, das sind die Versorgungsämter. Auch die Träger der Kriegsopferfürsorge stehen für Fragen zur Verfügung und leiten Anträge weiter.

Wer kann Antrag stellen?
Antragsberechtigter und damit auch Empfänger der Pflegezulage ist der Pflegebedürftige selbst. Sind die Voraussetzungen einmal anerkannt, wird die Pflegezulage Bestandteil der Beschädigtenrente und mit dieser zusammen ausbezahlt.

9 Schadenersatzansprüche

Es gibt Dinge, die man bereut, ehe man sie tut.
Und man tut sie doch.

(Hebbel)

In unserer Gesellschaft, die unter anderem durch die Kommunikation ihrer Mitglieder lebt, kommt es auch immer wieder zu unerwünschten Zusammenstößen. Unfälle aller Art hinterlassen unzählige Geschädigte. Vor allem die Zahl der Verkehrsopfer nimmt ständig zu. Deshalb kann den Geschädigten nur geraten werden, Ersatz und auch Schmerzensgeld von den Schädigern bzw. deren Versicherungen zu fordern. Dies gilt insbesondere, wenn jemand aufgrund eines Unfalles oder einer sonstigen schuldhaften Verletzung von Lebensgütern in seinen körperlichen Funktionen eingeschränkt oder sogar pflegebedürftig wird. Kann der Schädiger nicht ermittelt werden, etwa weil er Unfallflucht begangen hat, oder ist von ihm kein Geld zu holen, können sich Geschädigte an die »Verkehrsopferhilfe« wenden. Die Mitglieder des Verbandes der Haftpflicht-, Unfall- und Kraftfahrzeugversicherung haben sich in diesem Verein zusammengeschlossen, um letzte Lücken im Pflichtversicherungsrecht zu schließen.

Die Adresse lautet:
Verkehrsopferhilfe e. V., Glockengießerwall 1,
2000 Hamburg 1

Pflegehilfen durch die Sozialhilfe

1 Allgemeines

Wer sein Recht nicht wahret, gibt es auf.
(Ernst Raupach)

Im vorangegangenen Kapitel wurden die Gesetze dargestellt, nach denen Pflegebedürftige Pflegegeld erhalten können, wenn sie zu dem Personenkreis gehören, für den diese Gesetze jeweils gelten. Der größte Teil der Pflegebedürftigen gehört aber entweder nicht zu den von den Gesetzen erfaßten Personen, erfüllt die geforderten Voraussetzungen nicht, oder die Leistungen reichen nicht aus. Deshalb werden immer noch viele Pflegebedürftige früher oder später zu Empfängern von Sozialhilfe – derzeit eines der großen ungelösten sozialpolitischen Probleme.
Ein Einstieg für einen größeren Kreis von Begünstigten außerhalb der Sozialhilfe sind die Pflegehilfen der gesetzlichen Krankenkassen durch das Gesundheitsreformgesetz, siehe Kapitel »Pflegehilfen und Leistungsgesetze«, Punkt 2. Doch die Voraussetzungen, unter denen die gesetzlichen Krankenkassen Hilfe leisten, sind sehr eng. Außerdem sind die Leistungen der Höhe nach begrenzt. Eine Pflegekraft wird von den Krankenkassen zum Beispiel nur für eine Stunde täglich oder fünfundzwanzig Stunden monatlich gezahlt. Was aber tut der Pflegebedürftige bzw. seine Angehörigen in den verbleibenden dreiundzwanzig Stunden täglich? Welche Hilfen gibt es außerdem? Für Menschen, die genügend

Einkommen und Vermögen haben, ist das Problem sicher geringer. Ist das Angebot an ambulanten Hilfen groß genug, so können sie sich selbst helfen. Doch leider sind das Ausnahmefälle. Meistens werden die Ersparnisse eines ganzen Arbeitslebens durch hohe Pflegekosten schnell aufgezehrt. Menschen, die nie gedacht haben, daß sie einmal staatliche Unterstützung brauchen, werden zu Empfängern von Sozialhilfe. Für viele Betroffene ist diese Situation äußerst unbefriedigend.
Im Bundessozialhilfegesetz steht: Auf die Hilfe des Sozialstaates hat jeder, der in Not kommt, unter bestimmten Voraussetzungen einen Rechtsanspruch. Keiner braucht sich zu scheuen, diesen Anspruch auch wahrzunehmen. Die Praxis sieht jedoch anders aus. Gerade ältere Pflegebedürftige oder pflegende Angehörige scheuen allzuoft den vermeintlich erniedrigenden Gang zum Sozialamt. Lieber leben sie unter fast menschenunwürdigen Bedingungen weiter, als die Hilfe der Allgemeinheit in Anspruch zu nehmen. Eine falsche Bescheidenheit, die vor allem im ländlichen Raum weit verbreitet ist! Glücklicherweise konnte die Situation in den letzten Jahren durch gezielte Informationsarbeit, vor allem durch den Aufbau von Selbsthilfegruppen, etwas gebessert werden.
Welche Hilfen der Sozialstaat als »Sozialhilfe« überhaupt bereithält, das steht im Bundessozialhilfegesetz (BSHG), das einheitlich für das ganze Bundesgebiet gilt. Das BSHG ist ein Teil des Sozialgesetzbuches. Träger der Sozialhilfe sind die kreisfreien Städte und die Landkreise. Um eine möglichst bürgernahe Verwaltung zu gewährleisten, stehen auch die Mitarbeiter in den Gemeindeverwaltungen für Auskünfte zur Verfügung. Jeder Bürger kann außer bei den Verwaltungen der Landkreise und der kreisfreien Städte auch zu seiner Gemeindeverwaltung gehen und sich dort beraten und informieren lassen.

Das BSHG teilt die möglichen Hilfen in zwei große Bereiche ein: zum einen ist das die

- Hilfe zum Lebensunterhalt, und zum anderen sind das verschiedene
- Hilfen in besonderen Lebenslagen.

Zuerst kurz zur Hilfe zum Lebensunterhalt: Sie sichert demjenigen seinen Lebensunterhalt (Wohnung, Kleidung, Ernährung usw.), der sein Existenzminimum nicht aus eigenem Einkommen und Vermögen decken kann. Reichen die eigenen Einkünfte nicht aus, so wird der fehlende Betrag aufgestockt. Die Hilfe richtet sich nach Regelsätzen zuzüglich den Kosten der Unterkunft und Mehrbedarfszuschlägen für besondere Situationen. Außer einem Mehrbedarf, den Behinderte für erhöhte Aufwendungen wegen ihrer Behinderung bekommen, gehört zu dieser Hilfeart auch die unter Punkt 7.5 dargestellte »erweiterte« Hilfe zum Lebensunterhalt, die dann eintritt, wenn ein Pflegebedürftiger für einzelne Tätigkeiten im Haushalt Unterstützung braucht.

Hilfe in besonderen Lebenslagen kann auch derjenige erhalten, der für den Lebensunterhalt genügend Einkommen hat. Diese Hilfen wollen spezielle Notlagen und Schwierigkeiten, zum Beispiel bei Pflegebedürftigkeit, mildern oder beheben. Sie sind dazu da, den Menschen in besonderen Situationen, unabhängig vom Existenzminimum, zu helfen. Die möglichen Hilfearten sind im einzelnen im BSHG genannt. Sie gelten einheitlich für alle Bürger. Unter Punkt 7 werden einige dieser Hilfen dargestellt. Wichtigste Hilfeart für Pflegebedürftige und ihre Angehörigen ist die Hilfe zur Pflege. Diese ist in den §§ 68 und 69 BSHG geregelt:

§ 68 BSHG
(1) Personen, die infolge Krankheit oder Behinderung

so hilflos sind, daß sie nicht ohne Wartung und Pflege bleiben können, ist Hilfe zur Pflege zu gewähren.
(2) Dem Pflegebedürftigen sollen auch die Hilfsmittel zur Verfügung gestellt werden, die zur Erleichterung seiner Beschwerden wirksam beitragen. Ferner sollen ihm nach Möglichkeit angemessene Bildung und Anregungen kultureller oder sonstiger Art vermittelt werden.

Erläuterungen zu § 68 BSHG:
Sinn und Aufgabe der Hilfe zur Pflege ist es, einer Person die Führung eines menschenwürdigen Daseins trotz Krankheit oder Behinderung zu ermöglichen oder zu erleichtern. Eine Besserung des Gesamtzustandes steht dabei, im Gegensatz zur Eingliederungshilfe für Behinderte, siehe Punkt 7.2, nicht im Vordergrund.
Die Hilfe zur Pflege ist eine Pflichtleistung der Sozialhilfe. Das bringen die Worte »ist zu gewähren« zum Ausdruck. Da es nicht heißt: die Hilfe »kann gewährt werden«, besteht auf die Hilfen ein Rechtsanspruch, was soviel bedeutet wie: wenn die (folgenden) Voraussetzungen vorliegen, dann *muß* die Behörde die Hilfen gewähren. Sie hat keine Entscheidungsfreiheit, oder wie es im Amtsdeutsch heißt: keinen Ermessensspielraum, ob sie helfen will oder nicht.

2 Voraussetzungen der Hilfen

Folgende Voraussetzungen müssen erfüllt sein:

– Eine Person muß hilflos sein.
Was dieser Begriff beinhaltet, das hat die Rechtssprechung in verschiedenen Urteilen ausgeführt. Danach ist eine Person dann hilflos, wenn sie aus körperlichen oder

geistigen Gründen nicht in der Lage ist, die lebenserhaltenden Verrichtungen des täglichen Lebens vorzunehmen. Dazu gehören das

- Aufstehen, Hinsetzen und Hinliegen,
- Betten machen,
- An- und Auskleiden,
- Essen, Trinken, Zerkleinern von Speisen,
- Waschen, Baden, Kämmen,
- Rasieren,
- Gehen (mit und ohne Hilfsmittel),
- Bewegung (mit und ohne Hilfsmittel),
- Verrichten der Notdurft usw.

Kann jemand diese Verrichtungen nicht mehr ausführen, dann geht man davon aus, daß dieser Mensch hilflos ist und fremde Hilfe braucht. Es müssen Pflegeleistungen *an* der Person notwendig sein, ein Tätigwerden allein *für* die Person, zum Beispiel im Haushalt, ist nicht ausreichend. Es reicht aber aus, wenn die Person *einzelne* dieser Tätigkeiten nicht oder nicht mehr allein ausführen kann. Es wird nicht gefordert, daß der Betroffene für *alle* Tätigkeiten ganz oder in erheblichem Umfang fremder Hilfe bedarf.

- Die Hilflosigkeit muß so schwer sein, daß »Wartung und Pflege« notwendig ist. (Nach dem Gesetzestext kann man nicht nur ein Auto, sondern auch einen Menschen warten!) Ohne die pflegerische Hilfe und Unterstützung könnte die betreffende Person also nicht menschenwürdig existieren.
- Die Hilflosigkeit muß schließlich durch Krankheit oder Behinderung verursacht sein. Gebrechlichkeit im Alter fällt darunter, nicht aber die Pflege eines gesunden Kleinkindes oder eines Säuglings.

Erfüllt eine Person diese Voraussetzungen, spricht man von der »einfachen oder allgemeinen Pflegebedürftigkeit«. Diese reicht aus, um Unterstützung bei der häuslichen Pflege *oder*, sollte eine Pflege zu Hause nicht

oder nicht mehr möglich sein, Hilfe bei der Finanzierung eines Heimaufenthaltes zu bekommen. (Für ein Pflegegeld ist jedoch »qualifizierte Pflegebedürftigkeit« erforderlich, dazu mehr unter Punkt 5.)
Die Mitarbeiter bei den Trägern der Sozialhilfe sind in der Regel nicht medizinisch geschult. Ob und wie schwer jemand pflegebedürftig ist, das wird deshalb normalerweise vom behandelnden Arzt festgestellt. Doch sind im Einzelfall nicht nur medizinische Gesichtspunkte, sondern auch die tatsächlichen Gegebenheiten und die allgemeine Lebenserfahrung zu berücksichtigen. Deshalb vergewissert sich nicht selten ein Mitarbeiter des Sozialamtes durch persönlichen Augenschein von den Lebensumständen des Hilfesuchenden. Viele Träger der Sozialhilfe bedienen sich darüber hinaus der Hilfe der Amtsärzte, die bei den Gesundheitsämtern angestellt sind.
Bevor die einzelnen Hilfen im Detail erläutert werden, noch ein Grundprinzip der Sozialhilfe vorweg:

3 Nachrang: Pflegehilfen nach anderen Gesetzen gehen vor

Der oberste Grundsatz im Sozialhilferecht ist der Grundsatz der Nachrangigkeit. Nachrang bedeutet, daß alle Pflegehilfen, die nach anderen Gesetzen möglich sind, der Hilfe zur Pflege nach dem BSHG vorgehen. Kann also ein Pflegebedürftiger Hilfe nach einem der in Kapitel »Pflegehilfen außerhalb der Sozialhilfe« genannten Gesetz Hilfe bekommen, so ist diese Hilfe auf die Leistung nach dem BSHG anzurechnen. Im schlimmsten Fall bedeutet das: neben dem Pflegegeld, das zum Beispiel ein Unfallgeschädigter von der gesetzlichen Unfallversicherung erhält, gibt es kein Pflegegeld vom Sozialamt. Oft reichen aber die vorrangigen Leistungen nicht aus, und es ist ergänzend Hilfe durch das Sozialamt möglich: ein Pflegegeld zum Beispiel nach dem Gesetz über den Lastenausgleich wird dann vom Sozialamt aufgestockt. Deshalb der Rat: trotzdem nachfragen!

4 Unterstützung bei der Pflege zu Hause

Jedem Pflegebedürftigen soll solange wie möglich ein Verbleib in der gewohnten häuslichen Umgebung ermöglicht werden – in der Regel entspricht das auch dem Wunsch der Betroffenen. Nicht nur weil sie billiger ist, hat die Unterstützung in der häuslichen Pflege Vorrang vor einer Unterbringung im Pflegeheim. Ist jedoch niemand da, der zu Hause pflegen kann, oder sind die Pflegenden an ihrer Belastungsgrenze angelangt, dann übernimmt das Sozialamt auch die Kosten in einem Pflegeheim. Siehe dazu Kapitel »Was kostet ein Platz in einem Alten- oder Pflegeheim«, Punkt 4. Doch nun zu den möglichen Leistungen, die die Pflege zu Hause erleichtern sollen.

4.1 Was wird bezahlt?

– Nach § 68 Absatz 2 BSHG (vgl. S. 121 f.) sollen auch dem, der nur leicht pflegebedürftig ist, die *Hilfsmittel* zur Verfügung gestellt werden, die ihm seine Beschwerden erleichtern. Solche Hilfsmittel können Krankenbetten und Krankenstühle, Toilettengefäße, Bewegungsvorrichtungen (Galgen) und sonstige Hilfsgegenstände sein, die auch der Pflegeperson die Pflege erleichtern.

Praktischer Hinweis:

Es werden viele Hilfsmittel angeboten, die das tägliche Leben zu Hause sowie die Pflege erleichtern. Deshalb rechtzeitig mit dem behandelnden Arzt oder den Beratungsdiensten Kontakt aufnehmen! (siehe auch Kapitel »Welche Hilfen gibt es überhaupt – Ein Überblick«, Punkt 2.6). Ist ein Hilfsmittel nach Aussagen des Arztes notwendig, übernimmt das Sozialamt die Beschaffung bzw. die Kosten, wenn kein vorrangiger Kostenträger da ist. Die Hilfsmittel werden zum großen Teil von den Krankenkassen zur Verfügung gestellt. Aufgrund des Nachrangs der Sozialhilfe gehen mögliche Leistungen der Krankenkassen vor.

– Auch Pflegebedürftige, die an ihr Zimmer gebunden sind und nicht am Leben in der Gemeinschaft teilnehmen können, sollen Bildung und Information über das Zeitgeschehen vermittelt bekommen und Anregungen kultureller Art erhalten. Deshalb können für diese Personen die *Anschaffungskosten* eines Rundfunk- oder Fernsehgerätes sowie die anfallenden *Gebühren* übernommen werden.

– Eine Übernahme von *Anschlußkosten* und *Grundgebühren* für ein *Telefon* kommt in Betracht, wenn bei einem Pflegebedürftigen jederzeit mit dem Eintreten einer lebensbedrohenden Situation oder großen Schmerzen gerechnet werden muß und sonst nicht rechtzeitig Hilfe herbeigeholt werden kann.

Praktischer Hinweis:

Die beiden letztgenannten Hilfen sind keine Pflichtleistungen, das heißt, es besteht kein Rechtsanspruch darauf. Der Sozialhilfeträger entscheidet nach seinem Ermessen, das allerdings nicht willkürlich ausgeübt werden darf, ob die Kosten übernommen werden. (Der Gesetzestext bringt dies mit dem Wort »sollen« zum

Ausdruck.) Deshalb: als Entscheidungshilfe möglichst aussagekräftige ärztliche Stellungnahmen vorlegen.

Das sind im Überblick die Leistungen, die ein Pflegebedürftiger bereits bekommen kann, wenn er die Voraussetzungen für leichte Pflegebedürftigkeit erfüllt. Weit wichtiger für Pflegebedürftige, die zu Hause versorgt werden, und auch für pflegende Angehörige, sind die Hilfen, die in § 69 BSHG, der Sondervorschrift für die häusliche Pflege, genannt sind. Da rund fünfundachtzig Prozent der Pflegebedürftigen zu Hause gepflegt werden, hat diese Vorschrift ganz erhebliche praktische Bedeutung.

§ 69 BSHG: Häusliche Pflege, Pflegegeld
(1) Reichen im Falle des § 68 Abs. 1 häusliche Wartung und Pflege aus, gelten die Absätze 2 bis 6.
(2) Der Träger der Sozialhilfe soll darauf hinwirken, daß Wartung und Pflege durch Personen, die dem Pflegebedürftigen nahestehen, oder im Wege der Nachbarschaftshilfe übernommen werden. In diesen Fällen sind dem Pflegebedürftigen die angemessenen Aufwendungen der Pflegeperson zu erstatten; auch können angemessene Beihilfen gewährt und Beiträge der Pflegeperson für eine angemessene Alterssicherung übernommen werden, wenn diese nicht anderweitig sichergestellt ist. Ist neben oder anstelle der Wartung und Pflege nach Satz 1 die Heranziehung einer besonderen Pflegekraft erforderlich, so sind die angemessenen Kosten hierfür zu übernehmen.

Erläuterungen zu Absatz 1 und 2:
Es ist auch im Interesse des Staates, daß möglichst viele Pflegebedürftige zu Hause von ihren Angehörigen oder im Rahmen der Nachbarschaftshilfe gepflegt werden. Damit dies überhaupt möglich ist und die Pflegebereitschaft der Angehörigen oder der Helfer aus der Nach-

barschaft erhalten bzw. gestärkt wird, gibt es Unterstützungen:

– Die *Aufwendungen,* die der Pflegeperson entstehen, werden ersetzt. Das können Fahrtkosten, Kosten einer doppelten Haushaltsführung, Mehraufwand für Essen, besonderen Kleider- und Wäscheverschleiß usw. sein. Auf die Erstattung dieser Aufwendungen hat der Pflegebedürftige – nicht die Pflegeperson direkt – einen Anspruch, es ist eine »Muß-Leistung« der Sozialhilfe. Wenn der Pflegebedürftige einverstanden ist, können die Leistungen direkt an die Pflegeperson gezahlt werden. Gibt der Pflegebedürftige die Leistungen nicht an die Pflegeperson weiter und ist dadurch die Weiterführung der Pflege gefährdet, so werden die Leistungen ebenfalls direkt an die Pflegeperson gezahlt.

– Es können (Kann-Leistung, keine Muß-Leistung!) angemessene *Beihilfen* gewährt werden. Das kann zum Beispiel Ersatz für einen unvermeidbaren Verdienstausfall, eine angemessene Vergütung für den Verdienstausfall der Pflegeperson, oder ein Taschengeld für die Pflegeperson sein. Diese Beihilfen haben vor allem den Charakter von Zusatzleistungen, wenn das pauschalierte Pflegegeld (siehe unten) nicht ausreicht. In der Praxis haben sie nur wenig Bedeutung, da meistens das höhere Pflegegeld bezahlt wird.

– *Beiträge für eine Alterssicherung der Pflegeperson* werden dann übernommen, wenn diese nicht anderweitig sichergestellt ist und die Beiträge angemessen sind. Dazu zählen:

- Die Weiterführung einer gesetzlichen Rentenversicherung, wenn die Pflegeperson ihren Beruf wegen der Pflege aufgibt.

- Die Höherversicherung in der gesetzlichen Rentenversicherung, wenn die Pflegeperson wegen der Pflege nur noch eine Teilzeitbeschäftigung ausübt.

- Die Weiterführung einer privaten Lebensversicherung, wenn es sich um die alleinige Alterssicherung handelt.

- Die Neuaufnahme einer Versicherung, wenn die Pflegeperson wegen der Pflege darauf verzichten muß, eine Berufstätigkeit aufzunehmen.

Anderweitig sichergestellt ist eine Alterssicherung dann, wenn die Wartezeit von hundertachtzig Kalendermonaten bereits erfüllt ist und eine Rente zu erwarten ist, die der Pflegeperson mindestens das Existenzminimum und damit ein Leben unabhängig von der Sozialhilfe sichert. (Das individuelle Existenzminimum kann vom Sozialamt errechnet werden.) Ist die Pflegeperson verheiratet, wird die Alterssicherung des Ehegatten mit eingerechnet. Bis zu welcher Höhe die Beiträge angemessen sind, richtet sich nach dem Umfang, in welchem Pflege zu leisten ist, sprich nach dem Grad der Pflegebedürftigkeit. Braucht ein Pflegebedürftiger beispielsweise nur zum Waschen fremde Hilfe, ist sicher ein niedrigerer Betrag angemessen, als wenn die Hilfe der Pflegeperson auch zum Aufstehen, Anziehen und zum Essen notwendig ist.

– Reicht die Pflege durch Angehörige oder Nachbarn nicht aus oder findet sich niemand, der zur Pflege bereit ist, können die *Kosten für eine fremde Pflegekraft* übernommen werden. Pflegekräfte in diesem Sinne sind Krankenschwestern oder -pfleger, Haus-, Familien- und AltenpflegerInnen oder sonstige MitarbeiterInnen von Kranken- und Hauspflegeorganisationen oder Sozialstationen (siehe Kapitel »Einführung – Aktuelle Situation«, Punkt 3.6). Im Gegensatz zu den Angehörigen oder Nachbarn müssen diese Pflegepersonen angemessen entlohnt werden. Meistens richtet sich die Entlohnung nach den gerade geltenden Gebührensätzen der jeweiligen Organisation.

Praktische Hinweise:

Die Leistungen für fremde Pflegekräfte können *neben* den Aufwendungen für die nahestehenden Personen und auch *neben* den Aufwendungen für Hilfsmittel beansprucht werden. Im einzelnen können fremde Pflegekräfte für alle im Kapitel: »Welche Hilfen gibt es überhaupt? – Ein Überblick«, Punkt 2, erläuterten Hilfen und ambulanten Dienste auf Kosten des Sozialamtes herangezogen werden. Wird daneben ein pauschaliertes Pflegegeld, siehe unten, bezogen, kann dieses allerdings angemessen gekürzt werden. Wie hoch die Kürzung ausfallen darf, das richtet sich danach, wieweit die Pflegeperson durch die Mithilfe der fremden Pflegekraft entlastet wird.

– Die mit Abstand bedeutendste Leistung ist das *pauschalierte Pflegegeld.* Um der außerordentlichen Bedeutung gerecht zu werden, wird dieses im nachfolgenden Punkt 5 besprochen.
Erst dann, wenn alle die aufgezählten Leistungen nicht mehr ausreichen oder nicht möglich sind, soll eine Aufnahme in ein Heim in Erwägung gezogen werden. Unter welchen Voraussetzungen sich das Sozialamt an den dadurch entstehenden Kosten beteiligt bzw. diese ganz übernimmt, dazu mehr im Kapitel »Was kostet ein Platz in einem Alten- und Pflegeheim«, Punkt 4.

5 Pflegegeld nach dem Bundessozialhilfegesetz

Der Mensch kann nicht tausend Tage ununterbrochen gute Zeit haben, so wie die Blume nicht hundert Tage blühen kann.
(TSENG KUANG)

Der wichtigste Bestandteil der Hilfe zur Pflege nach dem BSHG ist das pauschalierte Pflegegeld. Damit dieses gewährt werden kann, muß ein bestimmter Grad von Pflegebedürftigkeit, die »qualifizierte oder besondere Pflegebedürftigkeit« vorliegen. Ob ein Hilfesuchender in diesem Umfang pflegebedürftig ist, wird durch ein ärztliches oder amtsärztliches Gutachten festgestellt. Allerdings ist auch beim Pflegegeld nicht nur die rein medizinische Seite entscheidend. Es müssen vielmehr die tatsächlichen Lebensumstände des Pflegebedürftigen und der Umfang der notwendigen Pflege mit berücksichtigt werden.

5.1 Voraussetzungen

Die Voraussetzungen für ein Pflegegeld nennt § 69 Absatz 3 BSHG:

(3) Ist ein Pflegebedürftiger, der das erste Lebensjahr vollendet hat, so hilflos, daß er für die gewöhnlichen und regelmäßig wiederkehrenden Verrichtungen im Ablauf des täglichen Lebens in erheblichem Umfang der Wartung und Pflege dauernd bedarf, so ist ihm ein Pflegegeld zu gewähren. Zusätzlich zum Pflegegeld sind dem Pflegebedürftigen die Aufwendungen für die Beiträge einer Pflegeperson oder einer besonderen Pflegekraft für eine angemessene Alterssicherung zu erstatten, wenn diese

nicht anderweitig sichergestellt ist. Leistungen nach den Sätzen 1 und 2 werden nicht gewährt, soweit der Pflegebedürftige gleichartige Leistungen nach anderen Rechtsvorschriften erhält. Auf das Pflegegeld sind Leistungen nach § 67 (Blindenhilfe) oder gleichartige Leistungen nach anderen Rechtsvorschriften . . . mit 70 vom Hundert anzurechnen.

Erläuterungen dazu:
Um Pflegegeld zu bekommen, müssen also folgende Voraussetzungen *nebeneinander* erfüllt sein:
– Der Pflegebedürftige muß das erste Lebensjahr vollendet haben. Damit scheiden wieder gesunde Säuglinge und Kleinkinder, die naturgemäß ständige Pflege brauchen, aus.
– Der Pflegebedürftige muß so hilflos sein, daß er für die gewöhnlichen und regelmäßig wiederkehrenden Verrichtungen im Ablauf des täglichen Lebens *in erheblichem Umfang* der Wartung und Pflege *dauernd* bedarf. Dieser langatmige Satz weist bereits darauf hin, daß an den Umfang der Pflege höhere Erwartungen gestellt werden, als bei der einfachen Pflegebedürftigkeit und den bisher genannten Leistungen. Zur gedanklichen Stütze: Damit die Aufwendungen der Pflegeperson erstattet und Hilfsmittel zur Verfügung gestellt werden können, ist ausreichend, daß der Pflegebedürftige für *einzelne* Verrichtungen im Ablauf des täglichen Lebens fremder Hilfe bedarf. (Welche Verrichtungen darunter fallen, siehe oben, Punkt 3.) Für das pauschalierte Pflegegeld muß die Pflege *in erheblichem Umfang,* das heißt für fast alle anfallenden Tätigkeiten, erforderlich sein. Hilfe nur für einzelne Verrichtungen wie nur Waschen oder Betten ist nicht ausreichend. Allein maßgebend ist, wieviel Pflege der Pflegebedürftige insgesamt braucht und nicht, wieviel Zeit die möglicherweise ungeübte Pflegeperson aufwendet. Ständige Betreuung während

des ganzen Tages hindurch wird aber nicht gefordert. Dauernde Pflege heißt, ein Ende der Pflege ist nicht absehbar.

– Kein oder nur ein geminderter Anspruch auf Pflegegeld besteht, wenn vorrangige Ansprüche vorhanden sind:

Aufgrund des Nachranges der Sozialhilfe werden auf das Pflegegeld nach dem BSHG gleichartige Leistungen nach anderen Rechtsvorschriften angerechnet. Gleichartige Leistungen sind die Pflegehilfen, die nach anderen Gesetzen möglich sind. Diese sind im Kapitel »Pflegehilfen und Leistungsgesetze (außerhalb der Sozialhilfe)« genannt. Hat also ein Pflegebedürftiger Anspruch auf vorrangige Leistungen, zum Beispiel auf die Pflegezulage nach dem Lastenausgleichsgesetz, so wird diese am Pflegegeld nach dem BSHG abgezogen und nur der Differenzbetrag ausbezahlt. Ist die vorrangige Leistung höher – dies ist immer bei der Blindenhilfe oder dem Blindengeld der Fall –, so kann kein Pflegegeld nach dem BSHG gezahlt werden.

Praktische Hinweise:

Erfüllt der Pflegebedürftige alle diese Anforderungen, besteht ein Anspruch auf Pflegegeld dem Grunde nach. Doch wie alle Leistungen der Sozialhilfe, ist auch die Hilfe zur Pflege vom Einkommen und Vermögen des Hilfesuchenden oder seines nicht getrennt lebenden Ehegatten und bei Minderjährigen auch vom Einkommen und Vermögen der Eltern abhängig. Dazu mehr im nächsten Kapitel.

5.2 Wie hoch ist das Pflegegeld?

Das Pflegegeld ist nach dem Schweregrad der Pflegebedürftigkeit gestaffelt. Je schwerer eine Person pflegebedürftig ist, desto mehr fremde Hilfe braucht sie, desto höher ist auch das Pflegegeld. Für Schwerstpflegebedürftige ist es am höchsten.

5.2.1 Pflegegeld bei einfacher Pflegebedürftigkeit

Das Pflegegeld bei einfacher Pflegebedürftigkeit beträgt derzeit monatlich 325 DM (Stand Juli 1990).
Die Pflegegeldsätze werden vom Ministerium für Arbeit und Sozialordnung festgesetzt und jährlich, in der Regel zum 1. Juli eines Jahres, angepaßt.

5.2.2 Pflegegeld bei außergewöhnlicher Pflegebedürftigkeit

Das Pflegegeld wird angemessen erhöht, wenn der Zustand des Pflegebedürftigen *außergewöhnliche Pflege* erfordert. Das ist dann der Fall, wenn an die körperlichen und seelischen Kräfte der Pflegeperson besonders hohe Anforderungen gestellt werden, ohne daß es sich bei dem Pflegebedürftigen um einen Schwerstbehinderten handelt. Beispiel: Pflege von aggressiven und unruhigen Behinderten, oder wenn ständige Nachtpflege notwendig ist oder Inkontinenz vorliegt. Inwieweit eine Erhöhung des Pflegegeldes angemessen ist, richtet sich nach dem Einzelfall. Je nach dem Grad der außergewöhnlichen Pflegebedürftigkeit liegt das Pflegegeld zwischen 325 DM und 883 DM (Stand Juli 1990).

5.2.3 Pflegegeld für Schwerstbehinderte

Schwerstbehinderte Pflegebedürftige bekommen immer das Höchstpflegegeld von zur Zeit 883 DM (Stand Juli 1990), wenn die Einkommens- und Vermögensverhältnisse nicht entgegenstehen. Schwerstbehinderte sind aber nicht gleichzusetzen mit Personen, die als Schwerbehinderte nach dem Schwerbehindertengesetz einen hohen Grad der Behinderung mit zum Beispiel hundert Prozent oder das Merkmal »hilflos« haben. Es sind hochgradig Behinderte, die regelmäßig eine die außergewöhnliche Pflege übersteigende Hilfeleistung brauchen. Wer zum Kreis der Schwerstpflegebedürftigen gehört, steht in der Verordnung zu § 24 Absatz 2 des BSHG:

Behinderte im Sinne des § 24 Abs. 2 Satz 1 des BSHG sind:
1. Personen mit Verlust beider Beine im Oberschenkel, bei denen eine prothetische Versorgung nicht möglich ist oder die eine weitere wesentliche Behinderung haben,
2. Ohnhänder,
3. Personen mit Verlust dreier Gliedmaßen,
4. Personen mit Lähmungen oder sonstigen Bewegungsbehinderungen, wenn diese Behinderungen denjenigen der in den Nummern 1 bis 3 genannten Personen gleichkommen,
5. Hirnbeschädigte mit schweren körperlichen Verletzungen und schweren geistigen oder seelischen Störungen und Gebrauchsbehinderungen mehrerer Gliedmaßen,
6. Personen mit schweren geistigen oder seelischen Behinderungen, die wegen dauernder oder außergewöhnlicher motorischer Unruhe ständiger Aufsicht bedürfen,
7. andere Personen, deren dauerndes Krankenlager erfordernder Leidenszustand oder deren Pflegebedürftigkeit so außergewöhnlich ist, daß ihre Behinderung der Behinderung der in den Nummern 1 bis 5 genannten Personen vergleichbar ist.
Als Gliedmaße gilt mindestens die ganze Hand oder der ganze Fuß.

Schwerstbehinderte im Sinne dieser Verordnung sind also Personen mit schwerwiegenden Bewegungsbehinderungen durch Amputation, Lähmung, Bettlägerigkeit oder außergewöhnliche Pflegebedürftigkeit und schwer geistig oder seelisch Behinderte, die ständig beaufsichtigt werden müssen. Ihnen steht das Pflegegeld für Schwerstbehinderte zu. Diese Personen müssen den Umfang ihrer Pflegebedürftigkeit nicht nachweisen. Sie müssen also nicht ausführen, für welche Tätigkeiten sie fremde Hilfe und in welchem Maße benötigen. Auf die Hilfsbedürftigkeit wie in § 69 Absatz 3 BSHG gefordert, kommt es bei den genannten Personen gar nicht an. Die Hilflosigkeit von Schwerstbehinderten im Sinne von § 24 Absatz 2 ist keine Steigerung der dort geforderten Hilfsbedürftigkeit, sondern ein eigener Tatbestand, der einen eigenen Anspruch auf das Höchstpflegegeld begründet. Dieses muß bereits dann gewährt werden, sobald ein Arzt oder medizinischer Sachverständiger bestätigt, daß der Pflegebedürftige zu dem Personenkreis des § 24 Absatz 2, Satz 1 BSHG gehört (es sei denn, die Einkommens- und Vermögensverhältnisse lassen dies nicht zu).

5.3 Zweck des Pflegegeldes und Kürzungen

Das Pflegegeld dient zur *Aufrechterhaltung der Pflegebereitschaft* der Pflegeperson. So sagt das Bundesverwaltungsgericht. Es hat keine Lohnersatzfunktion und will nicht den tatsächlichen Pflegeaufwand abgelten. Es wird unabhängig von den tatsächlich entstehenden Kosten gezahlt, dient aber auch zur Bestreitung der Aufwendungen und Beihilfen für die Pflegeperson.
Reicht die Pflege durch die Angehörigen oder Nachbarn nicht aus und muß eine fremde Pflegeperson hinzugezogen werden, werden die Aufwendungen für die fremde Pflegekraft *zusätzlich* bezahlt. Dafür muß das Pflegegeld nicht eingesetzt werden. Allerdings kann dann das

Pflegegeld *gekürzt* werden, und zwar in dem Umfang, in dem die Angehörigen oder Nachbarn entlastet werden, höchstens aber um fünfzig Prozent. Wenn nur ein kleiner Teil des Betreuungsaufwands durch ambulante Hilfsdienste oder eine Krankenschwester übernommen wird, darf nicht gekürzt werden. Da die Besuche der fremden Pflegekräfte in der Regel nur von kurzer Dauer sind, ist eine Kürzung des Pflegegeldes aus diesem Grund selten berechtigt.
Eine Kürzung des Pflegegeldes um bis zu zwanzig Prozent ist auch möglich, wenn der Pflegebedürftige *teilstationär betreut* wird. Teilstationäre Betreuung wird zum Beispiel bei älteren Menschen in Tagesheimen, bei pflegebedürftigen Kindern in einer Heimsonderschule oder einem Körperbehindertenkindergarten gewährt. Wenn ein Pflegebedürftiger also tagsüber außer Haus betreut wird, so bekommt die Pflegeperson nur Pflegegeld in Höhe von achtzig Prozent, da sie stundenweise entlastet ist.

Beispiel:
Die pflegebedürftige Frau Algus wird an den Wochentagen morgens vom Fahrdienst des nahegelegenen Pflegeheimes abgeholt, während des Tages im Tagespflegeheim versorgt und abends wieder nach Hause gebracht. Abends und an den Wochenenden wird sie von ihrer berufstätigen Tochter versorgt. Die entstehenden Kosten der Tagespflege übernimmt das Sozialamt. Ihre kleine Witwenrente braucht Frau Algus für ihren Lebensunterhalt und die Miete. Vom Sozialamt bekommt sie auch ein Pflegegeld in Höhe von 260 DM (achtzig Prozent von 325 DM), das sie an ihre Tochter weitergibt.

6 Wie bekommt man die Pflegehilfen?

Die Sozialhilfe setzt frühestens ab *Bekanntwerden einer Notlage* ein. So will es das BSHG. Ein formeller Antrag ist zwar rechtlich nicht erforderlich, doch werden die notwendigen Angaben regelmäßig in einem Antragsformular festgehalten. Der Pflegebedürftige oder sein Vertreter spricht deshalb am besten beim Sozialhilfeträger, dem Stadt- oder Landkreis, oder bei der örtlichen Gemeindeverwaltung vor und »beantragt« die Pflegehilfen, die er braucht.

Praktische Hinweise:

Es ist zweckmäßig, bei der Vorsprache gleich ein ärztliches Attest mitzubringen, aus dem die Pflegebedürftigkeit hervorgeht. Manchmal wird dieses von der Sozialbehörde an einen Amtsarzt des Gesundheitsamtes weitergeleitet. Da auch die Verhältnisse vor Ort berücksichtigt werden sollen, kommt in der Regel der Amtsarzt oder ein Bediensteter der Sozialbehörde zu einem Hausbesuch. Vor allem dann, wenn es um Ermessensleistungen (Kann- und Sollbestimmungen!) geht, ist eine ausführliche Begründung als Entscheidungshilfe für die Behörde von Vorteil. Gegebenenfalls sollten dem Antrag dann Unterlagen beigefügt werden, nach denen nicht ausdrücklich gefragt wird. Wenn Aufwendungen ersetzt werden sollen, müssen diese nachgewiesen werden. Außerdem müssen die Einkommens- und Vermögensverhältnisse des Pflegebedürftigen angegeben werden. Näheres dazu im folgenden Kapitel.

Wichtig:

Pflegehilfen der Sozialhilfe werden *nicht rückwirkend* gezahlt. Sie setzen frühestens dann ein, wenn dem Sozialamt die Notlage bekannt ist und die Voraussetzungen vorliegen. Deshalb ist es ratsam, die Hilfen *frühzeitig* zu beantragen. Die Leistungen enden mit dem Tod des Hilfeempfängers und sind nicht vererbbar.

Pflegehilfen der Sozialhilfe sind keine rentenähnlichen Dauerleistungen, die, einmal festgestellt, immer bezahlt werden. Da sie vom Einkommen und Vermögen abhängig sind, muß die Behörde in regelmäßigem Abstand von normalerweise einem Jahr überprüfen, ob die Voraussetzungen weiterhin gegeben sind. Deshalb werden die Sozialleistungen zeitlich befristet, in der Regel für ein Jahr, gewährt. Dann müssen die Voraussetzungen neu nachgewiesen werden. Keine Bange, dazu ist ein vereinfachtes Verfahren ausreichend. Die Behörde muß lediglich wissen, welche *Änderungen* seit dem Vorjahr eingetreten sind. Deshalb müssen neue Einkommensnachweise, zum Beispiel die neuesten Rentenbescheide vorgelegt werden. Hat sich der Gesundheitszustand nicht verändert und ist Pflegebedürftigkeit bereits auf Dauer bescheinigt, ist in aller Regel auch kein neues ärztliches Attest notwendig. Hat sich der Gesundheitszustand aber erheblich verschlechtert und der Umfang der Pflegebedürftigkeit deshalb erhöht, so kann auch das Pflegegeld erhöht werden. Wichtig ist hier also unbedingt eine neue ärztliche Bescheinigung.
Wie lange die Leistungen im Einzelfall bewilligt werden, geht aus dem Bescheid hervor, der nach Abschluß der Prüfung von der Sozialbehörde erlassen wird.

6.1 Beispiel eines Bescheides über Pflegehilfen:

Sehr geehrte . . .,
wir nehmen Bezug auf Ihr Schreiben vom 1. Oktober 1990 und das Beratungsgespräch vom 10. Oktober 1990

und teilen Ihnen nach Prüfung Ihres Falles mit, daß die Voraussetzungen für eine Unterstützung nach dem Bundessozialhilfegesetz vorliegen.
Wir bewilligen Ihnen vom 1. Oktober 1990 bis 31. Oktober 1991 ein Pflegegeld nach § 69 Absatz 3 BSHG in Höhe von monatlich 325 DM. Daneben übernehmen wir die Anschlußkosten sowie die laufenden Grundgebühren für ein Telefon.
Die laufenden Hilfen werden jeweils zu Beginn des Fälligkeitsmonats auf Ihr Konto Nr. ... bei der Stadtsparkasse überwiesen. Bitte übersenden Sie uns nach Erhalt die Rechnung über die Anschlußkosten des Telefons. Der Betrag wird dann ebenfalls auf das genannte Konto überwiesen.
Nach Ablauf des Bewilligungszeitraums ist die Weitergewährung davon abhängig, daß die Voraussetzungen erneut nachgewiesen werden.
Wir müssen Sie bitten, uns alle Änderungen der Tatsachen, die für die Hilfen maßgebend sind, insbesondere Änderungen in Ihren Einkommens- und Vermögensverhältnissen, unverzüglich und unaufgefordert mitzuteilen. Dies gilt auch für den Fall einer länger dauernden Abwesenheit, z. B. bei Besuch von Verwandten, Krankenhausaufnahme und dergl. sowie bei einem Wohnungswechsel.
Wenn Sie noch Fragen haben, wenden Sie sich bitte an die zuständige Sachbearbeiterin.

Rechtsbehelfsbelehrung
Gegen diesen Bescheid können Sie innerhalb eines Monats nach Bekanntgabe Widerspruch erheben. Der Widerspruch ist schriftlich oder zur Niederschrift bei der Stadtverwaltung ..., Sozialamt, einzulegen.
Mit freundlichen Grüßen
Ihr Sozialamt

7 Weitere Hilfen neben der Hilfe zur Pflege

Pflegebedürftige haben wie alle anderen Menschen Anspruch auf die weiteren Hilfen des BSHG, sofern sie die jeweils geforderten Voraussetzungen erfüllen. Wie alle Leistungen des BSHG sind auch die folgenden Hilfen vom Einkommen und Vermögen abhängig, siehe deshalb das nächste Kapitel. Die weiteren Angebote des BSHG werden kurz erläutert und gegeneinander abgegrenzt, um deutlich zu machen, welche Leistungen die Sozialhilfe bietet.

7.1 Haushaltshilfe

Mit zum Schlimmsten, was einer Familie passieren kann, gehört: Die Mutter oder Ehefrau, die bisher den Haushalt geführt hat, fällt auf längere Zeit aus, zum Beispiel weil sie selbst fremde Hilfe braucht, ein Krankenhausaufenthalt oder eine Kur notwendig ist. Hat die Familie keinen Anspruch auf eine Haushaltshilfe gegen einen Sozialversicherungsträger (Krankenkasse, Renten- oder Unfallversicherung, Arbeitsverwaltung, Kriegsopferversorgung), so soll das Sozialamt Hilfe zur Weiterführung des Haushaltes gewähren, wenn keiner der Familienangehörigen den Haushalt führen kann. Im Gegensatz zur Kranken-, Renten- und Unfallversicherung besteht hinsichtlich des Alters der Kinder keine Höchstgrenze. Allerdings ist sie wie alle Sozialhilfeleistungen vom Einkommen und Vermögen der Familie abhängig.

Davon abzugrenzen ist die sogenannte »erweiterte« Hilfe zum Lebensunterhalt: Braucht jemand nur für *einzelne Tätigkeiten im Haushalt,* für schwere Arbeiten, fremde Hilfe und kann die Kosten nicht bezahlen, so kann er sich ebenfalls an den Sozialhilfeträger wenden. Das gleiche gilt, wenn das Mittagessen nicht selbst zubereitet werden kann und Mahlzeitendienste in Anspruch genommen werden müssen. Die »erweiterte« Hilfe gehört zur Hilfe zum Lebensunterhalt. Wegen der Voraussetzungen siehe 7.5.

7.2 Eingliederungshilfe für Behinderte

Haben Behinderte oder Pflegebedürftige keinen Anspruch auf Eingliederung gegenüber der Renten- oder Unfallversicherung, dem Arbeitsamt oder einem sonstigen Rehabilitationsträger, so bleibt nur die Eingliederungshilfe nach dem BSHG.
Aufgabe der Eingliederungshilfe ist, eine drohende Behinderung zu verhüten oder eine vorhandene Behinderung oder deren Folgen zu beseitigen oder zu mildern. Der Behinderte soll darüber hinaus am Leben in der Gemeinschaft teilnehmen können und eine angemessene Berufs- oder sonstige Tätigkeit verrichten können. Die Eingliederungshilfe will Behinderte soweit als möglich unabhängig von Pflege machen. Sie wird solange gewährt, solange die Aussicht besteht, daß eine Behinderung verhütet oder die Folgen beseitigt oder gemildert werden können. Deshalb ist für Behinderte die Eingliederungshilfe mit ihren vielfältigen Möglichkeiten oft vorrangig vor der Hilfe zur Pflege.
Maßnahmen der Eingliederungshilfe sind alle Hilfen, die der Erreichung des genannten Zieles dienen. Dazu gehören insbesondere

– heilpädagogische Maßnahmen für Kleinkinder,

– ambulante und stationäre Behandlungen,

- Versorgung mit Körperersatzstücken und Hilfsmitteln,
- Hilfe zu einer angemessenen Schulbildung,
- Hilfe zur Ausbildung für einen angemessenen Beruf und für einen geeigneten Arbeitsplatz,
- Hilfe bei Beschaffung und Erhaltung einer behindertengerechten Wohnung usw.

Im Einzelfall sind sehr viele Hilfen möglich, deshalb wieder der Rat: sich rechtzeitig bei der zuständigen Sozialbehörde erkundigen!

7.3 Krankenhilfe und vorbeugende Gesundheitshilfe

Wer krank ist, aber keinen oder keinen ausreichenden Krankenversicherungsschutz hat, soll sich trotzdem der notwendigen ärztlichen Behandlung, Kur oder sonstigen Maßnahme unterziehen können. Die Krankenhilfe nach dem BSHG umfaßt alle Leistungen, die zur Genesung, Besserung oder Linderung einer Krankheit notwendig sind, dazu gehören auch Heil- und Hilfsmittel, Brillen usw. Die anfallenden Kosten zahlt die Sozialbehörde, wenn die entsprechenden Voraussetzungen (Einkommen und Vermögen!) vorliegen. Auf jeden Fall sollte *vor* einer Maßnahme der Sozialhilfeträger aufgesucht werden, um die Kostenfrage zu klären. Normalerweise zahlt das Sozialamt dann, wenn eine gesetzliche Krankenversicherung die Kosten auch übernehmen würde, und meistens in gleichem Umfang.

7.4 Altenhilfe

Die Altenhilfe will dazu beitragen, Schwierigkeiten, die durch das Alter entstehen, zu verhüten, zu überwinden oder zu mildern und den alten Menschen die Möglichkeit zu erhalten, weiterhin am Leben in der Gemeinschaft teilzunehmen. Eine bestimmte Altersgrenze gibt es nicht. Die Hilfe ist als Ergänzung zu den weiteren Hilfen im BSHG gedacht. Als Maßnahmen kommen vor allem in Betracht:
Hilfe bei
- der Beschaffung und Erhaltung einer altengerechten Wohnung,
- der Suche nach einem geeigneten Heimplatz,
- der Inanspruchnahme ambulanter Hilfsdienste,
- Besuchen von Veranstaltungen oder Einrichtungen, die der Geselligkeit, der Unterhaltung, der Bildung oder den kulturellen Bedürfnissen alter Menschen dienen.

Praktischer Hinweis:
Soweit die Altenhilfe als *persönliche Hilfe,* zum Beispiel Beratung und Betreuung durch Mitarbeiter der Sozialbehörde, geleistet wird, wird sie ohne Rücksicht auf Einkommen und Vermögen gewährt. Jeder kann sich also hilfesuchend an die Mitarbeiter der Behörde wenden.

7.5 Hilfe zum Lebensunterhalt

Wer seinen Lebensunterhalt nicht aus eigenem Einkommen oder Vermögen bestreiten kann, der kann Hilfe zum Lebensunterhalt beziehen. Die Hilfe wird nach festen Regelsätzen gewährt, die jedem Menschen das Existenzminimum sichern sollen. Wer kein Einkommen

hat, der erhält den vollen Regelsatz. Zusätzlich werden Mehrbedarfszuschläge zum Beispiel wegen Behinderung, Erwerbsunfähigkeit oder Alter gezahlt. Auch werden die angemessenen Mietkosten gegebenenfalls einschließlich Heizung übernommen. Wer nur geringes Einkommen, zum Beispiel eine kleine Rente, hat, der bekommt den zum Existenzminimum fehlenden Betrag dazu. Man muß allerdings schon sehr bescheiden leben, um mit diesen Beträgen haushalten zu können.
Die Regelsätze werden für die einzelnen Bundesländer von der jeweiligen Landesregierung festgelegt und jährlich zum 1. Juli eines Jahres angepaßt. Sie betragen derzeit monatlich (Stand Juli 1990) in

Baden-Württemberg	447 DM	Nordrhein-Westfalen	449 DM
Bayern	435 DM	Rheinland-Pfalz	447 DM
Bremen	451 DM	Saarland	440 DM
Hamburg	457 DM	Schleswig-Holstein	440 DM
Hessen	449 DM	Berlin	462 DM
Niedersachsen	440 DM		

In den neuen Bundesländern beträgt der monatliche Regelsatz 400 DM.

Zusätzlich gibt es *einmalige Behilfen* für größere Anschaffungen. Wer mit seinem Einkommen nicht auskommt, der sollte möglichst bald zur Sozialbehörde gehen und sich sein persönliches Existenzminimum, sprich: das, was er zum Leben braucht, ausrechnen lassen. Das ist dann der individuelle Bedarfssatz, der mit dem persönlichen Einkommen verglichen wird. Ist das Einkommen geringer als der Bedarf, so gibt es einen Betrag vom Staat dazu. Zum notwendigen Lebensunterhalt und damit zur Hilfe zum Lebensunterhalt gehört auch die sogenannte »erweiterte« Hilfe, wenn ein Pflegebedürftiger für einzelne Verrichtungen im Haushalt fremde Hilfe braucht oder die Mahlzeiten nicht selbst gekocht werden können. Übernimmt zum Beispiel ein freundlicher Mensch aus der Nachbarschaft Fensterputzen und Kohlenschleppen oder muß ein Mahlzeitendienst wie »Essen auf Rädern« in Anspruch genommen werden, so können diese Kosten ebenfalls vom Sozialamt übernommen werden. Für diese »erweiterten« Hilfen werden dic Bedarfssätze der Hilfe zum Lebensunterhalt um bis zu fünfzig Prozent erhöht. Bei geringem Einkommen empfiehlt sich deshalb allemal eine Nachfrage beim örtlichen Sozialamt.

Sozialhilfe ist vom Einkommen und Vermögen abhängig

1 Allgemeines

Der Staat sollte vorzüglich nur für die Ärmeren sorgen.
Die Reichen sorgen leider nur zu sehr für sich selbst.
(Seume)

Damit die im vorigen Kapitel dargestellten Leistungen des Bundessozialhilfegesetzes (BSHG) in Anspruch genommen werden können, muß bei demjenigen, der Hilfe beantragt, eine gewisse wirtschaftliche Hilfsbedürftigkeit vorliegen. Sozialhilfeleistungen werden aus Steuergeldern finanziert und sollen deshalb nur diejenigen erhalten, die sich nicht selbst helfen können. Diese Rangfolge entspricht dem schon erwähnten Grundsatz der Nachrangigkeit in der Sozialhilfe. Wie bereits ausgeführt, zählt die Hilfe zur Pflege nach dem BSHG zu den Hilfen in besonderen Lebenslagen. Es soll nicht das allgemeine Existenzminimum abgedeckt werden, sondern der zusätzliche Bedarf, der in besonderen Situationen, zum Beispiel bei Pflegebedürftigkeit, entsteht. Deshalb ist eine Unterstützung auch dann noch möglich, wenn das eigene Einkommen für den laufenden Lebensunterhalt ausreicht. Bei Eintritt eines Pflegefalles soll dem Pflegebedürftigen und auch seinem Ehegatten oder den Eltern trotz vorhandenem eigenem Einkommen geholfen werden. Damit dies möglich ist, dürfen das eigene Einkommen und Vermögen im BSHG festgelegte Grenzen nicht oder nicht wesentlich übersteigen. Wer also ein gut gepolstertes Bankkonto oder einigen Grundbesitz hat, braucht erst gar nicht zum

Sozialamt zu gehen. Allerdings sind die Grenzen höher, als allgemein angenommen wird. Selbst wenn sie überschritten werden, ist eventuell eine Unterstützung möglich. Der Pflegebedürftige muß sich dann angemessen an den Kosten beteiligen. Eben weil so große Unsicherheit bei den Betroffenen und in der Bevölkerung herrscht, werden die Einkommens- und Vermögensgrenzen ausführlich dargestellt.

2 Welche Personen müssen ihr Einkommen und Vermögen angeben?

Maßgebend bei allen Sozialhilfeleistungen ist das Einkommen und Vermögen des *Pflegebedürftigen.* Bei Verheirateten ist auch das Einkommen und Vermögen des *Ehegatten* maßgebend, wenn die Ehegatten nicht getrennt leben. Ist ein *minderjähriges Kind* pflegebedürftig, so zählt auch das Einkommen und Vermögen der *Eltern.* Das BSHG spricht hier von der Bedarfsgemeinschaft.

Einkommen und Vermögen der sonstigen in der Haushaltsgemeinschaft lebenden Personen wird nicht berücksichtigt. Die im Haushalt lebende Oma, der volljährige Bruder oder Onkel müssen also ihr Einkommen nicht angeben und in keinem Fall zu den Kosten beitragen.

Auch volljährige Kinder, die im Haushalt leben, brauchen im Antrag das Einkommen und Vermögen nicht anzugeben, wenn ihre Eltern Hilfe zur Pflege beantragen. Doch Vorsicht: das heißt nicht, daß diese nicht zu den Kosten der Hilfe beisteuern müssen, denn bei ihnen wird die Unterhaltsfähigkeit geprüft. Die Unterhaltspflicht von Angehörigen geht möglichen Sozialleistun-

gen vor. Unterhaltspflichtig sind volljährige Kinder gegenüber ihren Eltern und Eltern gegenüber ihren volljährigen Kindern. Vom Sozialamt wird – zumindest wenn der Pflegebedürftige in ein Heim kommt – geprüft, ob die volljährigen Kinder den Eltern oder die Eltern den volljährigen Kindern Unterhalt leisten können. Wann jemand Unterhalt zahlen muß und unter welchen Voraussetzungen, wird im Kapitel »Unterhaltspflicht: Vor der Sozialhilfe kommen die Angehörigen« erläutert.
Immer mehr Paare leben ohne Trauschein zusammen. Diesem Wandel hat das BSHG Rechnung getragen. Paare, die in eheähnlicher Gemeinschaft leben, werden im Sozialhilferecht Ehepaaren gleichgestellt. Im Klartext heißt das: der Partner einer eheähnlichen Lebensgemeinschaft muß sein Einkommen und Vermögen – neben dem Pflegebedürftigen – ebenfalls angeben. Das Paar bildet eine Bedarfsgemeinschaft und wird behandelt, als ob es verheiratet wäre. Das Einkommen des einen Partners wird auch dem anderen Partner zugerechnet oder, anders ausgedrückt, das Einkommen von beiden wird zusammengezählt und bildet das Gesamteinkommen der Bedarfsgemeinschaft.

3 Die Einkommensgrenzen

Bei den Hilfen in besonderen Lebenslagen, wozu die Hilfe zur Pflege gehört, richtet sich die Hilfsbedürftigkeit nach Einkommensgrenzen. Übersteigt das Einkommen eine festgelegte Grenze nicht, so kann die beantragte Hilfe gewährt werden. Die Einkommensgrenzen sollen dem Hilfesuchenden die Mittel sichern, die er zur Deckung seiner allgemeinen Lebensbedürfnisse

braucht. Dieser Betrag wird also bei der Frage, ob Hilfe zur Pflege gewährt werden kann, freigelassen. Dann wird geprüft, ob das Einkommen auch noch für den Sonderbedarf, der durch die Pflegebedürftigkeit entsteht, ausreicht. Wenn nein, zahlt das Sozialamt den Sonderbedarf – sprich die Hilfen zur Pflege – ganz oder teilweise. Nur wenn der Pflegebedürftige in einem Heim aufgenommen wird, muß er auch das Einkommen einsetzen, das er ansonsten für seinen Lebensunterhalt braucht. Dazu mehr im Kapitel »Was kostet ein Platz in einem Alten- oder Pflegeheim«, Punkt 4.
Bei der Hilfe zur Pflege ist dem Hilfesuchenden und seinem nicht getrennt lebenden Ehegatten die Aufbringung der Mittel dann nicht zuzumuten, wenn während der Dauer des Bedarfs ihr monatliches Einkommen eine festgelegte Einkommensgrenze nicht übersteigt. Für die verschiedenen Hilfen sind die Einkommensgrenzen unterschiedlich hoch – je nach Art und Umfang der notwendigen Hilfeleistungen. Wer schwerer pflegebedürftig ist, also mehr fremde Hilfe braucht, darf höheres Einkommen haben und erhält trotzdem finanzielle Unterstützung.

3.1 Einkommensgrenze bei einfacher oder leichter Pflegebedürftigkeit

Ist eine Person nur leicht pflegebedürftig, braucht sie also nur für einzelne Verrichtungen im Ablauf des täglichen Lebens fremde Hilfe (siehe Kapitel »Pflegehilfen durch die Sozialhilfe«, Punkt 4) so gilt die allgemeine Einkommensgrenze, die in § 79 BSHG geregelt ist. Allgemeine Einkommensgrenze heißt sie deshalb, weil sie immer dann angesetzt wird, wenn keine der besonderen Einkommensgrenzen gilt.

§ 79 BSHG: Allgemeine Einkommensgrenze

(1) Bei der Hilfe in besonderen Lebenslagen ist dem Hilfesuchenden und seinem nicht getrennt lebenden Ehegatten die Aufbringung der Mittel nicht zuzumuten, wenn während der Dauer des Bedarfs ihr monatliches Einkommen zusammen eine Einkommensgrenze nicht übersteigt, die sich ergibt aus

1. einem Grundbetrag in Höhe von 860 Deutsche Mark,
2. den Kosten der Unterkunft, soweit die Aufwendungen hierfür den der Besonderheit des Einzelfalles angemessenen Umfang nicht übersteigen, und
3. einem Familienzuschlag in Höhe des auf volle Deutsche Mark aufgerundeten Betrages von 80 vom Hundert des Regelsatzes eines Haushaltsvorstandes für den nicht getrennt lebenden Ehegatten und für jede Person, die vom Hilfesuchenden oder seinem nicht getrennt lebenden Ehegatten bisher überwiegend unterhalten worden ist oder der sie nach der Entscheidung über die Gewährung der Sozialhilfe unterhaltspflichtig werden.

(2) Ist der Hilfesuchende minderjährig und unverheiratet, so ist ihm und seinen Eltern die Aufbringung der Mittel nicht zuzumuten, wenn während der Dauer des Bedarfs das monatliche Einkommen des Hilfesuchenden und seiner Eltern zusammen eine Einkommensgrenze nicht übersteigt, die sich ergibt aus

1. einem Grundbetrag in Höhe von 860 Deutsche Mark,
2. den Kosten der Unterkunft, soweit die Aufwendungen hierfür den der Besonderheit des Einzelfalles angemessenen Umfang nicht übersteigen und
3. einem Familienzuschlag in Höhe des auf 80 vom Hundert des Regelsatzes eines Haushaltsvorstandes für einen Elternteil, wenn die Eltern zusammenleben, sowie für

den Hilfesuchenden und für jede Person, die von den Eltern oder dem Hilfesuchenden bisher überwiegend unterhalten worden ist oder der sie nach der Entscheidung über die Gewährung der Sozialhilfe unterhaltspflichtig werden.

Leben die Eltern nicht zusammen, richtet sich die Einkommensgrenze nach dem Elternteil, bei dem der Hilfesuchende lebt; lebt er bei keinem Elternteil, bestimmt sich die Einkommensgrenze nach Absatz 1.

(3) ...

(4) ...

Das hört sich wieder sehr kompliziert an. Die Einkommensgrenze errechnet sich also aus einem festen Satz für den Pflegebedürftigen, einem festgelegten Zuschlag für jeden Familienangehörigen, der zur Bedarfsgemeinschaft gehört, zuzüglich den Kosten der Unterkunft. Dazu gehören Miete einschließlich Nebenkosten ohne die Kosten der Heizung. Bei Eigentümern werden die auf das Eigentum entfallenden Lasten als Aufwendungen angesetzt. In der Regel werden die tatsächlichen Ausgaben als angemessen anerkannt. Bei der derzeitigen Situation auf dem Wohnungsmarkt dürfte es der Sozialbehörde sehr schwerfallen, Kosten der Unterkunft als unangemessen hoch nachzuweisen mit der Folge, daß sie nicht in voller Höhe anerkannt werden. Allenfalls bei unwirtschaftlich hohen Lasten eines Hauseigentümers wäre es denkbar, daß im Einzelfall nur ein Teil der Hauslasten anerkannt wird.

Die Sache mit den Einkommensgrenzen ist nicht einfach zu verstehen. Deshalb gleich ein **Beispiel** aus der Praxis: Herr und Frau Pott leben in ihrer Wohnung in Stuttgart. Fast täglich kommt ihre Tochter aus Backnang und hilft ihnen. Vater Pott kann nicht mehr allein aufstehen, sich waschen und anziehen. Die betagte Mutter verfügt nicht mehr über genügend Kräfte, um ihren Ehemann allein

zu versorgen. Der Tochter entstehen Fahrtkosten von monatlich rund hundert Mark. Daß sie den Eltern hilft, so gut es geht, ist für sie selbstverständlich. Sie verlangt dafür, wie so viele Töchter, kein Geld, möchte aber die Fahrtkosten ersetzt bekommen. Ihr Vater hat lediglich ein Altersruhegeld von 950 DM, die Mutter von 700 DM. Für die kleine Wohnung zahlen die Eltern eine Miete von 550 DM. Das verbleibende Einkommen brauchen die beiden für ihren Lebensunterhalt. Vermögen besitzen sie nicht. Sie sehen sich nicht in der Lage, ihrer Tochter deren Fahrtkosten zu erstatten. Gemeinsam gehen sie deshalb zum Sozialamt. Die Sachbearbeiterin errechnet folgende Einkommensgrenze:
Grundbetrag für Herrn Pott 860 DM (Stand Juli 1990),
zzgl. Familienzuschlag für Frau Pott 358 DM (das sind achtzig Prozent vom Regelsatz der Hilfe zum Lebensunterhalt, siehe Kapitel »Pflegehilfen durch die Sozialhilfe«, Punkt 7.5),
zzgl. Kosten der Unterkunft (Miete ohne Heizkosten) 550 DM.
Die Einkommensgrenze liegt damit bei 1.768 DM. Das Einkommen beträgt aber nur 1.650 DM und liegt damit unter der Einkommensgrenze. Herr und Frau Pott können wie beantragt hundert Mark Hilfe zur Pflege bekommen, die sie ihrer Tochter als Ersatz für deren Fahrtkosten geben.

3.2 Einkommensgrenze bei besonderer oder qualifizierter Pflegebedürftigkeit

Ist ein Pflegebedürftiger so hilflos, daß er für die gewöhnlichen und regelmäßig wiederkehrenden Verrichtungen im Ablauf des täglichen Lebens in erheblichem Umfang der Wartung und Pflege dauernd bedarf, so ist er besonders pflegebedürftig (siehe Kapitel »Pflegehil-

fen durch die Sozialhilfe«, Punkt 5). Dann gilt für ihn die besondere Einkommensgrenze des § 81 BSHG, und das bedeutet: der Grundbetrag beträgt nicht 860 DM, sondern 1.289 DM (Stand Juli 1990).
Für das obige Beispiel sieht das so aus: Herr Pott wird wegen verschiedener Leiden bettlägerig, seine Ehefrau kann ihn nur mit Hilfe der Tochter versorgen.
Grundbetrag für Herrn Pott 1.289 DM,
zzgl. Familienzuschlag (achtzig Prozent vom RS) für Frau Pott 358 DM,
zzgl. Kosten der Unterkunft (Miete ohne Heizkosten) 550 DM.
Die Einkommensgrenze beträgt jetzt 2.197 DM. Das Einkommen liegt erheblich darunter. Zusätzlich zu den Fahrtkosten für die Tochter zahlt das Sozialamt jetzt wie beantragt ein Pflegegeld in Höhe von 325 DM (Stand Juli 1990).

Beispiel zwei:
Das Ehepaar Mahler lebt mit drei Kindern in einer Wohnung für 900 DM Kaltmiete. Die dreijährige Tochter ist mehrfach behindert und besonders pflegebedürftig. Herr Mahler arbeitet und hat ein anrechenbares Einkommen (Näheres zu diesem Begriff siehe unten 3.4) in Höhe von 3.000 DM. Daneben erhält die Familie 400 DM Kindergeld. Familie Mahler beantragt Pflegegeld, die Berechnung der Einkommensgrenze sieht wie folgt aus:
Grundbetrag für den Haushaltsvorstand: 1.289 DM,
zzgl. Familienzuschlag für vier Familienangehörige: 1.432 DM (Frau Mahler und drei Kinder),
zzgl. Kosten der Unterkunft: 900 DM.
Die Einkommensgrenze liegt bei 3.621 DM. Da das Familieneinkommen mit 3.400 DM unter dieser Grenze liegt, kann die Familie wie beantragt ein Pflegegeld in Höhe von 325 DM (Stand Juli 1990) erhalten.

3.3 Einkommensgrenze bei Schwerstpflegebedürftigkeit

Für Personen, die schwerstpflegebedürftig sind, wird der Grundbetrag der besonderen Einkommensgrenze nochmals erhöht. Er beträgt für diesen Personenkreis 2.580 DM (Stand Juli 1990). Wer zu den Schwerstpflegebedürftigen zu zählen ist, das steht in der Verordnung zu § 24 Absatz 2 BSHG und wurde bereits im Kapitel »Pflegehilfen durch die Sozialhilfe«, Punkt 5.2.3 ausgeführt.

Beispiel:
Markus Klein ist seit einem Autounfall querschnittsgelähmt. Der Arzt hat bestätigt, daß er zum Personenkreis des § 24 Absatz 2 BSHG gehört. Er lebt allein in einer behindertengerechten Wohnung und hat auch einen behindertengerechten Arbeitsplatz gefunden. Sein anrechenbares Einkommen beträgt 2.500 DM, an Miete fallen 750 DM an. Er beantragt Hilfe zur Pflege beim zuständigen Sozialamt. Der Sachbearbeiter errechnet die Einkommensgrenze:
Grundbetrag 2.580 DM,
zuzüglich Kosten der Unterkunft 750 DM
ergibt eine Einkommensgrenze von 3.300 DM.
Da das Einkommen unter dieser Grenze liegt, bekommt er ein Pflegegeld in Höhe von 883 DM (Stand Juli 1990).
Wenn bei einem Ehepaar beide Ehegatten blind oder schwerstbehindert sind, dann beträgt der Familienzuschlag für den Ehegatten nicht nur achtzig Prozent des Regelsatzes, sondern die Hälfte des Grundbetrages von 860 DM, also 430 DM.

Beispiel:
Herr Mehlig ist seit einem Unfall querschnittgelähmt und auf einen Rollstuhl angewiesen. In einer Rehabili-

tationseinrichtung lernt er die ebenfalls schwerstbehinderte Frau Maier kennen. Als sie eine behindertengerechte Wohnung gefunden haben (Mietpreis 1.100 DM), ziehen sie gemeinsam ein und beantragen jeweils Pflegegeld. Herr Mehlig macht eine Umschulung und bekommt vom Arbeitsamt monatlich 1.200 DM, Frau Maier arbeitet als Telefonistin und hat ein Einkommen von 1.800 DM. Die Partner einer eheähnlichen Gemeinschaft werden Ehepartnern gleichgestellt, deshalb folgende Berechnung:
Grundbetrag Frau Maier 2.580 DM,
zzgl. Familienzuschlag Herr Mehlig 430 DM,
zzgl. Kosten der Unterkunft 1.100 DM.
(Zur Erläuterung: Derjenige wird als Haushaltsvorstand gerechnet, der die »Generalunkosten des Haushaltes« trägt. Das ist in der Regel der Partner mit den höheren Einkünften.) Die Einkommensgrenze beträgt 4.110 DM. Da das Einkommen unter dieser Grenze liegt, erhalten Herr Mehlig und seine Frau jeweils Pflegegeld in Höhe von 883 DM (Stand Juli 1990) monatlich.

3.4 Was zählt als Einkommen, und in welcher Höhe wird es angerechnet?

Grundsätzlich werden alle Einnahmen in Geld oder Geldeswert bei der Berechnung von Sozialhilfeleistungen als Einkommen angerechnet. Der Begriff des Einkommens ist im Gesetz selbst, in § 76 BSHG, definiert.

§ 76 BSHG Begriff des Einkommens
(1) Zum Einkommen im Sinne dieses Gesetzes gehören alle Einkünfte in Geld oder Geldeswert mit Ausnahme der Leistungen nach diesem Gesetz und der Grundrente nach dem Bundesversorgungsgesetz.

(2) Von dem Einkommen sind abzusetzen
1. auf das Einkommen entrichtete Steuern.
2. Pflichtbeiträge zur Sozialversicherung einschließlich der Arbeitslosenversicherung,
3. Beiträge zu öffentlichen oder privaten Versicherungen oder ähnlichen Einrichtungen, soweit diese Beiträge gesetzlich vorgeschrieben oder nach Grund und Höhe angemessen sind,
4. die mit der Erzielung des Einkommens verbundenen notwendigen Ausgaben.
Die Bundesregierung kann durch Rechtsverordnung mit Zustimmung des Bundesrates Näheres über die Berechnung des Einkommens, besonders der Einkünfte aus Land- und Forstwirtschaft, aus Gewerbebetrieb und aus selbständiger Arbeit, bestimmen.

Erläuterungen:
Es wird immer das *tatsächlich erzielte Einkommen* berücksichtigt. Anders ausgedrückt: das anzurechnende Einkommen ist das um Steuern, Versicherungsbeiträge und sonstige notwendige Ausgaben verringerte Bruttoeinkommen. Es ist das Einkommen, das dem Hilfesuchenden und seinen Angehörigen tatsächlich zur Verfügung steht, in aller Regel also das *Nettoeinkommen.* Zu den Einkünften zählen alle Einnahmen, ohne Rücksicht auf ihre Herkunft und ohne Rücksicht darauf, ob sie zu den Einkunftsarten im Sinne des Einkommensteuergesetzes gehören und ob sie der Steuerpflicht unterliegen. Einmalige Einnahmen sind von dem Monat an zu berücksichtigen, in dem sie anfallen, und auf einen angemessenen Zeitraum aufzuteilen. Zur Berechnung des Monatseinkommens wird dann monatlich ein entsprechender Teilbetrag angesetzt.
Bei *Selbständigen* wird nicht einfach der Einkommenssteuerbescheid des Finanzamtes zugrunde gelegt. Laut Verordnung zur Durchführung des § 76 BSHG ist viel-

mehr ein Beitrag anzusetzen, der auf der Grundlage früherer Betriebsergebnisse aus der Gegenüberstellung der im Rahmen des Betriebes im Berechnungsjahr bereits erzielten Einnahmen und geleisteten notwendigen Ausgaben sowie der im Rahmen des Betriebes im Berechnungsjahr noch zu erwartenden Einnahmen und notwendigen Ausgaben zu errechnen ist. Bei der Ermittlung früherer Betriebsergebnisse *kann* ein durch das Finanzamt festgestellter Gewinn berücksichtigt werden. Wird der Gewinn berücksichtigt, so sind Absetzungen, die das Finanzamt zum Beispiel nach den §§ 7, 7 b und 7 e des Einkommenssteuergesetzes anerkannt hat, dem Gewinn wieder hinzuzurechnen. Ein *Verlustausgleich* zwischen den einzelnen Einkunftsarten wird nicht vorgenommen.

Als *Einkünfte aus Kapitalvermögen* sind die Jahresroheinnahmen anzusetzen, die um die Kapitalertragssteuer sowie um die mit der Erzielung der Einkünfte verbundenen notwendigen Ausgaben vermindert wurden.

Einkünfte aus Vermietung und Verpachtung sind der Überschuß der Einnahmen über die mit ihrer Erzielung verbundenen notwendigen Ausgaben. Zu den Ausgaben gehören insbesondere

- Schuldzinsen und dauernde Lasten,
- Steuern vom Grundbesitz und sonstige öffentliche Abgaben und Versicherungsbeiträge,
- der Erhaltungsaufwand (keine Verbesserungen!) und
- sonstige Aufwendungen zur Bewirtschaftung des Haus- und Grundbesitzes.

Ohne Nachweis werden Aufwendungen in Höhe von einem Prozent der Jahresroheinnahmen anerkannt.

Versicherungsbeiträge, die nach Absatz 2, Nummer 3 des Gesetzestextes abgezogen werden können, sind zum Beispiel Beiträge

- zur Gebäudebrandversicherung,
- zur freiwilligen Krankenversicherung,
- zu Unfall-, Lebens- und Sterbeversicherungen,
- zu Hausrat-, Haftpflicht-, Diebstahl-, Rechtsschutzversicherungen usw.

Von Punkt 4 des Gesetzestextes werden vor allem Werbungskosten wie Aufwendungen für Arbeitsmittel und Fahrten zwischen Wohnung und Arbeitsstätte, Beiträge für Berufsverbände und eventuelle Kosten der doppelten Haushaltsführung erfaßt.
Wird für Fahrten zwischen Wohnung und Arbeitsstätte ein Kraftfahrzeug benutzt, so kann für jeden vollen Kilometer, den die Wohnung von der Arbeitsstätte entfernt liegt, ein monatlicher Betrag von zehn Mark, höchstens 400 DM, abgesetzt werden.
In besonderen Einzelfällen kann die Sozialbehörde weitere Beträge absetzen, ein Rechtsanspruch darauf besteht jedoch nicht. Deshalb ist es ratsam, möglichst alle Belastungen anzugeben. Grundsätzlich werden aber nur tatsächlich angefallene Ausgaben abgezogen, keine fiktiven Beträge.
Die verbleibende Summe ergibt dann das zu berücksichtigende (= bereinigte) Einkommen nach dem BSHG, das nicht identisch mit den steuerrechtlich festgestellten Einkünften sein muß. Bei stark schwankendem Einkommen wird das durchschnittliche Einkommen, zum Beispiel des vergangenen Jahres, zugrunde gelegt.
Nur wenige Einkünfte zählen nicht als Einkommen und bleiben bei der Ermittlung unberücksichtigt. Es sind dies:

- andere Sozialhilfeleistungen, zum Beispiel die Hilfe zum Lebensunterhalt,
- die Grundrente nach dem Bundesversorgungsgesetz,
- Leistungen, die auf Grund öffentlich-rechtlicher Vor-

schriften zu einem ausdrücklich genannten Zweck gewährt werden. Sie rechnen nur dann zum Einkommen, wenn die Hilfe zur Pflege nach dem BSHG demselben Zweck dient. Als Beispiele sind hier die Hilfen zur Pflege nach den anderen Gesetzen zu nennen, wie sie im Kapitel »Pflegehilfen und Leistungsgesetze« (außerhalb der Sozialhilfe) aufgeführt sind.

Beispiel:
Ein Pflegebedürftiger, der ein Pflegegeld von der Kranken- oder Unfallversicherung bekommt, kann nicht daneben das volle Pflegegeld nach dem BSHG erhalten. Ist das mögliche Pflegegeld nach dem BSHG aber höher, so ist zumindest ein teilweises Pflegegeld möglich.

– Schmerzensgeld als Entschädigung für einen Schaden, der nicht Vermögensschaden ist.

Beispiel:
Erhält ein Pflegebedürftiger von einem Schädiger oder einer Versicherung ein Schmerzensgeld, so bleibt dieser Betrag bei der Ermittlung des zu berücksichtigenden Einkommens frei. Er kann trotzdem Pflegegeld nach dem BSHG bekommen. Ist vom Schädiger oder dessen Versicherung aber ein Pflegegeld möglich, so geht dieses dem Pflegegeld nach dem BSHG vor.

– Zuwendungen der freien Wohlfahrtspflege. Sie werden nur dann als Einkommen berücksichtigt, wenn daneben eine Unterstützung des Empfängers durch die Sozialhilfe ungerechtfertigt wäre, was bei der Hilfe zur Pflege kaum vorstellbar ist.

Beispiel:
Ein Pflegebedürftiger erhält zur Verbesserung seiner Situation bei einem Besuch des Sozialarbeiters der Cari-

tas von diesem einen Betrag in Höhe von 1.000 DM. Für das Pflegegeld nach dem BSHG ist das unerheblich.

3.5 Was ist, wenn das Einkommen die Grenzen übersteigt?

Sind alle möglichen Ausgaben vom Einkommen abgezogen und übersteigt das verbleibende Einkommen die maßgebende Einkommensgrenze, so muß sich der Pflegebedürftige, bei Minderjährigen auch die Eltern, mit einem Teil des übersteigenden Einkommens an den Kosten beteiligen. Wie hoch die Beteiligung ausfallen kann, das ist nicht genau geregelt. Im Gesetz – § 84 BSHG – steht nur, daß sich der Hilfesuchende »in angemessenem Umfang« beteiligen muß. Wird beispielsweise ein Pflegegeld beantragt, so wird ein Eigenanteil zugemutet, das heißt, das Pflegegeld wird nur zum Teil ausbezahlt. Selbst wenn das Einkommen die maßgebliche Einkommensgrenze übersteigt, ist der übersteigende Teil nicht ohne weiteres in voller Höhe als Eigenbeteiligung zu sehen. Welcher Umfang angemessen ist, wie hoch die Selbstbeteiligung also ausfällt, entscheidet die Sozialbehörde im Einzelfall nach »pflichtgemäßem Ermessen«. Das Ermessen darf also nicht willkürlich ausgeübt werden. Bei der Ermessensentscheidung werden insbesondere folgende Fragen berücksichtigt:

- Was wird beantragt?
- Wie hoch ist der Bedarf/welche Kosten fallen an?
- Sind besondere Belastungen, zum Beispiel hohe Schulden oder eine große Familie, zu berücksichtigen?
- Wie lange ist die Hilfe voraussichtlich erforderlich?

Dauert die Notlage voraussichtlich lange Zeit und ist sie mit hohen Kosten verbunden, so wird der Eigenanteil sicher vergleichsweise geringer ausfallen.

Der Entscheidungsspielraum des Sozialamtes ist trotzdem enorm. Fast alles zwischen voller Anrechnung des übersteigenden Einkommens und voller Befreiung ist möglich. Es zahlt sich deshalb unter Umständen aus, wenn der Behörde mehr Informationen gegeben werden, als unbedingt notwendig sind bzw. angefordert wurden.
Schließlich gibt es noch eine weitere Möglichkeit, zu helfen, trotz übersteigendem Einkommen: das Sozialamt »verauslagt« den notwendigen Betrag, übernimmt beispielsweise die Kosten für ein teures Hilfsmittel und fordert den Aufwand zu einem späteren Zeitpunkt vom Begünstigten zurück.

Beispiele für Einkommenseinsatz über der Einkommensgrenze:
1. Ehepaar Mahler hat vier Kinder, davon ist eines schwerstbehindert und auf einen Rollstuhl angewiesen. Familie Mahler beantragt Pflegegeld. Damit das behinderte Kind weiter zu Hause versorgt werden kann, hat Familie Mahler ihr Einfamilienhaus behindertengerecht ausgebaut und ist hohe Schuldverpflichtungen eingegangen. Das Familieneinkommen einschließlich Kindergeld beträgt 5.500 DM.

Die Einkommensgrenze (Schwerstpflegebedürftigkeit) liegt bei:
Grundbetrag für den Haushaltsvorstand 2.580 DM (Stand Juli 1990),
zzgl. Familienzuschlag (358 DM mal fünf Familienangehörige) 1.790 DM,
zzgl. Kosten der Unterkunft (Zins und Tilgung) 1.000 DM.
Einkommensgrenze somit: 5.370 DM.
Das anzurechnende Einkommen übersteigt die maßgebliche Einkommensgrenze um 130 DM. Unter Berück-

sichtigung der persönlichen Verhältnisse (große Familie, hohe Schuldverpflichtungen, voraussichtlich lang andauernde Hilfsbedürftigkeit, durch Pflege zu Hause wird Heimpflege vermieden) werden von dem übersteigenden Einkommen nur dreißig Prozent angerechnet. Die Familie muß deshalb einen Eigenanteil von 39 DM beisteuern, der vom möglichen Pflegegeld in Höhe von 883 DM (Stand Juli 1990) abgezogen wird. Vom Sozialamt werden 844 DM monatliches Pflegegeld zugesagt.

2. Das Ehepaar Sander, 70 und 78 Jahre alt, lebt in einer Zweizimmerwohnung. Die Miete beträgt 600 DM kalt. Herr Sander bezieht ein Altersruhegeld von 1.750 DM, seine Ehefrau von 750 DM. Vermögen ist nicht vorhanden. Herr Sander ist seit einem Schlaganfall erheblich pflegebedürftig und wird von seiner Ehefrau versorgt. Täglich kommt eine Schwester der Sozialstation, hilft beim Waschen und verabreicht Medikamente. Diese Kosten werden von der Krankenkasse übernommen. Im Gespräch mit der Schwester erfährt Frau Sander, daß ihr Mann eventuell ein Pflegegeld nach dem BSHG erhalten könnte. Das Ehepaar beantragt deshalb Pflegegeld beim zuständigen Sozialamt.

Einkommensgrenze bei besonderer Pflegebedürftigkeit:
Grundbetrag für den Haushaltsvorstand: 1.289 DM (Stand Juli 1990),
zzgl. Familienzuschlag 358 DM,
zzgl. Kosten der Unterkunft 600 DM,
Einkommensgrenze somit: 2.247 DM.

Nach Abzug von Versicherungsbeiträgen für Hausrat- und Haftpflichtversicherung verbleibt ein anrechenbares Einkommen von 2.450 DM, das die Einkommensgrenze somit um 203 DM übersteigt. Von dem übersteigenden Teil werden fünfzig Prozent, also 101 DM, am möglichen Pflegegeld mit 325 DM (Stand Juli 1990) angerechnet, so daß schließlich noch 224 DM überwiesen werden.

4 Einsatz des Vermögens

Das, worauf es ankommt, können wir nicht vorausberechnen. Die schönste Freude erlebt man immer da, wo man sie am wenigsten erwartet.
(Antoine de Saint-Exupéry)

Sozialhilfe ist sowohl vom Einkommen als auch vom Vermögen abhängig. Unmittelbar zu berücksichtigen ist das Vermögen des Pflegebedürftigen und der Personen, die mit ihm zusammen in einer Bedarfsgemeinschaft leben (siehe Punkt 2).
Volljährige Kinder müssen ihr Vermögen, wenn überhaupt, nur im Rahmen der gesetzlichen Unterhaltspflicht für ihre pflegebedürftigen Eltern einsetzen. Dasselbe gilt für Eltern, deren volljährige Kinder pflegebedürftig sind.
Siehe dazu Kapitel »Unterhaltspflicht: Vor der Sozialhilfe kommen die Angehörigen«.

4.1 Muß das gesamte Vermögen verbraucht werden?

Sozialhilfe tritt immer nur dann ein, wenn jemand aus eigenen Kräften und Mitteln nicht mehr in der Lage ist, seinen gesamten Bedarf zu decken. Es ist also grundsätzlich das gesamte verwertbare Vermögen einzusetzen, erst dann tritt das Sozialamt ein. »Grundsätzlich« heißt im juristischen Sprachgebrauch aber, daß es von diesem Grundsatz Ausnahmen gibt. So wird nicht verlangt, daß das Vermögen bis zur letzten Mark aufgebraucht und sämtliche Vermögenswerte vorher verkauft werden müssen. Auch wenn jemand Sozialhilfe benötigt, soll das nicht dazu führen, daß die bisherige Lebensgrundlage wesentlich beeinträchtigt wird. Welches Vermögen als geschützt anzusehen ist und damit nicht eingesetzt zu werden braucht, das steht in § 88 Absatz 2 BSHG.

§ 88 Einzusetzendes Vermögen, Ausnahmen

(1) Zum Vermögen im Sinne dieses Gesetzes gehört das gesamte verwertbare Vermögen.

(2) Die Sozialhilfe darf nicht abhängig gemacht werden vom Einsatz oder von der Verwertung

1. *eines Vermögens, das aus öffentlichen Mitteln zum Aufbau oder zur Sicherung einer Lebensgrundlage oder zur Gründung eines Hausstandes gewährt wird,*
2. *(weggefallen),*
3. *eines angemessenen Hausrats; dabei sind die bisherigen Lebensverhältnisse des Hilfesuchenden zu berücksichtigen,*
4. *von Gegenständen, die zur Aufnahme oder Fortsetzung der Berufsausbildung oder der Erwerbstätigkeit unentbehrlich sind,*
5. *von Familien- oder Erbstücken, deren Veräußerung für den Hilfesuchenden oder seine Familie eine besondere Härte bedeuten würde,*
6. *von Gegenständen, die zur Befriedigung geistiger, besonders wissenschaftlicher oder künstlerischer Bedürfnisse dienen und deren Besitz nicht Luxus ist,*
7. *eines kleinen Hausgrundstücks, besonders eines Familienheims, wenn der Hilfesuchende das Hausgrundstück allein oder zusammen mit Angehörigen, denen es nach seinem Tode weiter als Wohnung dienen soll, ganz oder teilweise bewohnt,*
8. *kleinerer Barbeträge oder sonstiger Geldwerte; dabei ist eine besondere Notlage des Hilfesuchenden zu berücksichtigen.*

(3) Die Sozialhilfe darf ferner nicht vom Einsatz oder von der Verwertung eines Vermögens abhängig gemacht werden, soweit dies für den, der das Vermögen einzusetzen hat, und für seine unterhaltsberechtigten Angehörigen eine Härte bedeuten würde. Dies ist bei der Hilfe in besonderen Lebenslagen vor allem der Fall, soweit eine angemessene Lebensführung oder die Aufrechterhaltung einer angemessenen Alterssicherung wesentlich erschwert würde.

(4) ...

Das sind viele Punkte, die der Erläuterung bedürfen, doch zuerst zum Begriff *Vermögen* selbst:
Vermögen sind alle in Geld verwertbaren Güter einer Person, ausgenommen das laufende Einkommen eines Monats.
Dazu gehören also Bargeld, Guthaben auf Spar-, Girokonten und Bausparverträgen, Lebensversicherungen, Wertpapiere, Aktien, Immobilien, Kraftfahrzeuge usw. Das alles zählt zum Vermögen. Eine andere Frage ist die Verwertbarkeit des Vermögens bzw. der Vermögenseinsatz. Das gesamte verwertbare Vermögen muß nach § 88 Absatz 1 BSHG verbraucht werden, bevor die Sozialhilfe einsetzt. Wie gesagt, das ist der Grundsatz, von dem es die Ausnahmen, im Gesetz § 88 Absatz 2, Nummern 1 bis 8 BSHG gibt. Die dort genannten Vermögenswerte müssen also *nicht* zuerst verbraucht werden.
Nun zu den Ausnahmen im einzelnen:
Zu Nummer 1: Aus öffentlichen Mitteln gewährte Vermögen sind zum Beispiel Aufbaudarlehen und die Hauptentschädigung nach dem LAG, Darlehen für Evakuierte, Kriegsgefangene, Vertriebene und Häftlinge. Hierzu zählen aber keine Bankdarlehen, da dies nicht »öffentliche Mittel« sind.

Zu Nummer 3: Angemessene Hausratsgegenstände sind zum Beispiel Möbel, Haushaltsgeräte, Bücher, Wäsche usw. Die Sozialbehörde muß hier großzügig entscheiden und auch die bisherigen Lebensverhältnisse berücksichtigen. In der Regel müssen deshalb keine Möbel verkauft werden. Ausnahmefälle könnten höchstens besonders wertvolle Antiquitäten, Teppiche oder Bilder sein.
Zu Nummer 4: Gegenstände, die für eine Berufsausbildung oder Erwerbstätigkeit unentbehrlich sind, können zum Beispiel sein: Das Auto von Vertretern, Maschinen und Werkzeuge für Selbständige oder Heimarbeiter, auch Betriebsgrundstücke in der Landwirtschaft gehören dazu.
Zu Nummer 5: Familien- oder Erbstücke, deren Verkauf eine Härte bedeuten würde, können zum Beispiel Möbel, Schmuckstücke, Kunstgegenstände oder Bilder sein, die aus Gründen der Familientradition einen persönlichen Wert darstellen, der den eigentlichen Verkaufswert übersteigt. Allerdings gehören Grundstücke und Wertpapiere nicht dazu.
Zu Nummer 6: Zur Befriedigung geistiger Bedürfnisse dienen zum Beispiel Musikinstrumente, Schallplatten- oder Briefmarkensammlungen oder eine Handbibliothek. Auch diese Güter darf man behalten, auch wenn man Pflegehilfen des Sozialamts braucht.
Zu Nummern 7 und 8: Diese beiden Punkte werden wegen ihrer erheblichen Bedeutung für die Praxis gesondert in den nachfolgenden Ziffern besprochen.

4.1.1 Geht das Häuschen immer drauf?

Ein Hausgrundstück ist geschütztes Vermögen und muß damit vor der Hilfe zur Pflege nicht eingesetzt, das heißt, verkauft werden, wenn es folgende Voraussetzungen erfüllt:

– es muß »klein« sein,
– der Hilfesuchende muß es allein oder zusammen mit Angehörigen, denen es nach seinem Tode weiter als Wohnung dienen soll, ganz oder teilweise bewohnen.

»Klein« im Sinne des Gesetzes ist ein Hausgrundstück dann, wenn es den Lebensverhältnissen der Bewohner angemessen ist und bestimmte festgelegte Wertgrenzen nicht übersteigt. Als Wert gilt der Verkehrswert ohne Berücksichtigung der Belastungen. Dagegen wird der Wert eines unbebauten Grundstücks als Verkehrswert abzüglich der darauf ruhenden Belastungen ermittelt.
Noch »klein« sind Einfamilienhäuser, auch mit Einliegerwohnungen, Eigentumswohnungen oder Stockwerkseigentum. Allerdings ist auch hier Voraussetzung, daß das Eigentum in einem angemessenen Verhältnis zu den Bedürfnissen und der Lebenshaltung des Pflegebedürftigen und der mit ihm in der Haushaltsgemeinschaft lebenden Angehörigen steht. Es wird eine *individuelle Schutzwertgrenze* ermittelt, der dann der tatsächliche Verkehrswert gegenübergestellt wird. Maßgebend für die Berechnung dieser Schutzwertgrenze sind Größe und Verkehrswert des Hausgrundstücks und die Zahl der Bewohner.
Für einen Alleinstehenden werden rund fünfzig Quadratmeter, für jede weitere Person zusätzlich etwa fünfzehn Quadratmeter als angemessen zugrunde gelegt. Zusätzlich kann jeder Pflegebedürftige Wohnraum für ein separates Pflegezimmer mit rund fünfzehn Quadratmetern beanspruchen.
Der Verkehrswert eines Hausgrundstücks hängt neben dem baulichen Zustand und der Grundstücksgröße auch von der Lage des Grundstücks ab. Das Bundesverwaltungsgericht hat z. B. ein Hausgrundstück in München mit einem Verkehrswert von 365.000 DM noch als klein anerkannt. Allgemein dürfte die Wertgrenze bei circa

300.000 DM liegen. Ein genauer Wert kann wegen erheblicher regionaler Differenzen nicht angegeben werden. Bei Bedarf ist eine Rückfrage beim örtlich zuständigen Sozialhilfeträger ratsam.
Ist ein Hausgrundstück, zum Beispiel ein Mehrfamilienhaus, nicht mehr »klein«, dann muß es also vor der Inanspruchnahme von Sozialhilfe eingesetzt, das heißt verbraucht werden. Solange das verwertbare, nicht geschützte Vermögen vorhanden ist, werden Pflegehilfen nach dem BSHG abgelehnt. Bestimmte Ausnahmefälle werden unten in Punkt 4.2 besprochen. So auch der Fall, daß der Betroffene selbst in dem Haus wohnt.

Beispiel:
Ein Pflegebedürftiger lebt mit seiner Ehefrau und zwei minderjährigen Kindern zusammen. Die selbstbewohnte Eigentumswohnung hat eine Wohnfläche von 115 qm. Ob die Größe noch angemessen ist, berechnet sich wie folgt:
Angemessen für den Pflegebedürftigen sind 45 plus 15 qm, für die drei Angehörigen jeweils 15, also zusammen 45 qm, dies sind insgesamt 105 qm. Da die Größe der Wohnung diese Grenze nur geringfügig übersteigt, gilt sie als angemessen.
Im Klartext heißt das dann, daß der Pflegebedürftige Hilfe zur Pflege beziehen kann und weiterhin mit seiner Familie in seiner Eigentumswohnung leben darf. Die Wohnung ist geschützt.

Sonderfall:
Beim Tode eines über Sechzigjährigen, nicht getrennt lebenden Ehegatten, ist die bisher maßgebende Zahl der Bewohner zugrunde zu legen. Stirbt also ein Ehepartner, muß das bisher geschützte Hausgrundstück, das eigentlich für die verbleibenden Personen nicht mehr angemessen ist, trotzdem nicht verkauft werden.

4.1.2 Geschütztes Barvermögen oder: Was sind kleinere Barbeträge?

In § 88 Absatz 2 Nummer 8 BSHG (vgl. S. 164 f.) steht, daß kleinere Barbeträge und sonstige Geldwerte ebenfalls nicht vor der Inanspruchnahme von Sozialhilfe verbraucht werden müssen. Was kleinere Barbeträge sind, führt die dazu ergangene Verordnung aus.

Bei der *Hilfe zum Lebensunterhalt* (siehe »Kapitel Pflegehilfen der Sozialhilfe«, Punkt 7.5) ist ein Betrag von

- 2.500 DM für den Hilfesuchenden zuzüglich
- 1.200 DM für den Ehegatten sowie
- 500 DM für jede Person, die vom Hilfesuchenden überwiegend unterhalten wird, als geschützt anzusehen.

Geschützt sein bedeutet: Diese Summen dürfen auf den Konten des Pflegebedürftigen oder im Sparstrumpf bleiben, auch wenn Hilfe beantragt wird.

Bei den *Hilfen in besonderen Lebenslagen,* und dazu gehört die Hilfe zur Pflege, beträgt der geschützte Betrag für den Hilfesuchenden 4.500 DM. Die anderen Beträge bleiben gleich.

Ist ein minderjähriges Kind, das im Haushalt seiner Eltern lebt, pflegebedürftig, gilt der Betrag von 4.500 DM für ein Elternteil, 1.200 DM für den anderen Elternteil sowie 500 DM für jedes Kind.

Für *Schwerstpflegebedürftige* tritt an die Stelle des zuerst genannten Betrages ein Betrag von 8.000 DM.

Die Beträge können von der Sozialbehörde angemessen erhöht werden, wenn im Einzelfall eine besondere Notlage des Hilfesuchenden besteht.

Beispiel:

Die vierköpfige Familie mit ihrer geschützten Eigentumswohnung, siehe oben, hat zusätzlich Sparguthaben in Höhe von insgesamt 12.000 DM. Der Ehemann ist schwerstpflegebedürftig. Die Vermögensfreigrenze liegt nach den obigen Zahlen bei 10.200 DM. Die Familie kauft für 2.500 DM längst fällige Kinderzimmereinrichtungen und tapeziert die Wohnung. Nach Abschluß der Arbeiten liegt das Vermögen unter der geschützten Freigrenze, die Familie kann Hilfe zur Pflege bekommen.

4.2 Das Vermögen übersteigt die Vermögensfreigrenze

Wer Vermögen hat, das verwertbar ist, das heißt verbraucht werden kann, der wird das in aller Regel tun, bevor er zum Sozialamt geht. Sei es durch Verkauf, Vermietung, Verpachtung, Beleihung oder einfach durch Abhebung vom Sparbuch. Der Pflegebedürftige kann mit diesem Vermögen seine Pflegekosten bezahlen oder seiner Pflegeperson einen Anerkennungsbetrag zukommen lassen und braucht die Hilfe der Sozialbehörde nicht. Normalerweise wird diese Hilfe erst dann benötigt, wenn die eigenen Mittel bis zu den genannten Freigrenzen verbraucht sind, der Betroffene sich also nicht mehr selbst helfen kann.
In manchen Fällen kann es aber trotz vorhandenem Vermögen notwendig sein, die Hilfe der Sozialbehörden in Anspruch zu nehmen. Beispielsfälle lassen sich genügend aufzählen: Der Verkehrswert eines Hauses übersteigt die geschützte Grenze, das Hausgrundstück ist also nicht mehr »klein« im Sinne des BSHG, wird aber von der Familie bewohnt. Ein Grundstück kann in dem Zeitpunkt, in dem der Eigentümer Hilfe braucht, nicht sofort veräußert werden. Der Verkauf von Wertpapieren ist im Moment der Hilfsbedürftigkeit nicht sinnvoll, da in absehbarer Zeit mit einem erheblichen Wertzuwachs gerechnet werden kann usw. Dann kann die Behörde trotzdem helfen, und zwar indem sie
– *vorläufig* Hilfe leistet, und der Pflegebedürftige dann

zum vereinbarten Zeitpunkt die entstandenen Kosten wieder ersetzt oder
- die Hilfe *darlehensweise* gewährt wird.

Immer dann, wenn Vermögen vorhanden,
- der sofortige Verbrauch oder die sofortige Verwertung nicht möglich ist oder
- für den, der es einzusetzen hat, eine Härte bedeuten würde, soll die Sozialhilfe als *Darlehen* gewährt werden. So steht es in § 89 BSHG.

Dies ist aber die Ausnahme von dem Grundsatz, daß nicht geschütztes Vermögen grundsätzlich vor der Sozialhilfe eingesetzt, d. h. verwertet werden muß. Die Gewährung kann von der Behörde davon abhängig gemacht werden, daß der Anspruch auf Rückzahlung dinglich oder in anderer Weise gesichert wird. Bei Grundvermögen wird in aller Regel die Eintragung einer Sicherungshypothek, einer Grund- oder Rentenschuld verlangt. Sonstiges Vermögen muß oftmals abgetreten bzw. sicherungsübereignet werden. Auch die Stellung eines Bürgen ist üblich.

Das Darlehen der Sozialbehörde hat einen entscheidenden Vorteil gegenüber einem Bankdarlehen: Es müssen normalerweise keine Zinsen gezahlt werden. Allerdings wird eine vorherige Nachfrage beim örtlichen Sozialhilfeträger empfohlen, da die Praxis von Behörde zu Behörde verschieden sein kann.

Praktischer Hinweis:

Hilfe zur Pflege kann also dann als Darlehen gewährt werden, wenn verwertbares Vermögen zwar vorhanden, aber nicht sofort einsetzbar ist. Ist kein Vermögen vorhanden, also in allen anderen Fällen, wird die Hilfe als Beihilfe gewährt, die nicht zurückgezahlt werden muß. Siehe dazu auch Punkt 5. Vermögenswerte können nicht mit Schulden »aufgerechnet« werden.

4.3 Das Vermögen wurde verschenkt

Nur derjenige soll Hilfe vom Sozialamt erhalten, der sie wirklich braucht, der, wie es im amtlichen Sprachgebrauch heißt, »hilfsbedürftig« ist. Wer glaubt, er könne sein Vermögen verschenken, um dann Sozialhilfe zu beantragen, hat die Rechnung ohne den Wirt gemacht. Wer sein mühsam erspartes Zweifamilienhaus vor der Umsiedlung in ein Pflegeheim seinen Kindern überträgt oder sein Barvermögen aufteilt, muß damit rechnen, daß die Kosten des Heimaufenthaltes nicht vom Sozialamt übernommen werden. Macht sich jemand selbst hilfsbedürftig, so soll er nicht in den Genuß von Leistungen der Allgemeinheit kommen. Die Sozialbehörde wird in diesem Fall den Antragsteller auf »Selbsthilfe« verweisen und die Hilfe zur Pflege ablehnen.
Selbsthilfe heißt, daß der Betroffene sich selbst helfen kann, und zwar wie folgt:
Im Bürgerlichen Gesetzbuch (BGB) gibt es eine Regelung, den § 528 BGB, nach der jeder, der einem anderen etwas geschenkt hat, die Herausgabe des Geschenkes verlangen kann, wenn er nach Vollziehung der Schenkung außerstande ist, seinen angemessenen Unterhalt zu bestreiten. Nach der einschlägigen Rechtsprechung der Gerichte gehören zum Unterhalt auch die Kosten eines Pflegeheimes. Der Hilfsbedürftige muß also den Beschenkten notfalls mit gerichtlicher Hilfe auffordern, das Geschenk wieder herauszugeben. Das kann sehr unangenehm sein. Besser, man läßt es darauf nicht ankommen – oder man verschenkt sein Vermögen rechtzeitig: Die Rückforderung kann nämlich nur in den auf die Schenkung folgenden zehn Jahren geltend gemacht werden. Danach ist eine Rückforderung nicht mehr möglich.
Allerdings kann derjenige, der beschenkt wurde, die Herausgabe durch Zahlung des für den Unterhalt erfor-

derlichen Betrages abwenden. Der beschenkte Sohn kann zum Beispiel anstelle des Hauses, das er unentgeltlich erhalten hat, die Heimkosten für seine Mutter bezahlen.

5 Müssen die Leistungen zurückgezahlt werden?

Viele Unsicherheiten bestehen im Zusammenhang mit der Rückzahlungspflicht von gewährten Sozialhilfeleistungen. Diese gehen oft so weit, daß Pflegebedürftige von Anfang an auf ihre Ansprüche verzichten, aus Scheu, die Leistungen ja doch auf Heller und Pfennig zurückzahlen zu müssen. Wenn schon nicht selbst aus eigener Tasche, dann doch wohl die Angehörigen nach dem Tod. Das ist schade, bringt es die Berechtigten doch um einige Erleichterungen. Deshalb hier in aller Deutlichkeit der Grundsatz:

Die Hilfen nach dem BSHG müssen grundsätzlich nicht zurückgezahlt werden. Sie werden immer als Beihilfen geleistet. Einzige Ausnahmen:
1. Die Leistungen werden von Anfang an wegen vorhandenem Vermögen als Darlehen gewährt (siehe Punkt 4.2). In diesem Fall werden die Modalitäten der Rückzahlung normalerweise bereits im Bewilligungsbescheid oder in einem Darlehensvertrag festgelegt. Wenn die Leistungen als Darlehen gewährt werden, müssen sie natürlich zurückgezahlt werden, was der Bezieher ja auch von vornherein gewußt hat und sich darauf einstellen konnte.
2. Leistungen wurden zu Unrecht empfangen, zum Beispiel weil dem Sozialamt Vermögen oder Einkommen verschwiegen worden ist. Auch bei der Inanspruch-

nahme von Sozialleistungen bewährt sich die Handlungsmaxime: Ehrlich währt am längsten, denn die Behörde kommt denen, die sich auf unehrliche Weise Leistungen erschleichen wollen, erstaunlich oft auf die Spur. Es kann nur nachdrücklich davor gewarnt werden, Vermögenswerte oder Einkommen nicht anzugeben, in der Hoffnung, das Sozialamt wird's schon nicht merken. Das Sozialamt hat die Möglichkeit, beim Finanzamt die Angaben zu überprüfen. Damit Erkundigungen bei Banken möglich sind, läßt sich die Behörde im Einzelfall eine Erklärung geben, daß die Bank zu Auskünften ermächtigt ist. Die Ämter machen von diesen Möglichkeiten häufig Gebrauch, entweder stichprobenweise oder spätestens dann, wenn Unregelmäßigkeiten auftauchen. Stellt sich heraus, daß jemand Leistungen bezogen hat, der gar nicht hilfsbedürftig ist, muß alles auf Heller und Pfennig wieder zurückgezahlt werden. Außerdem riskieren unehrliche Antragsteller eine Strafanzeige wegen Betrugs.

5.1 Tod des Pflegebedürftigen: Müssen die Angehörigen alles ersetzen?

Auch die Kinder oder sonstigen Angehörigen müssen die gezahlten Gelder nach dem Tod des Pflegebedürftigen nicht zurückzahlen. Dabei wird davon ausgegangen, daß die Sozialleistungen verbraucht worden sind. Erstaunlich oft stellt sich nach dem Tod eines Pflegebedürftigen jedoch heraus, daß dieser das Pflegegeld nicht verbraucht hat – indem es zum Beispiel an die Pflegeperson weitergegeben wurde –, sondern auf sein Sparkonto eingezahlt hat. Auf diese Weise sammelt sich oftmals Vermögen in erheblicher Höhe an. In diesen Fällen muß der Betrag, der die geschützte Vermögensfreigrenze (siehe Punkt 4.1.2) übersteigt, zurückgezahlt

werden. Mit einem Bankguthaben, das über dem geschützten Betrag liegt, wäre der Bezieher von Leistungen nicht hilfsbedürftig gewesen. Hätte das Sozialamt zu Lebzeiten Kenntnis von diesem Vermögen gehabt, so wären die Leistungen unverzüglich eingestellt worden.
Ansonsten müssen die Leistungen nur in einem einzigen Ausnahmefall zurückgezahlt werden: Es ist Vermögen vorhanden, das zu Lebzeiten des Hilfeempfängers geschützt war (siehe 4.1), für die Erben allerdings gilt dieser Schutz nicht mehr. Die Erben eines Hilfeempfängers können dann verpflichtet sein, die Leistungen, die das Sozialamt gezahlt hat, *aus dem Nachlaß* zu ersetzen (siehe hierzu auch Kapitel »Private Vorsorge durch Versicherungen und Vereinbarungen«, Beispiel 2 zu Punkt 3.2). Unter Nachlaß ist das den Erben angefallene Vermögen abzüglich der Nachlaßverbindlichkeiten, zum Beispiel der Beerdigungskosten, zu verstehen. Die Ersatzpflicht ist aber immer auf den Nachlaß begrenzt. In keinem Fall müssen die Erben die Kosten aus eigenem Einkommen oder Vermögen begleichen. Auf Antrag kann der Kostenersatz auch gestundet werden, wenn die Erben den geforderten Betrag nicht sofort bezahlen können, zum Beispiel weil das kleine Hausgrundstück noch nicht verkauft werden konnte. Den Erben verbleibt auf jeden Fall ein Freibetrag in Höhe von derzeit 2.578 DM (Stand Juli '90). Außerdem müssen nur die Kosten ersetzt werden, die in den letzten zehn Jahren vor dem Tod gezahlt worden sind.
Für Angehörige, die mit dem Pflegebedürftigen zusammen gelebt und ihn gepflegt haben, gilt ein Freibetrag in Höhe von 30.000 DM. Ist der Nachlaß unter diesem Wert, so müssen die Kosten nicht ersetzt werden.

Zum besseren Verständnis ein paar Beispiele:

Beispiel 1:
Frau Maier hat mit ihrer Mutter bis zu deren Tode zusammengelebt und sie gepflegt. Da Frau Maier berufstätig ist, kam jeden Morgen eine Schwester der Sozialstation, um der Mutter aus dem Bett zu helfen und sie zu waschen. Die Mutter hat zu Lebzeiten Pflegegeld vom Sozialamt bezogen und dieses als Anerkennung für die Pflege an die Tochter weitergegeben. Die Kosten der Sozialstation hatte bis Dezember 1990 ebenfalls das Sozialamt, ab 1.1.1991 aber die Krankenkasse übernommen. Die kleine Rente der Mutter ist laufend für den Lebensunterhalt verbraucht worden. Lediglich ein kleines Sparvermögen in Höhe von 4.000 DM hatte sie sich mühevoll angespart. Damit konnten nach dem Tod gerade die Bestattungskosten beglichen werden. Da die Mutter keinen Nachlaß außer wertlosen Möbeln und Kleidungsstücken hinterlassen hat, muß die Tochter als Erbin das gezahlte Pflegegeld und die Kosten der Sozialstation nicht ersetzen. Die Tochter müßte selbst dann nichts zurückzahlen, wenn der Wert des Nachlasses 30.000 DM betragen hätte, da sie mit der Mutter zusammengelebt und sie gepflegt hat.

Beispiel 2:
Der achtzigjährige Herr Martens lebt allein in seinem älteren Haus. Da er sich nicht mehr selbst versorgen kann, kommt die in der Nähe wohnende Tochter regelmäßig und pflegt ihn. Außerdem schaut wochentags eine Schwester der örtlichen Gemeindeschwesternstation nach ihm. Herr Martens bezieht ein Pflegegeld vom örtlichen Sozialamt, das er an seine Tochter für deren Pflege weitergibt. Da er nicht selbst kochen kann, bezieht er täglich »Essen auf Rädern«. Auch diese Kosten übernimmt das Sozialamt. Nach einem Herzinfarkt

stirbt er unerwartet. Er selbst konnte trotz Pflegehilfen vom Sozialamt in seinem Häuschen wohnen bleiben, da es als »kleines Hausgrundstück« für ihn geschütztes Vermögen dargestellt hatte. Nach dem Tod wird es zum Nachlaß und ist für die Erbin nicht mehr geschützt. Die Tochter muß nun die Leistungen der Sozialbehörde an ihren Vater aus dem Nachlaß ersetzen. Das Haus hat einen Wert von 180.000 DM. Das Sozialamt hat insgesamt 25.000 DM geleistet und macht Kostenersatz in Höhe von 22.422 DM (Sozialhilfeaufwand abzüglich des Erbenfreibetrages von 2.578 DM) geltend. Ob die Tochter nun das Hausgrundstück verkauft oder beleiht oder die Kosten aus ihrem Vermögen bezahlt, bleibt ihr überlassen.

6 Zahlt das Sozialamt auch dann, wenn eine privatrechtliche Pflegeverpflichtung besteht?

In Altenteil- und Übergabeverträgen wird regelmäßig eine vertragliche Verpflichtung zu Wartung und Pflege, ein sogenanntes Leibgeding, vereinbart. Aufgrund eines Leibgedings wird derjenige, der einen Vermögenswert übertragen bekommt, verpflichtet, den Übergeber oder einen sonstigen Berechtigten in gesunden und kranken Tagen zu warten und zu pflegen. So heißt das im Amtsdeutsch. Wie bereits im Kapitel »Private Vorsorge durch Versicherungen und Vereinbarungen«, Punkt 3, erwähnt, ist ein Leibgeding für den Übergeber eine gute Möglichkeit, sich für den Fall der Pflegebedürftigkeit selbst abzusichern.
Hat nun ein Pflegebedürftiger Ansprüche aus einem vereinbarten Leibgeding, so könnte man meinen, daß

dann – aufgrund des Nachrangs der Sozialhilfe – ein Anspruch auf Hilfe zur Pflege nach dem BSHG ausgeschlossen ist. Das ist jedoch nicht der Fall: Beantragt jemand Hilfe zur Pflege, so kommt es nicht darauf an, ob die Pflege freiwillig übernommen wird oder ob eine rechtliche Verpflichtung erfüllt wird, der Anspruch nach dem BSHG besteht trotzdem, der Betroffene kann ein Pflegegeld bekommen. Das Sozialamt rechnet aber den Geldwert dieses vertraglichen Anspruchs auf freie Wartung und Pflege an. Es wird festgelegt, welchen Wert diese Leistung für den Pflegebedürftigen hat. In Baden-Württemberg zum Beispiel bestimmen die Sozialhilferichtlinien, daß als Geldeswert einer privatrechtlichen Verpflichtung ein Betrag in Höhe der Hälfte des Pflegegeldes bei besonderer Pflegebedürftigkeit angesetzt wird. Das mögliche Pflegegeld wird dann um diesen Betrag gekürzt, der Rest an den Pflegebedürftigen ausgezahlt.

Ein **Beispiel** soll dies anschaulicher machen:
Frau Meinel lebt auf dem Altenteil ihrer früheren Landwirtschaft. Sie ist schwerpflegebedürftig und wird von ihrer Schwiegertochter unter größten Anstrengungen gepflegt. Stundenweise kommt eine Schwester der Diakoniestation und hilft beim Umlagern und Baden. Gerne möchte Frau Meinel ihrer Schwiegertochter einen Anerkennungsbetrag zukommen lassen, die kleine Rente läßt dies jedoch nicht zu. Sie fühlt sich hilflos und ausgeliefert. Immerhin hat die Schwiegertochter zusammen mit dem Sohn den Hof übernommen, und die beiden sind bei der Übergabe ein Leibgeding eingegangen. Im Übergabevertrag steht nämlich geschrieben, daß die Übernehmer die Übergeber in gesunden und kranken Tagen zu warten und zu pflegen haben. Bei einem Treffen der örtlichen Selbsthilfegruppe »pflegende Angehörige« erfährt die Schwiegertochter neben

weiteren Hilfen von der Möglichkeit des Pflegegeldes. Sie spricht mit ihrem Sohn und ihrer Schwiegermutter darüber und schreibt dann im Namen von Frau Meinel an das Sozialamt und schildert den Sachverhalt. Der Vertrauensarzt stellt fest, daß Frau Meinel schwerstpflegebedürftig ist. Sie bekommt nach einigen Wochen einen Bescheid:
Das mögliche Pflegegeld für Schwerstpflegebedürftigc beträgt 883 DM. Darauf wird die vertragliche Verpflichtung mit einem Wert von 162 DM angerechnet, so daß tatsächlich noch 721 DM ausbezahlt werden.

Wenn die Pflege zu Hause nicht mehr möglich ist und der Berechtigte in ein Pflegeheim aufgenommen werden muß, dann kann bzw. muß die vertragliche Verpflichtung mit einem Geldbetrag abgelöst werden. Der Verpflichtete muß zwar nicht mehr pflegen, aber dafür eine monatliche Geldrente bezahlen. Auch eine einmalige Ablösung ist in der Regel möglich.

Unterhaltspflicht: Vor der Sozialhilfe kommen die Angehörigen

1 Allgemeines

Wenn jeder dem anderen helfen wollte, wäre allen geholfen.
(Marie v. Ebner-Eschenbach)

Im täglichen Leben ist es für viele selbstverständlich, daß man den Nächsten, die Hilfe brauchen, hilft – vorausgesetzt, man ist selbst dazu in der Lage. Dabei ist nicht nur Hilfe in Form von Geldmitteln gemeint. Die kleinsten Handreichungen am Nachbarn gehören ebenso dazu wie die großzügige Aufnahme der Schwiegermutter im eigenen Haushalt. Hilfe in Form von Unterhaltsleistungen, von denen im folgenden Kapitel die Rede ist, erfaßt nur die finanzielle Unterstützung von nahen Angehörigen.
Leider scheuen immer noch zu viele Pflegebedürftige den Gang zum Sozialamt, weil sie glauben, daß ihre Angehörigen sofort oder spätestens nach ihrem Tode zur Kasse gebeten werden, wenn sie die Hilfe der Sozialbehörden beanspruchen. Es wird nochmals betont: Die in den vorigen Kapiteln dargestellten Leistungen werden grundsätzlich als Beihilfe gezahlt und müssen vom Pflegebedürftigen nicht ersetzt werden. Ausnahmen von diesem Grundsatz gibt es nur bei vorhandenem hohen Einkommen oder nicht geschütztem Vermögen, siehe dazu Kapitel »Sozialhilfe ist vom Einkommen und Vermögen abhängig«, Punkt 5.
Etwas anderes ist die Frage, ob unterhaltspflichtige Angehörige, zum Beispiel erwachsene Kinder, zum Unter-

halt des Pflegebedürftigen beitragen müssen. Oberster Grundsatz des Sozialhilferechts ist das Prinzip der Nachrangigkeit. Deshalb müssen die Sozialbehörden überprüfen, ob der Pflegebedürftige vorrangige Ansprüche hat – dazu gehören auch Unterhaltsansprüche. Denn: Hat der Pflegebedürftige einen vorrangigen Anspruch gegen einen anderen, so geht dieser Anspruch möglichen Sozialleistungen vor. Hintergrund dieser Regelung ist, daß der Staat grundsätzlich nur dann eingreifend helfen will, wenn Hilfe aus eigener Kraft und im Familienverbund nicht, nicht mehr oder nicht ausreichend möglich ist.

Dieser Grundsatz wird aber an einigen Stellen durchbrochen, so auch dann, wenn ein Unterhaltspflichtiger einen Pflegebedürftigen, zum Beispiel die Tochter die betagte Mutter, *unentgeltlich* pflegt. Dann kann nämlich kein Unterhalt mehr verlangt werden – auch von weiteren Unterhaltspflichtigen nicht. Dazu näheres unter Punkt 3.2. In der Praxis wird von den Sozialämtern deshalb bei der Hilfe zur Pflege meistens nur dann eine Überprüfung der Unterhaltspflichtigen durchgeführt, wenn der Pflegebedürftige gegen Entgelt gepflegt wird oder auf Dauer in ein Heim aufgenommen werden muß. Aber auch dann muß ein Unterhaltspflichtiger nur zahlen, wenn er zu leisten imstande ist.

Die Heranziehung von Unterhaltspflichtigen durch die Sozialbehörden beinhaltet viele Probleme und Unsicherheiten. Da jedoch gerade dieses Wissen um die Voraussetzungen für den betroffenen Personenkreis von besonderer Wichtigkeit ist, werden die Grundzüge des Unterhaltsrechts vereinfacht dargestellt.

2 Aus welchen Rechtsvorschriften ergibt sich die Unterhaltspflicht?

Die Unterhaltspflicht ergibt sich aus dem Bürgerlichen Recht: Dem Bürgerlichen Gesetzbuch (BGB) und dem Ehegesetz. Dort ist geregelt, wer, wem und unter welchen Voraussetzungen im Notfall Unterhalt leisten muß. Aber nicht jeder, der nach dem Bürgerlichen Recht unterhaltspflichtig ist, kann auch vom Sozialamt in die Pflicht genommen werden und muß zu den Kosten beisteuern, wenn ein Angehöriger die Hilfe der Behörde braucht. Das Sozialhilferecht grenzt sowohl den Personenkreis als auch die mögliche Höhe von Unterhaltszahlungen erheblich ein.

3 Welche Angehörigen sind unterhaltspflichtig?

Das Bürgerliche Gesetzbuch bestimmt in § 1601, daß Verwandte in gerader Linie verpflichtet sind, einander Unterhalt zu leisten. Verwandte in gerader Linie sind Personen, deren eine von der anderen abstammt (§ 1589 BGB). Also Großeltern, Eltern und Kinder – Geschwister untereinander sind sich überhaupt nicht gegenseitig zum Unterhalt verpflichtet. Des weiteren sind Ehegatten gegenseitig unterhaltspflichtig, was sich aus den §§ 1360 ff. BGB und dem Ehegesetz ergibt.
Aus familienpolitischen Gründen schränkt das BSHG nun diesen Personenkreis ein: Vom Sozialamt dürfen nur Verwandte ersten Grades und Ehegatten zum Ersatz herangezogen werden. Also nur Kinder müssen für ihre Eltern zahlen und umgekehrt. Und Ehegatten –

unter Umständen auch dann, wenn sie getrennt leben oder geschieden sind. Schon die Großeltern bzw. Enkelkinder bleiben außer Betracht. Dies deshalb, weil sich in der Regel die Familienbande so weit gelockert haben, daß das Verständnis für eine Heranziehung zum Ausgleich von Sozialhilfeleistungen fehlt. Selbst ein vermögender Großvater muß also sozialhilferechtlich nicht für den Unterhalt seiner Enkelkinder eintreten, und der im Beruf sehr erfolgreiche Enkelsohn muß nicht zu den Kosten des Pflegeheims für seine Oma beisteuern. Freiwillig dürfen sie das natürlich schon, und auch der Betroffene selbst kann seinen Anspruch geltend machen. Nur die Sozialbehörde hat keine Rückgriffsmöglichkeit.
An dieser Stelle soll nun ein verbreiteter Irrtum richtiggestellt werden: Die Meinung, daß nur Söhne und nicht auch Töchter zum Unterhalt für ihre Eltern beisteuern müssen, ist falsch. Nicht das Geschlecht, sondern allein Einkommen und Vermögen des Unterhaltspflichtigen sind maßgebend. Lediglich die Höhe der Unterhaltsforderung kann geringer sein, bei einem Unterhaltspflichtigen, der zusätzlich zu seiner Erwerbstätigkeit überwiegend den Haushalt führt. Meistens sind dies unterhaltspflichtige Töchter oder Mütter.
Nochmals: Niemand sollte aus Angst, daß die Angehörigen alles wieder ersetzen müssen, auf die Hilfe des Sozialamtes verzichten! Viele Sozialämter überprüfen die Angehörigen nur dann, wenn der Pflegebedürftige auf Dauer in ein Heim muß. Wird ein Pflegegeld für eine pflegende Angehörige, Freundin oder Bekannte beantragt, so bleiben die Angehörigen in aller Regel unbehelligt. Jeder Pflegebedürftige hat ein Recht auf die Hilfen des Sozialamts, sofern die Voraussetzungen vorliegen, und sollte sie deshalb auch beanspruchen. Tausend andere tun das schließlich auch.

4 Wann müssen Angehörige Unterhalt zahlen?

Grundsätzlich müssen die genannten Angehörigen, also Ehegatten, Eltern oder Kinder nur dann zahlen, wenn sie *unterhaltsfähig* sind, das heißt, den Betrag »leicht« verschmerzen können. Zusätzlich muß der Pflegebedürftige auch *unterhaltsbedürftig* im Sinne des BGB sein. Ein Unterhaltsbedarf ist zum Beispiel dann nicht gegeben, wenn ein Angehöriger einen Pflegebedürftigen unentgeltlich pflegt. Doch dazu später mehr.

4.1 Leistungsfähigkeit des Unterhaltspflichtigen

Einem Unterhaltspflichtigen wird nicht zugemutet, zur Erfüllung der Unterhaltspflicht alle Mittel bis zu seinem Existenzminimum einzusetzen. Er soll vielmehr nur dann Unterhalt zahlen müssen, wenn er dies ohne Gefährdung seines eigenen Lebensunterhalts und des Lebensunterhalts seiner Familie verkraften kann.

4.1.1 Unterhalt für minderjährige Kinder und Ehegatten

Ehegatten untereinander und Eltern gegenüber ihren minderjährigen unverheirateten Kindern sind *gesteigert* unterhaltspflichtig. Das heißt, daß zum Unterhalt dieser Personen mehr Mittel eingesetzt werden müssen. In den meisten Fällen muß vom Sozialamt kein Unterhalt für minderjährige Kinder oder Ehegatten verlangt werden, da diese zusammen mit dem Unterhaltspflichtigen in der Haushaltsgemeinschaft leben. Wird dann zum Beispiel Pflegegeld beantragt, muß das Einkommen und Vermögen aller Familienmitglieder der Bedarfsgemeinschaft angegeben werden. Es wird gleichmäßig eingesetzt und aufgeteilt. Was an Einkommen und Vermögen einzusetzen ist, bestimmt sich allein nach den Vorschriften des BSHG (über den Einsatz von Einkommen und Vermögen) und nicht nach dem Unterhaltsrecht. Es gilt deshalb uneingeschränkt das im vorigen Kapitel zum Einkommen und Vermögen Aufgeführte. Zählt ein minderjähriges Kind nicht zum Haushalt des Unterhaltspflichtigen, weil es zum Beispiel in einem Heim für Behinderte lebt, müssen die unterhaltspflichtigen Eltern einen Kostenbeitrag zu den Heimkosten entrichten. Einkommen, das für den Lebensunterhalt dieses Kindes bestimmt ist, zum Beispiel das Kindergeld, muß auch dann abgeführt werden, wenn das Gesamteinkommen ansonsten die geschützte Grenze nicht erreicht.

4.1.2 Unterhalt für Eltern oder volljährige Kinder

Für Unterhalt von Eltern an volljährige Kinder und für Unterhalt von volljährigen Kindern an ihre Eltern sowie für Getrenntlebende gelten die gleichen Schutzbestimmungen über den Einsatz des Einkommens und Vermögens wie für den Pflegebedürftigen selbst. Jemand soll nur dann Unterhalt zahlen müssen, wenn er bei Berücksichtigung seiner sonstigen Verpflichtungen ohne Gefährdung seines eigenen angemessenen Unterhaltes hierzu in der Lage ist. Die Verpflichtung greift auch nur dann, wenn keine vorrangigen Verpflichtungen, zum Beispiel des Ehegatten, vorhanden sind, oder diese zur vollen Bestreitung des Unterhalts nicht imstande sind. Der Ehemann der pflegebedürftigen Mutter muß also beispielsweise vor dem volljährigen Sohn seinen Teil zu den Heimkosten beisteuern.
Vom Sozialamt wird geprüft, ob der Unterhaltspflichtige überhaupt leistungsfähig ist. Hierzu wurde ein Berechnungsverfahren entwickelt, das sich an den Ein-

kommensgrenzen für die Hilfe in besonderen Lebenslagen orientiert. Dem Unterhaltspflichtigen wird mindestens die gleiche Einkommens- und Vermögensfreigrenze wie dem Pflegebedürftigen selbst zugebilligt, siehe voriges Kapitel. »Mindestens« heißt, daß die Einkommens- und Vermögensfreigrenzen die absolute Untergrenze darstellen, ab wann Unterhalt verlangt werden darf. Auch hier gilt die Einkommensgrenze für die jeweils beantragte Hilfeart. Übersteigt das Einkommen die Grenze, so muß der Unterhaltspflichtige einen Teil des übersteigenden Betrages als Unterhalt leisten. In der Praxis haben sich zunehmend Unterhaltstabellen für die Bemessung der Unterhaltsbeiträge durchgesetzt. Vor allem die Gerichte bedienen sich immer mehr der »Düsseldorfer Tabelle«.

4.1.3 Überprüfung der Leistungsfähigkeit anhand der »Düsseldorfer Tabelle«

Die »Düsseldorfer Tabelle« nennt:
– den Mindestbedarf eines Unterhaltsberechtigten. Dieser ist jedoch für Unterhaltsforderungen des Sozialamtes ohne Bedeutung, da der Bedarf des Berechtigten die Höhe der Sozialleistung ist. Diese kann sehr unterschiedlich sein, insbesondere da Heimkosten beträchtlich schwanken.
– den angemessenen und den notwendigen Eigenbedarf des Unterhaltspflichtigen und seines Ehegatten sowie eventueller Kinder. Der angemessene Eigenbedarf liegt derzeit bei mindestens 1.400 DM (Stand Juli ’90) für einen alleinstehenden Unterhaltspflichtigen.
Auch viele Sozialhilfeträger richten sich inzwischen nach den Sätzen dieser Tabelle, indem sie den Eigenbedarf, der sich aus der Berechnung nach den Sozialhilferichtlinien ergibt, mit dem Eigenbedarf, den die »Düsseldorfer Tabelle« nennt, vergleichen. Um im Streitfall

vor den Gerichten bestehen zu können, stellt der Bedarf nach der »Düsseldorfer Tabelle« dann oft den Mindestbedarf dar, der dem Unterhaltspflichtigen an Einkommen verbleiben muß. Der übersteigende Teil kann dann als Unterhalt verlangt werden. Die genauen Werte der »Düsseldorfer Tabelle« sind bei Gerichten, Sozialhilfeträgern und Rechtsanwälten zu erfragen.

Unterhalt aus Vermögen:

Unterhalt kann grundsätzlich auch aus Vermögen verlangt werden. Allerdings garantiert das bürgerliche Recht die Aufrechterhaltung des eigenen angemessenen Unterhalts. Die Schutzvorschriften, die für den Pflegebedürftigen selbst gelten, siehe Kapitel »Sozialhilfe ist vom Einkommen und Vermögen abhängig«, Punkt 4.1, stellen das absolute Minimum der geschützten Vermögensteile dar. Darüber hinaus ist weiteres Vermögen geschützt. Dazu gehören beispielsweise eigengenutzte Kraftfahrzeuge und Hausgrundstücke. So kann von einem Unterhaltspflichtigen nicht allein deshalb Unterhalt verlangt werden, weil er ein Haus bewohnt, das nach § 88 BSHG (siehe Kapitel »Sozialhilfe ist vom Einkommen und Vermögen abhängig, Punkt 4.1.1) nicht mehr als »klein« und damit als geschützt anzusehen ist. Auch bei sonstigem Vermögen darf die Behörde nicht kleinlich sein. Die Sozialhilferichtlinien von Baden-Württemberg sehen zum Beispiel vor, daß weitere Vermögensteile bis zu einem Wert von 50.000 DM außer Betracht bleiben sollen. Falls der Unterhaltspflichtige nicht Eigentümer eines Hausgrundstücks ist, sind sogar 150.000 DM geschützt. Im Ergebnis werden Unterhaltsansprüche aus Vermögen deshalb nur bei besonders günstigen Vermögensverhältnissen der Unterhaltspflichtigen geltend gemacht.

4.1.4 Beispiele:

1. Herr Maurer, alleinstehend, 67 Jahre alt, kann sich nicht mehr selbst versorgen und zieht in ein Pflegeheim. Die Rente reicht zur Deckung der Heimkosten nicht aus. Als das kleine Vermögen aufgebraucht ist, beantragt er die Übernahme der nicht durch die Rente gedeckten Heimkosten beim Sozialamt. Der einzige Sohn ist verheiratet, hat drei Kinder und zahlt eine Miete von 800 DM. Die Ehefrau versorgt die Kinder und führt den Haushalt. Sie hat kein Einkommen. Die Hilfeart ist eine Hilfe zur Pflege im Heim, für die die besondere Einkommensgrenze (siehe Kapitel »Sozialhilfe ist vom Einkommen und Vermögen abhängig«, Punkt 3.2) gilt. Die Berechnung, ob Unterhalt verlangt werden kann, sieht wie folgt aus:
Grundbetrag in Höhe von 1.289 DM, zuzüglich Miete mit 800 DM und dem Familienzuschlag von 4 x 358 DM, also 1.432 DM. Die Einkommensgrenze liegt somit bei 3.521 DM. Liegt das anrechenbare Einkommen (siehe Kapitel »Sozialhilfe ist vom Einkommen und Vermögen abhängig«, Punkt 3.4) des Sohnes einschließlich Kindergeld unter diesem Betrag, so kann eine Unterhaltsleistung für den Vater nicht verlangt werden. Liegt das Einkommen darüber, so muß er damit rechnen, daß er einen Teil des übersteigenden Betrages als Unterhalt zahlen muß.
2. Nochmals obiges Beispiel mit einer Änderung: Herr Maurer ist der Vater der Ehefrau. Da sie kein Einkommen hat, muß sie keinen Unterhalt zu den Heimkosten ihres Vaters leisten. Der *Schwiegersohn* ist seinem *Schwiegervater* gegenüber nicht unterhaltspflichtig. Er braucht sein Einkommen nicht einzusetzen und muß es deshalb auch gar nicht angeben.

4.1.5 Härtefälle

Nicht in jedem Fall, wenn nach der Berechnung des Sozialamtes jemand in der Lage wäre, Unterhalt zu leisten, muß dieser auch tatsächlich gezahlt werden. Kein Unterhalt muß gezahlt werden:

1. wenn ein Härtefall vorliegt. Das kann zum Beispiel dann der Fall sein, wenn der Pflegebedürftige in grober Weise seine sittlichen Pflichten gegenüber dem Unterhaltspflichtigen verletzt hat. Ein volljähriges Kind soll nicht für seine Eltern zahlen müssen, wenn es jahrelang schlecht behandelt oder mißhandelt wurde oder jahrelang überhaupt kein Kontakt zu den Eltern bestanden hat. Ein Härtefall kann auch dann vorliegen, wenn durch das Unterhaltsverlangen des Sozialamts der vorher schon sehr angespannte Familienfriede vollends zerstört würde.
2. von Eltern, wenn Hilfe zur Pflege oder Eingliederungshilfe für einen über 21jährigen Behinderten, einem von einer Behinderung Bedrohten oder einem Pflegebedürftigen beantragt wird. Hier muß eine Härte nicht erst überprüft werden, sie wird gleich unterstellt. Unterhalt wird nicht gefordert. Diese Vorschrift trägt der besonderen Situation von Eltern mit behinderten Kindern Rechnung. Bis zum Alter von achtzehn Jahren müssen die Eltern ohnehin ihr Einkommen und Vermögen wegen der *gesteigerten Unterhaltspflicht* voll einsetzen. Diese endet mit der Volljährigkeit. Der Zeitraum vom 18. bis zum 21. Lebensjahr ist nicht geregelt. Rein vom Wortlaut des Gesetzes her müßten die Eltern in diesem Zeitraum weiterhin voll zu den Kosten herangezogen werden. Es kann jedoch davon ausgegangen werden, daß in solchen Fällen das Sozialamt von der unter Ziffer 1 genannten allgemeinen Härteklausel Gebrauch macht und von einer Unterhaltsforderung absieht. Eltern, die behinderte Kinder pflegen, ist deshalb späte-

stens dann, wenn das Kind volljährig wird, zu raten, Antrag auf Pflegegeld und weitere Pflegehilfen zu stellen. Dies gilt auch für den Fall, daß ein früherer Antrag – als das behinderte Kind noch minderjährig war – wegen zu hohem Einkommen der Eltern bereits abgelehnt worden ist.

4.2 Bedürftigkeit des Unterhaltsberechtigten

Voraussetzung für eine Unterhaltsberechtigung nach dem BGB ist, daß der Unterhaltsberechtigte das, was er zum Leben braucht, nicht aus eigenen Kräften und Mitteln beschaffen kann. Der Berechtigte muß also *bedürftig* sein. Zur Befriedigung seines Lebensbedarfs muß er zunächst das gesamte eigene Einkommen und Vermögen verwenden. Das Bürgerliche Recht kennt aber im Unterschied zum Sozialhilferecht keine Einkommensgrenzen und keine Schutzvorschriften für bestimmte Vermögensteile. Dies kann zur Folge haben, daß der Unterhaltsberechtigte zwar Anspruch auf Hilfe zur Pflege nach dem BSHG hat, aber nicht unterhaltsbedürftig im Sinne des BGB ist. Hat der Pflegebedürftige Einkommen, das die Einkommensgrenze erreicht, oder Vermögen, das geschützt ist, zum Beispiel ein kleines Eigenheim, so kann er Hilfe zur Pflege vom Sozialamt beziehen. Von einer Unterhaltsbedürftigkeit nach Bürgerlichem Recht kann aber keine Rede mehr sein. Das Sozialamt kann von den Unterhaltspflichtigen keinen Unterhalt fordern.

Wichtiger Hinweis,
vor allem für pflegende Angehörige:
Pflegt ein Unterhaltspflichtiger einen Pflegebedürftigen *unentgeltlich,* so liegt Bedürftigkeit nach dem Bürgerlichen Recht nicht vor. Unentgeltlich ist die

Pflege auch dann noch, wenn der pflegende Angehörige das Pflegegeld des Sozialamtes ganz oder teilweise vom Pflegebedürftigen erhält. Anders ausgedrückt: Unterhalt kann auch dann nicht verlangt werden, wenn die Bedürfnisse des Unterhaltsberechtigten durch kostenlose Sach- und Dienstleistungen, vor allem Pflegeleistungen, von ebenfalls unterhaltspflichtigen Dritten befriedigt werden.

Beispiel:
Die Tochter pflegt unentgeltlich ihren Vater, der vom Sozialamt ein Pflegegeld bezieht. Von den drei Söhnen kann ebenfalls kein Unterhalt verlangt werden, da nach Bürgerlichem Recht keine Unterhaltsbedürftigkeit mehr besteht. Diese wird von der Tochter bzw. Schwester in natura erfüllt. Daran ändert sich auch nichts, wenn der Vater das Pflegegeld als Anerkennung der Pflegeleistungen an seine Tochter weitergibt. Das ist ja gerade der Sinn des Pflegegeldes, um die Pflegebereitschaft aufrechtzuerhalten. Die Sozialbehörde kann nicht davon ausgehen, daß es sich dabei um ein Entgelt für die Pflegeperson handelt. Laut mehreren Gerichtsentscheidungen bleibt es dabei: Die Pflege wird trotzdem unentgeltlich geleistet, so daß der Unterhaltsbedarf abgedeckt ist und keine Unterhaltspflichtigen weiteren Unterhalt leisten müssen.
Deshalb ist es für Unterhaltspflichtige wichtig zu wissen: Wird ein Pflegebedürftiger zu Hause von einem Unterhaltspflichtigen kostenlos gepflegt, so unterbleibt in aller Regel eine Überprüfung sämtlicher Unterhaltspflichtiger durch die Sozialbehörde. Der pflegende Unterhaltspflichtige erfüllt die Unterhaltsverpflichtung als Sachleistung für alle anderen, so daß kein bürgerlichrechtlicher Unterhaltsanspruch verbleibt.

5 Vertraglich vereinbarte Unterhaltspflicht

Auch durch einen Vertrag können Unterhaltspflichten begründet werden. Diese vertraglichen Rechte und Pflichten werden dann von der Sozialbehörde genauso wie die gesetzlichen Ansprüche berücksichtigt. Die Sozialbehörde läßt sich in aller Regel den Vertrag vorlegen, um zu sehen, ob bzw. welche Gegenleistung vereinbart wurde. Steht die Gegenleistung in angemessenem Verhältnis zur Leistung, wird der Anspruch dem Einkommen des Pflegebedürftigen zugerechnet. Besteht ein Mißverhältnis von Leistung zu Gegenleistung, lehnt die Behörde im schlimmsten Fall die Leistungen ab und verweist auf die Selbsthilfe.
Auch bei Altenteils- oder Hofübergabeverträgen, die dem Übergeber geldwerte Rechte wie Wohn-, Pflege- und Verpflegungsrechte einräumen, wird der Sozialhilfeträger den Geldwert dieser Verpflichtung als Einkommen anrechnen. Die Behörde kann aber auch den Geldwert direkt verlangen, zum Beispiel wenn der Berechtigte in ein Heim aufgenommen wird und die Vorteile tatsächlich nicht mehr beanspruchen kann. Bei einem Grundstücksverkauf auf Rentenbasis gilt dasselbe.

Beispiele:
1. Herr Gaum, 78 Jahre alt, hat ein landwirtschaftliches Grundstück mit einem Verkehrswert von 25.000 DM seinem Enkel übergeben, der es bewirtschaftet. Anstelle eines Kaufpreises wurde vereinbart, daß der Enkel eine monatliche Geldrente in Höhe von 300 DM an seinen Großvater entrichtet. Beantragt der Großvater nun Hilfe zur Pflege, so werden die 300 DM aus dem Vertrag neben seinem Altersruhegeld als Einkommen angerechnet. Muß er in ein Pflegeheim, hat die Behörde die Möglichkeit, den Anspruch auf sich überzuleiten

(§ 90 BSHG). Der Enkel müßte dann den Betrag direkt an das Sozialamt überweisen.

2. Bleiben wir beim obigen Beispiel. Angenommen, das übergebene Grundstück wird nicht landwirtschaftlich genutzt, sondern ist mit einem Mehrfamilienhaus bebaut. Verkehrswert im Zeitpunkt der Übergabe: eine Million DM. Die Gegenleistung, 300 DM monatliche Geldrente, bleibt dieselbe. Angesichts des übergebenen Wertes und des Alters von Herrn Gaum ist die Gegenleistung sicher nicht angemessen. Herr Gaum hat seinem Enkel das bebaute Grundstück de facto geschenkt. Die Sozialbehörde wird bei dieser Alternative die Hilfe zur Pflege voraussichtlich unter Hinweis auf den vorrangigen Rückforderungsanspruch aus §§ 528 ff. BGB ablehnen (siehe im Kapitel »Sozialhilfe ist vom Einkommen und Vermögen abhängig«, Punkt 4.3).

6 Vorgehensweise der Sozialbehörden

Die Sozialbehörde muß dem Unterhaltspflichtigen rechtzeitig mitteilen, wenn er eventuell wegen einer Unterhaltsforderung für einen Angehörigen in Anspruch genommen wird. Das geschieht normalerweise zu dem Zeitpunkt, wenn der Pflegebedürftige einen Bewilligungsbescheid über die von ihm beantragte Hilfe erhält. Diese Vorschrift dient dem Schutz des Betroffenen. Der Unterhaltspflichtige soll nicht für einen längeren Zeitraum in der Vergangenheit (länger als einen Monat) mit Unterhaltsforderungen belastet werden, obwohl er keine Kenntnis von möglichen Ansprüchen hatte. In der Praxis werden deshalb möglichst bald, nachdem der Pflegebedürftige Hilfe erhält, sogenannte »Rechtswahrungsanzeigen« an die Unterhaltspflichtigen verschickt. Bekommt ein Unterhaltspflichtiger eine solche Anzeige

ins Haus, so bedeutet das noch lange nicht, daß er auch tatsächlich Unterhalt bezahlen muß. Dazu muß er erst einmal finanziell in der Lage sein, was die Behörde zu diesem Zeitpunkt noch gar nicht überprüfen konnte. Oft wird deshalb zusammen mit der Rechtswahrungsanzeige ein Auskunftsersuchen an die Unterhaltspflichtigen geschickt, indem sie über ihre finanziellen Verhältnisse Auskunft geben müssen.
Übrigens: Die Datenschutzgesetze des Bundes und der Länder gewährleisten jedem Unterhaltspflichtigen und jedem Pflegebedürftigen die Geheimhaltung seiner Daten. Persönliche Daten dürfen auch weiteren Unterhaltspflichtigen nicht bekanntgegeben werden.
Die Unterhaltspflichtigen sind verpflichtet, die notwendigen Angaben zu machen. Tun sie dies nicht, kann die Auskunft mit den Mitteln des Verwaltungszwangs, zum Beispiel durch Androhung eines Zwangsgeldes, durchgesetzt werden. Weigert sich ein Unterhaltspflichtiger weiterhin, so kann die Behörde die notwendigen Angaben direkt beim zuständigen Finanzamt einholen. Die Finanzämter sind verpflichtet, im Rahmen der Amtshilfe die notwendigen Auskünfte zu erteilen.

Tip:

In dem Fragebogen möglichst alle Ausgaben und Belastungen (Schuldzinsen und Tilgungen, Versicherungs- und Mitgliedsbeiträge, sonstige außergewöhnliche Belastungen, zum Beispiel wegen Behinderung oder Diätkost usw.) angeben. Es kann mehr berücksichtigt werden, als man glaubt.

Kommt die Behörde nach Überprüfung der Einkommens- und Vermögensverhältnisse unter Berücksichtigung des Einzelfalles bei einem Unterhaltspflichtigen zu dem Schluß, daß ein Unterhaltsbeitrag möglich ist, so hat sie verschiedene Möglichkeiten zum Handeln:

1. Die Behörde leistet die beantragte Hilfe, zahlt also die Heimkosten und verlangt den errechneten Unterhaltsbeitrag von den Angehörigen. Dazu leitet sie den Unterhaltsanspruch, den der Hilfsbedürftige gegenüber seinen Angehörigen hat, mit schriftlicher Anzeige auf sich über. Das Recht dazu gibt ihr § 91 BSHG. Diese *»Überleitungsanzeige«* stellt einen Verwaltungsakt dar, gegen den der Unterhaltspflichtige Widerspruch einlegen kann, wenn er mit der Überleitung nicht einverstanden ist. Die Überleitung des Unterhaltsanspruchs wird in der Praxis am häufigsten praktiziert.

2. Die Behörde »verauslagt« den notwendigen Betrag und verlangt dann von den Angehörigen Ersatz der Aufwendungen. Das ist dann ein eigener Anspruch gegenüber den Angehörigen und kein übergeleiteter wie oben, der sich aus dem BSHG selbst (§§ 29 und 11, Absatz 2 BSHG) ergibt.

3. Die beantragte Hilfe wird nicht geleistet. Wurde bereits gezahlt, so werden die Leistungen eingestellt. Der Hilfesuchende erhält also einen ablehnenden Bescheid bzw. einen Aufhebungsbescheid. Er wird statt der Sozialleistungen direkt an die Angehörigen verwiesen, gegen die er seinen Unterhaltsanspruch direkt durchsetzen muß. Diese Möglichkeit entspricht dem Grundsatz der Selbsthilfe. Der Betroffene kann seine Hilfsbedürftigkeit selbst beheben, indem er den vorrangigen Unterhaltsanspruch geltend macht. Sie wird aber nur im Ausnahmefall praktiziert, zum Beispiel dann, wenn Vermögen verschenkt worden ist und ohne Schwierigkeiten zurückverlangt werden kann (siehe Kapitel »Sozialhilfe ist vom Einkommen und Vermögen abhängig«, Punkt 4.3). Der Verweis auf die Selbsthilfe ist dann nicht möglich, wenn Ansprüche nur schwer durchsetzbar sind oder ohnehin, auch unter Berücksichtigung des Anspruchs, Hilfe des Sozialamtes notwendig ist.

Abschließend kann nur nochmals betont werden, daß

Unterhalt fast ausschließlich dann gefordert wird, wenn eine Pflege zu Hause durch Angehörige nicht mehr möglich ist und der Pflegebedürftige auf Dauer ins Heim muß. Wenn überhaupt Unterhaltsbeiträge festgesetzt werden, so fallen diese meistens wesentlich niedriger aus, als gemeinhin erwartet wird. Niemand sollte deshalb aus Furcht, die Angehörigen müßten alles ersetzen, den Gang zum Sozialamt scheuen und auf ihm zustehende Leistungen freiwillig verzichten.

7 Sind Unterhaltszahlungen steuerlich absetzbar?

Muß ein Unterhaltspflichtiger Unterhaltsbeiträge leisten, so stellt sich für ihn die Frage, ob die Zahlungen wenigstens die Lohn- bzw. die zu zahlende Einkommenssteuer mindern. Leider sieht es da nicht besonders gut aus.

Grundsätzlich gilt: Unterhaltszahlungen sind außergewöhnliche Belastungen, die der Unterhaltspflichtige ohne Anrechnung einer zumutbaren Eigenbelastung geltend machen kann. Der Abzug beträgt höchstens 5.400 DM pro Jahr für jede unterstützte Person. Ist der tatsächlich geleistete Unterhalt jedoch niedriger, kann nur der gezahlte Betrag angesetzt werden.

Weitere Hürde: Hat der Unterhaltsempfänger eigene Einkünfte, so vermindert sich der Betrag von 5.400 DM um die Einkünfte, die diesen Betrag übersteigen. Allerdings wird vom Einkommen eine Werbungskosten- und eine Unkostenpauschale von 200 DM und 360 DM abgezogen. Im Ergebnis bedeutet das, daß nur derjenige die Unterhaltszahlungen in seiner Steuererklärung geltend machen kann, der einen Bedürftigen unterstützt, dessen eigene Einkünfte jährlich unter 10.800 DM liegen. Hat der Unterhaltsempfänger Einkommen über 10.800 DM (zuzüglich 560 DM) oder Vermögen über 30.000 DM (bei Verheirateten 60.000 DM), so betrachtet das Finanzamt die Unterhaltszahlung als nicht notwendig. Das gilt auch für den Fall, daß die Zahlung vom Sozialamt festgesetzt wurde. Ein kleines Hausgrundstück, insbesondere ein Familienheim, ist beim Vermögen allerdings nicht zu berücksichtigen.

Beispiel:
Herr August zahlt zu den Heimkosten seines Vater monatlich 500 DM Unterhalt. Der Vater selbst hat ein Renteneinkommen von 750 DM monatlich, die restlichen Heimkosten zahlt der Sozialhilfeträger.

Jährliche Unterhaltsleistung 500 x 12	6.000 DM
Es steht aber nur der Höchstbetrag zu, nämlich	5.400 DM
Dieser wird noch gekürzt um die Rente des Vaters von 750 x 12	9.000 DM
abzüglich Werbungskosten und Pauschale	560 DM
verbleiben	8.440 DM
abzüglich Höchstbetrag	5.400 DM
übersteigender Betrag	3.040 DM
bleibt (als Differenz zwischen Höchstbetrag und übersteigendem Betrag) ein abzugsfähiger Betrag von	2.360 DM.

Was kostet ein Platz in einem Alters- oder Pflegeheim?

1 Allgemeines

Man kann nichts dagegen tun, daß man altert, aber man kann sich dagegen wehren, daß man veraltet.

(Lord Samuel)

Obwohl er von den meisten alten oder pflegebedürftigen Menschen hinausgeschoben wird, solange es irgendwie geht, der Umzug in ein Heim, die Heime sind trotzdem übervoll. Interessenten müssen oft mit langen Wartezeiten bis zur Aufnahme rechnen, und das trotz steigender Kosten. Das Aufnahmealter von Bewohnern in Pflegeheimen steigt ständig – im Durchschnitt liegt es heute bereits bei 83 Jahren. Das immer größer und breiter werdende Angebot an ambulanten Diensten hat diese Entwicklung möglich gemacht. Es hat jedoch auch dazu geführt, daß immer ältere Menschen in einem immer schlechteren Gesundheitszustand in die Heime kommen. Das wiederum bringt nach Ansicht der Wohlfahrtsverbände höchste Anforderungen an die Pflegedienste in den Heimen mit sich. Das Personal ist knapp – der Pflegenotstand droht. Derzeit muß eine Pflegekraft im Durchschnitt etwas mehr als drei Pflegebedürftige betreuen. Zur Verbesserung der Situation der Pflegebedürftigen wurde vereinbart, die Personalschlüssel für Pflegekräfte in Heimen zu erhöhen. Langfristig sollen auf einen Pfleger rund zwei Pflegebedürftige kommen. Allein in Baden-Württemberg können dadurch über viertausend neue Stellen geschaffen werden. Doch es stellt sich erstens die Frage, ob überhaupt genügend

Kräfte vorhanden sind, damit diese Stellen besetzt werden können. Zweitens führt eine Erhöhung des Personalschlüssels wiederum zur Erhöhung der Pflegekosten, da die Personalkosten über die Pflegesätze abgegolten werden. Ein Teufelskreis also. So trifft die Verbesserung im Pflegebereich, so wünschenswert sie auch ist, wieder die Heimbewohner selbst. Weil die Kosten eines Heimaufenthaltes so hoch sind, können nur noch rund die Hälfte der Heimbewohner ihren Aufenthalt selbst bezahlen. Die andere Hälfte ist auf die Hilfe der Sozialbehörden angewiesen. In Pflegeheimen sieht es noch schlechter aus. Dort schrumpft der Prozentsatz der Selbstzahler auf nur noch rund dreißig Prozent. Viele ältere Betroffene empfinden diese Situation als schlichtweg entwürdigend, haben sie doch ihr Leben lang gearbeitet und fallen dann der Allgemeinheit zur Last. Auch hier kann eine Lösung nur die gesetzliche Pflegeversicherung bringen. Doch vorerst werden die Betroffenen allein gelassen, da die Pflegehilfen durch die gesetzliche Krankenversicherung (siehe Kapitel »Pflegehilfen und Leistungsgesetze«, Punkt 2) bisher nur Leistungen für diejenigen vorsieht, die im häuslichen Bereich gepflegt werden – Heimbewohner gehen leer aus.
Im folgenden werden nur die Kosten in Alters- und Pflegeheimen dargestellt. Spezielle Behindertenheime, zum Beispiel für an Multipler Sklerose Erkrankte, bleiben außer Betracht. Die Preise der Behindertenheime hängen sehr stark vom jeweiligen Angebot ab und differieren enorm. Möchte ein Pflegebedürftiger in einem speziellen Behindertenheim aufgenommen werden, wird empfohlen, sich direkt bei dem gewünschten Heim, den Trägern der freien Wohlfahrtspflege oder dem Sozialamt zu erkundigen.
Heute gibt es fast keine reinen Altersheime mehr. Meistens sind Alters- und Pflegeheime kombiniert. Oft sind noch Wohnheime angegliedert. Wegen dem steigenden

Bedarf an Pflegeplätzen werden derzeit viele Pflegeabteilungen auf Kosten der Altenheime vergrößert.

2 Kosten im Altersheim

In einem Altersheim wird dem Bewohner in aller Regel ein Zimmer zur Verfügung gestellt, das er mit seinen eigenen Möbeln einrichten kann. Es wird aber keine monatliche Miete verlangt, sondern die Bewohner wohnen auf Pflegesatzbasis, das heißt, es wird ein Tagessatz verlangt. Dieser kann unterschiedlich hoch sein. Er hängt sowohl von der Ausstattung des jeweiligen Heimes als auch von der Ausstattung des Zimmers (Dusche und/oder WC im Zimmer oder auf der Etage) ab. Die Preise liegen zwischen 40 und 70 DM pro Tag. Im Durchschnitt müssen monatlich zwischen 1.500 DM bis 1.700 DM bezahlt werden.
Vom Heim wird dafür Vollverpflegung mit meistens drei Mahlzeiten angeboten. Falls notwendig, wird Diätkost gereicht. Einmal in der Woche oder bei Bedarf wird das Zimmer gereinigt. Auch kann Hilfe im medizinisch und (leicht)pflegerischen Bereich beansprucht werden, vor allem wenn sie nur kurzfristig erforderlich ist. Die Träger von Altenheimen gehen aber davon aus, daß ein Bewohner eines Altenheims nicht auf Dauer fremde Hilfe braucht.

3 Kosten im Pflegeheim

Pflegeheime sind für die Mitbürger da, die auf fremde Hilfe angewiesen sind. Bis zu einem gewissen Grad wird nicht unterschieden, wie schwer jemand pflegebedürftig ist. Allerdings verlangen viele Heime für besonders aufwendige Pflege einen Schwerstpflegezuschlag von täglich zwei bis drei DM. Dieser ist dann neben dem Tagessatz zu bezahlen. Im übrigen muß unterschieden werden, ob jemand voraussichtlich auf Dauer in einem Pflegeheim gepflegt werden muß oder nur vorübergehend, etwa weil die Pflegeperson zeitweise verhindert ist.

3.1 Dauerpflege

In Pflegeheimen wird normalerweise vom Heimträger ein Pflegebett gestellt, oftmals dazu ein Nachttischchen. Auch die Bewohner eines Pflegeheimes wohnen auf der Basis von Pflegesätzen, die allerdings erheblich höher sind als im Altersheim. Dies deshalb, weil die volle pflegerische Versorgung teuer bezahlt werden muß. Da Bewohner von Pflegeheimen in der Regel nicht mehr so mobil sind, werden zusätzlich zu den drei Hauptmahlzeiten in vielen Pflegeheimen Zwischenmahlzeiten serviert und auch die Zimmer häufiger, oftmals täglich, gereinigt. Die Tagessätze in Pflegeheimen bewegen sich ungefähr zwischen neunzig und 120 DM. Im Durchschnitt muß mit einem monatlichen Betrag zwischen 3.000 bis 3.500 DM gerechnet werden. Dieser Betrag kann in allernächster Zukunft leicht um bis zu 500 DM monatlich steigen, wenn nämlich die geplanten Verbesserungen im Pflegebereich auf die Pflegesätze durchschlagen. In diesem Betrag ist aber wohlgemerkt noch kein Pfennig für die persönlichen Bedürfnisse des Heimbewohners wie Frisörbesuch, Zeitungen, kleine Geschenke usw. enthalten. Da muß jemand schon ein sehr gutes Einkommen oder hohes Vermögen haben, um diese Preise auf Dauer selbst bezahlen zu können.

3.2 Kurzzeitpflege

Zum Begriff selbst siehe auch Kapitel: »Welche Hilfen gibt es überhaupt«, Punkt 5.1.
In Kurzzeitpflege begibt sich jemand, wenn er nur für kurze Zeit in ein Heim zur Pflege muß. Etwa dann, wenn die Pflegeperson, die ansonsten zu Hause pflegt, einmal ausspannen möchte, selbst krank oder sonst verhindert ist.
Die Kurzzeitpflege wird immer beliebter, der Bedarf an Kurzzeitpflegeplätzen steigt ständig. Dies nicht zuletzt deshalb, weil sich die gesetzlichen Krankenkassen mit bis zu 1.800 DM jährlich an den Kosten der Kurzzeitpflege beteiligen, siehe dazu Kapitel »Pflegehilfen und Leistungsgesetze außerhalb der Sozialhilfe«, Punkt 2.2.
Bei der Kurzzeitpflege bekommt der Betroffene ein Zimmer für den vereinbarten Zeitraum zugewiesen und wird in dieser Zeit vom Heim mit allen Dienstleistungen, die ein Pflegeheim bietet, mit versorgt. Die Kurzzeitpflege ist meistens noch etwas teurer als die Pflege auf Dauer. Unter hundert Mark pro Tag wird sich schwer ein Platz finden, im Durchschnitt muß man mit einem Tagessatz von 120 DM rechnen. Wer in der Urlaubs- und Ferienzeit einen Platz sucht, sollte seinen Bedarf längere Zeit vorher anmelden.

3.3 Tagespflege

Zum Begriff selbst siehe auch Kapitel: »Welche Hilfen gibt es überhaupt«, Punkt 4.2.
Tagespflege ist vor allem für ältere Mitbürger interessant, die abends und/oder an den Wochenenden von Familienangehörigen gepflegt werden oder einfach den Heimalltag kennenlernen möchten.
Auch Tagespflege wird da, wo sie überhaupt angeboten

wird, gerne angenommen. In manchen Heimen ist Tagespflege sowohl für einzelne Tage einer Woche als auch die ganze Woche über oder nur an den Wochenenden möglich. Die Tagesgäste erhalten Vollverpflegung mit normalerweise drei Mahlzeiten und teilweise Nachmittagskaffee. Sie können am gesamten sozialen und kulturellen Programm des Heimes teilnehmen und erhalten, soweit möglich, erforderliche therapeutische Anwendungen. Die Kosten betragen zwischen 45 und 75 DM am Tag. Hinzu kommen die täglichen Fahrtkosten.

4 Wann zahlt das Sozialamt die Heimkosten?

Wenn die Heimkosten ständig steigen, und das schneller als die Einkünfte, dann sind immer weniger Pflegebedürftige in der Lage, ihren Heimaufenthalt auf Dauer selbst zu finanzieren. Die Ersparnisse eines ganzen Arbeitslebens müssen früher angegriffen werden bzw. schrumpfen immer schneller. Folge: immer mehr und immer früher werden Pflegebedürftige, die in Heimen leben, zu Empfängern von Sozialhilfe. Bereits heute können rund siebzig Prozent der Pflegeheimbewohner die Kosten nicht mehr aus eigenem Einkommen dekken. Aber dieser Zusammenhang wurde ja bereits aufgezeigt. Nun stellt sich die Frage, wann und unter welchen Voraussetzungen die Sozialbehörden überhaupt Heimkosten bezahlen.

4.1 Voraussetzungen

Das BSHG bestimmt in § 68 BSHG, daß Pflegebedürftigen Hilfe zur Pflege zu gewähren ist (siehe auch Kapitel »Pflegehilfen durch die Sozialhilfe«). Dazu gehören die

Kosten für die häusliche Pflege. Reicht die häusliche Pflege nicht aus oder ist sie nicht möglich, so müssen auch die Kosten übernommen werden, die anfallen, wenn der Pflegebedürftige in ein Heim muß. Die häusliche Pflege hat aber Vorrang vor der Heimpflege. Dies in erster Linie wegen der enormen Kosten, aber auch weil der Gesetzgeber davon ausgeht, daß ein Pflegebedürftiger lieber möglichst lange zu Hause in der gewohnten Umgebung bleibt, als in ein Heim umzusiedeln.
Heimkosten werden von den Sozialhilfeträgern unter folgenden Voraussetzungen übernommen:

– Der Interessent für ein Heim muß *pflegebedürftig* sein. Er muß also, wie bereits im Kapitel »Pflegehilfen durch die Sozialhilfe«, Punkt 2, ausgeführt, fremder Hilfe bedürftig sein. Hinzu muß kommen, daß diese Hilfe in der häuslichen Umgebung nicht oder nicht ausreichend erbracht werden kann. Deshalb übernimmt das Sozialamt nicht ohne weiteres die Kosten eines Aufenthaltes im Altersheim (nicht zu verwechseln mit einem Pflegeheim!), wenn der Betroffene weiterhin in seiner Wohnung leben könnte. Ist die Pflegebedürftigkeit aber festgestellt und eine ausreichende Pflege daheim nicht gewährleistet, dann steht einer Kostenübernahme nichts mehr im Wege. Die Suche nach einem Heimplatz kann losgehen. Die Sozialbehörden sind bei der Suche behilflich, aber auch dankbar, wenn die Angehörigen aktiv werden. Ein Pflegebedürftiger darf bezüglich des Heimes auch Wünsche äußern, die von der Behörde berücksichtigt werden müssen, sofern keine unvertretbar hohen Mehrkosten entstehen. Lehnt das Sozialamt einen Wunsch ab, so muß die Ablehnung ausreichend begründet sein. Die Behörde muß zugleich auf andere Hilfsmöglichkeiten verweisen bzw. diese zur Verfügung stellen. Selbst wenn sich ein Pflegebedürftiger ein Heim mit einem relativ hohen Pflegesatz ausgesucht hat, kann die Behörde den Wunsch nur dann ablehnen, wenn sie einen billigeren Heimplatz anbieten kann, was bei der Knappheit der Pflegeplätze kaum einmal vorkommen dürfte.

– Das eigene Einkommen des Pflegebedürftigen bzw. das Einkommen der Bedarfgemeinschaft reicht zur Deckung der Heimkosten zuzüglich eines Taschengeldes nicht aus.

– Das eigene Vermögen ist bis zur Schongrenze verbraucht oder kann nicht verwertet werden. Bezüglich des Vermögenseinsatzes gilt uneingeschränkt das, was im Kapitel »Sozialhilfe ist vom Einkommen und Vermögen abhängig« für Pflegehilfen zu Hause bereits ausgeführt worden ist. Grundsätzlich muß also das gesamte verwertbare Vermögen verbraucht sein. Geschützt sind auch bei der Hilfe zur Pflege im Heim lediglich die in Punkt 4.1 genannten Vermögenswerte.

4.2 In welcher Höhe übernimmt das Sozialamt die Heimkosten?

Grundsätzlich gilt: Kein Pflegebedürftiger muß gegen seinen Willen zu Hause bleiben, weil er weiß, sein geringes Einkommen reicht nicht zur Bezahlung der enormen Heimkosten und Vermögen ist nicht da.

- Ist kein eigenes Einkommen und Vermögen vorhanden, muß das Sozialamt die gesamten Heimkosten übernehmen. Auch dann, wenn monatlich 4.000 DM aufgewendet werden müssen.
- Hat ein Pflegebedürftiger oder sein nicht getrennt lebender Ehegatte, bei Minderjährigen auch die Eltern, Einkommen und/oder Vermögen, so müssen sich diese an den Heimkosten beteiligen. Wieviel sie einzusetzen haben, dazu in den Punkten 4.2.2 und 4.2.3 mehr. Doch

zuerst etwas dazu, was der Betroffene oder sein Vertreter tun muß, damit das Sozialamt überhaupt als Kostenträger einspringt.

4.2.1 Verfahren

Das Sozialamt als Träger der Heimkosten ist in verschiedenen Fallkonstellationen denkbar:
1. Ein Pflegebedürftiger lebt seit längerer Zeit im Heim und hat die Kosten bisher aus eigenem Vermögen und unter Einsatz des eigenen Einkommens bestritten. Das Vermögen ist jetzt aber bis zum geschützten Betrag aufgebraucht, und das laufende Einkommen reicht allein nicht aus.
2. Ein Pflegebedürftiger muß in ein Heim, da die Pflege zu Hause nicht oder nicht ausreichend erbracht werden kann. Von vornherein ist klar, daß das eigene Einkommen nicht ausreicht und auch die unterhaltspflichtigen Angehörigen die Heimkosten nicht aufbringen können (wer unterhaltspflichtig ist, das steht im Kapitel »Unterhaltspflicht: Vor der Sozialhilfe kommen die Angehörigen«, Punkt 3).

In beiden Fällen muß dem Sozialamt die Notlage bekannt gemacht werden. Das geschieht bei der ersten Alternative meistens auf Veranlassung des Heimes. Wenn der Bewohner noch geistig aktiv ist, kann er sich aber auch selbst an die Behörde wenden. Bei der zweitgenannten Alternative kommen entweder die Angehörigen oder der Interessent für einen Heimplatz selbst auf die Behörde zu. Ein formeller Antrag ist zwar nicht notwendig, jedoch sinnvoll, damit die Voraussetzungen geklärt werden können. Meistens wird er von einem Mitarbeiter der Behörde aufgenommen. Fürs erste ist aber ein kurzes Schreiben oder ein Besuch ausreichend. Wichtig ist, daß die Behörde rechtzeitig, mindestens vier Wochen vor dem Zeitpunkt der gewünschten Kostenübernahme, informiert wird. Falls noch kein Heimplatz gefunden wurde, geht's dann gemeinsam auf die Suche nach einem geeigneten Platz. Das kann manchmal sehr langwierig, zeit- und nervenaufreibend sein. Außerdem übernehmen die Sozialhilfeträger nur Kosten von Heimen, mit denen sie eine Vereinbarung getroffen haben, das heißt, die Behörde anerkennt die Pflegesätze.

Hat es dann endlich geklappt und ist der Umzug glücklich über die Bühne gegangen, wird auch schon die erste Heimkostenrechnung fällig. In der Praxis wird von den Sozialhilfeträgern überwiegend so verfahren, daß die Heime direkt mit der Behörde abrechnen. Sobald die Behörde gegenüber dem Heim eine Erklärung abgegeben hat, daß die Kosten im Einzelfall übernommen werden, wird der Heimbewohner vom Schreibkram und den fälligen Überweisungen entlastet. Die Behörde übernimmt die gesamten anfallenden Kosten und bezahlt dem Heimbewohner ein Taschengeld. Das hat den großen Vorteil, daß der Heimträger nur eine Rechnung ausstellen muß und mit einer Stelle abrechnen kann. Das eigentliche Vertragsverhältnis mit allen Rechten und Pflichten bleibt aber zwischen dem Heimbewohner und dem Heim bestehen.

Die Behörde trägt zwar die Kosten in voller Höhe, das heißt aber nicht, daß der Heimbewohner sein ganzes eigenes Einkommen sozusagen als Taschengeld behalten darf. Wieviel vom eigenen Einkommen für die Kosten verwendet werden muß, das hängt vom Familienstand des Heimbewohners ab.

4.2.2 Einkommenseinsatz bei Alleinstehenden

Alleinstehende, die auf Dauer in ein Heim gehen und keine Angehörigen haben, denen sie Unterhalt leisten müssen, können ihr gesamtes Einkommen zur Deckung

ihrer Heimkosten verwenden. Von den Sozialbehörden wird dies grundsätzlich verlangt. Bei der Hilfe zur Pflege im häuslichen Bereich muß Einkommen nur dann eingesetzt werden, wenn es die Einkommensgrenzen übersteigt. Wenn Alleinstehende auf Dauer in einem Pflegeheim wohnen, gelten jedoch keine Einkommensgrenzen, es muß meistens das gesamte Einkommen eingesetzt werden. Im Einzelfall können höchstens Ausgaben berücksichtigt werden, soweit sie vertretbar sind. Das können zum Beispiel Verpflichtungen sein, die bei der Auflösung des Haushalts anläßlich der Heimaufnahme entstehen. Diese harte Regelung, die dem Heimbewohner praktisch kein eigenes Einkommen mehr beläßt, greift aber nur bei *Dauer*pflegefällen. Sie gilt nicht, wenn ein Pflegebedürftiger nur zur *Kurzzeitpflege* in ein Pflegeheim geht.
Bei Dauerpflegefällen tritt meistens das Sozialamt dem Heim gegenüber als Kostenträger auf. Der Heimbewohner muß sein Einkommen an das Sozialamt abführen, das dann die gesamten Heimkosten an den Heimträger und dem Bewohner ein Taschengeld bezahlt. Bei Renteneinkommen und anderen Einkommen, die von Sozialleistungsträgern gezahlt werden, hat das Sozialamt die Möglichkeit, direkt Erstattungsanspruch beim Sozialleistungsträger geltend zu machen. Dieser Anspruch ergibt sich aus § 104 SGB X. Der Sozialleistungsträger veranlaßt dann, daß die Rente(n) und weitere Sozialleistungen nicht mehr dem Berechtigten zugehen, sondern direkt dem Sozialamt zugeleitet werden. Privatrechtliche Ansprüche, zum Beispiel Unterhaltsansprüche, macht das Sozialamt geltend, indem es die Ansprüche auf sich überleitet, was nach § 91 BSHG möglich ist (siehe dazu Kapitel »Unterhaltspflicht: Vor der Sozialhilfe kommen die Angehörigen«). Der Heimbewohner bezieht also selbst außer dem Taschengeld kein direktes Einkommen mehr.

4.2.3 Einkommenseinsatz, wenn unterhaltspflichtige Angehörige da sind

Hat ein Pflegebedürftiger Angehörige, denen er Unterhalt leisten muß, so kann nicht das gesamte Einkommen zur Deckung der Heimkosten verbraucht werden. Sonst wäre zum Beispiel die einkommenslose Ehefrau auf Hilfe zum Lebensunterhalt durch das Sozialamt angewiesen, wenn der Ehemann ins Pflegeheim umziehen muß und mit der Rente die Heimkosten bezahlt werden. Selbstverständlich darf das Einkommen auch vom Sozialamt als Kostenträger nicht voll herangezogen werden, wenn ein Angehöriger dieses zur Bestreitung seines Lebensunterhaltes braucht. Es muß den Angehörigen soviel Einkommen verbleiben, daß sie in ihrer Existenz nicht gefährdet sind. Das richtet sich, vereinfacht ausgedrückt, wieder nach Einkommensgrenzen (siehe Kapitel »Sozialhilfe ist vom Einkommen und Vermögen abhängig«, Punkt 1). Diese sind eventuell etwas niedriger als die Einkommensgrenze nach § 79 BSHG für Pflegebedürftige, die zu Hause gepflegt werden. Wohl deshalb, weil sie sich nur an dem Betrag orientiert, der den Angehörigen für ihren Lebensunterhalt verbleiben muß. Das ist der sogenannte »Garantiebetrag«, der den Lebensunterhalt garantieren soll. Übersteigt das Einkommen die Einkommensgrenze, muß von den Angehörigen ein Kostenbeitrag zu den Heimkosten an die Behörde gezahlt werden. Ist das Einkommen so niedrig, daß es die Einkommensgrenze nicht übersteigt, darf kein Kostenbeitrag verlangt werden. Die Angehörigen brauchen das Einkommen dann selbst, um ihren Lebensunterhalt zu bestreiten. Davon gibt es jedoch zwei wichtige Ausnahmen:

A. Die sogenannte »häusliche Ersparnis«
Selbst wenn nur soviel Einkommen vorhanden ist, daß

es die Angehörigen eigentlich für ihren Lebensunterhalt brauchen würden, muß die sogenannte »häusliche Ersparnis« zu den Heimkosten beigesteuert werden. Unter der häuslichen Ersparnis versteht man den Teil der häuslichen Aufwendungen, die sich einsparen lassen, weil der Angehörige nicht im Haushalt, sondern im Heim lebt. Dies sind im wesentlichen die volle Verpflegung und ein Taschengeld. Dieser Betrag soll zu den Heimkosten beigesteuert werden müssen, da er zu Hause auch verbraucht werden würde. Wie hoch die zu zahlende häusliche Ersparnis ist, hängt von den tatsächlichen Einsparungen ab, orientiert sich jedoch am Regelsatz der Hilfe zum Lebensunterhalt. Entsprechend den wirtschaftlichen Verhältnissen wird ein bestimmter Prozentsatz, in der Regel zwischen achtzig und hundertfünfzig Prozent des Regelsatzes verlangt. Im Durchschnitt muß mit einem Betrag von circa 300 DM monatlich gerechnet werden.

Beispiel:
Das Ehepaar Schultes lebt gemeinsam in einer Zweizimmerwohnung, die 500 DM Miete kostet. Das Altersruhegeld von Herrn Schultes beträgt 1.700 DM, Frau Schultes hat kein Einkommen. Herr Schultes wurde bisher von seiner Ehefrau gepflegt. Dies ist jedoch jetzt nicht mehr möglich, und Herr Schultes zieht in ein Pflegeheim. Seine Rente braucht die Ehefrau für ihren Lebensunterhalt und die Miete. Sie geht also weiterhin auf dem Konto der Schultes ein. Da kein Vermögen vorhanden ist, übernimmt das Sozialamt die Heimkosten und zahlt Herrn Schultes ein Taschengeld. Frau Schultes bekommt einen Bescheid, daß sie 300 DM Kostenbeitrag zu den Heimkosten ihres Ehemannes als häusliche Ersparnis zahlen muß. Mit den verbleibenden 1.400 DM muß sie ihren eigenen Lebensunterhalt einschließlich der Miete bestreiten.

B. Leistungen, die von einem anderen für einen besonderen Zweck gewährt werden, für den sonst Sozialhilfe zu gewähren wäre.

Leistungen, die von einem anderen für einen bestimmten Zweck gezahlt werden, sind zum Beispiel die Beihilfen nach dem Beamtenrecht und vertragliche Unterhaltsansprüche, etwa aus einem Leibgeding. Ob Kindergeld und Kinderzuschüsse ebenfalls hierunter fallen, ist in der Kommentierung strittig. Sicher ist jedoch, daß Kindergeld und Kinderzuschüsse von der Behörde in Anspruch genommen werden, auch wenn ansonsten kein Kostenbeitrag möglich ist. Wird also ein pflegebedürftiges Kind in einem Heim untergebracht, muß auf jeden Fall das Kindergeld zur teilweisen Kostendeckung abgeführt werden, auch wenn darüber hinaus wegen gespannter finanzieller Verhältnisse kein weiterer Betrag verlangt werden kann.

4.3 Wieviel Geld bekommt ein Heimbewohner für seine persönlichen Bedürfnisse?

Auch Pflegebedürftige in Heimen brauchen einen bestimmten Betrag für sich selbst, über den sie frei verfügen können – selbst wenn ansonsten vom Heim für alles gesorgt wird. Sie wollen mal kleine Geschenke machen, müssen zum Frisör, brauchen Briefpapier, Telefongroschen, Zeitungen, Zeitschriften und Bücher. Kurz: die persönlichen Bedürfnisse des täglichen Lebens wollen befriedigt werden. Das wird auch von den Sozialhilfeträgern berücksichtigt, und so bekommt jeder, der auf Kosten des Sozialamtes in einem Heim ist und noch mit Geld umgehen kann, einen monatlichen Barbetrag früher Taschengeld genannt. Dieser wird in der Regel durch das Heim ausbezahlt. Heimbewohner können aber auch verlangen, daß der Betrag auf ein von ihnen zu bestimmendes Konto überwiesen wird. Der Barbe-

trag kann auch an einen Angehörigen oder einen Betreuer ausgezahlt werden, der für den Pflegebedürftigen die persönlichen Bedürfnisse befriedigt.
Anstelle des Barbetrages kann auch ein entsprechender Teil der eigenen Einkünfte freigestellt und zur freien Verfügung überlassen werden.
Die Höhe der Barbeträge für Heimbewohner wird vom Ministerium für Arbeit und Sozialordnung festgesetzt und jedes Jahr der allgemeinen Preisentwicklung angepaßt.
Vom 1. 7. 1990 an beträgt der Barbetrag für einen volljährigen Heimbewohner monatlich 135 DM.
Zahlt der Pflegebedürftige einen Teil der Kosten des Heimaufenthaltes selbst, indem er seine Rente oder einen Kostenbeitrag einsetzt, so bekommt er einen zusätzlichen Barbetrag in Höhe von fünf Prozent seines Einkommens, höchstens jedoch in Höhe von fünfzehn Prozent des Regelsatzes eines Haushaltsvorstandes, dies sind zur Zeit 68 DM. Insgesamt kann der monatliche Barbetrag einschließlich dem zusätzlichen Barbetrag demnach eine Höhe von bis zu 203 DM erreichen.

Beispiel:
Herr Abt ist alleinstehend, und weil seine Versorgung und Pflege in der eigenen Wohnung nicht mehr gesichert war, ist er in ein Pflegeheim umgezogen. In der ersten Zeit kann er die Heimkosten mit monatlich 3.200 DM selbst zahlen. Er setzt dafür sein Altersruhegeld mit 1.300 DM ein, und den Rest legt er monatlich von seinem kleinen Sparguthaben drauf. Dieses geht rasch zur Neige, und als er eines Tages die Heimkostenrechnung überweisen will, sieht er, daß das Guthaben auf 7.000 DM zusammengeschrumpft ist. Er spricht beim örtlichen Sozialamt vor. Er vereinbart mit der Sachbearbeiterin, daß er noch einen weiteren Monat die Heimkosten selbst zahlt. Dann übernimmt der Sozialhilfeträ-

ger die Kosten. Die Sachbearbeiterin teilt dies dem Träger des Heimes mit und veranlaßt bei der Rentenversicherung, daß das Altersruhegeld in Zukunft direkt beim Sozialamt eingeht. Damit werden die Heimkosten teilweise gezahlt, der fehlende Teil wird aus Steuermitteln draufgelegt. Da sich Herr Abt mit seiner Rente zu einem erheblichen Teil selbst an den Heimkosten beteiligt, bekommt er einen Barbetrag in Höhe von 135 DM und einen zusätzlichen Barbetrag in Höhe von 65 DM (fünf Prozent von 1.300 DM) auf sein bisheriges Konto überwiesen. Mit den Heimkostenabrechnungen hat er nun keine Arbeit mehr.
Sinn der Regelung des Zusatzbarbetrages ist, daß Pflegebedürftige mit einem hohen Einkommen, die also einen erheblichen Teil ihrer Heimkosten selbst tragen, etwas mehr Geld zur Verfügung haben, als diejenigen Heimbewohner, die sich an den Kosten selbst nicht beteiligen können. Auch die Eigenständigkeit des Pflegebedürftigen soll gestärkt werden. Dies ist angesichts der Tatsache, daß wegen der hohen Kosten in einem Pflegeheim immer mehr Bewohner der Sozialhilfe bedürfen, sehr zu begrüßen. Auf Dauer kann es aber, wie schon ausgeführt, nicht Aufgabe der Sozialhilfe sein, das Risiko der Pflegebedürftigkeit abzudecken. Deshalb auch hier nochmals ein Appell an die Verantwortlichen, möglichst bald eine gesetzliche Pflegeversicherung einzurichten.

5 Musterformulare für die Heimaufnahme

Einen Heimplatz zu finden ist meistens nicht einfach. Und auf dem Weg dorthin liegen einige Steine, die weggeräumt, sprich einige Formulare, die ausgefüllt werden müssen. Da ist einmal die »Anmeldung zur

Heimaufnahme«, in der die Personalien, die Krankenversicherungsverhältnisse, die finanziellen Verhältnisse usw. anzugeben sind. Diese Anmeldung verpflichtet zu nichts und dient lediglich zur Vormerkung des Interessenten bzw. als Information für die Heimverwaltung.

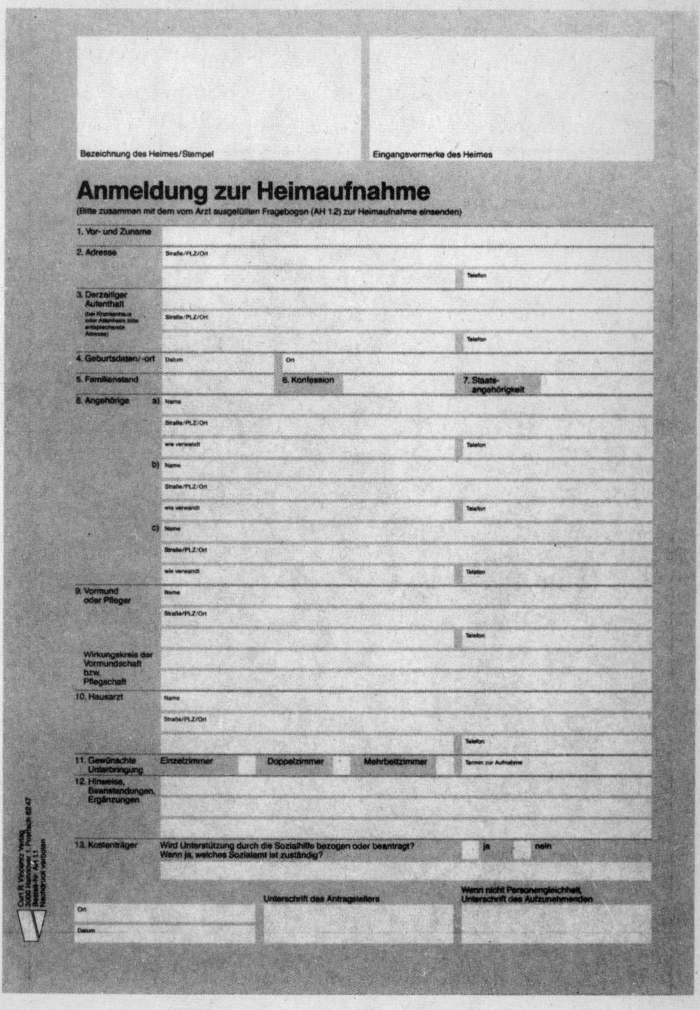

Bezeichnung des Heimes/Stempel

Eingangsvermerke des Heimes

Anmeldung zur Heimaufnahme

(Bitte zusammen mit dem vom Arzt ausgefüllten Fragebogen (AH 1.2) zur Heimaufnahme einsenden)

1. Vor- und Zuname

2. Adresse — Straße/PLZ/Ort — Telefon

3. Derzeitiger Aufenthalt (bei Krankenhaus oder Altenheim bitte entsprechende Adresse) — Straße/PLZ/Ort — Telefon

4. Geburtsdaten/-ort — Datum — Ort

5. Familienstand — 6. Konfession — 7. Staatsangehörigkeit

8. Angehörige
a) Name — Straße/PLZ/Ort — wie verwandt — Telefon
b) Name — Straße/PLZ/Ort — wie verwandt — Telefon
c) Name — Straße/PLZ/Ort — wie verwandt — Telefon

9. Vormund oder Pfleger — Name — Straße/PLZ/Ort — Telefon
Wirkungskreis der Vormundschaft bzw. Pflegschaft

10. Hausarzt — Name — Straße/PLZ/Ort — Telefon

11. Gewünschte Unterbringung — Einzelzimmer — Doppelzimmer — Mehrbettzimmer — Termin zur Aufnahme

12. Hinweise, Beanstandungen, Ergänzungen

13. Kostenträger — Wird Unterstützung durch die Sozialhilfe bezogen oder beantragt? ja nein
Wenn ja, welches Sozialamt ist zuständig?

Ort

Datum

Unterschrift des Antragstellers

Wenn nicht Personengleichheit, Unterschrift des Aufzunehmenden

Curt R. Vincentz Verlag
3000 Hannover 1, Postfach 6247
Bestell-Nr. AH 1.1
Nachdruck verboten

Zusammen mit der Anmeldung zur Heimaufnahme erwartet jedes Heim ein ärztliches Zeugnis, das am besten vom Hausarzt oder einem behandelnden Arzt, der den Gesundheitszustand des Patienten sehr gut kennt, ausgestellt wird. Es sollte natürlich neuesten Datums sein.

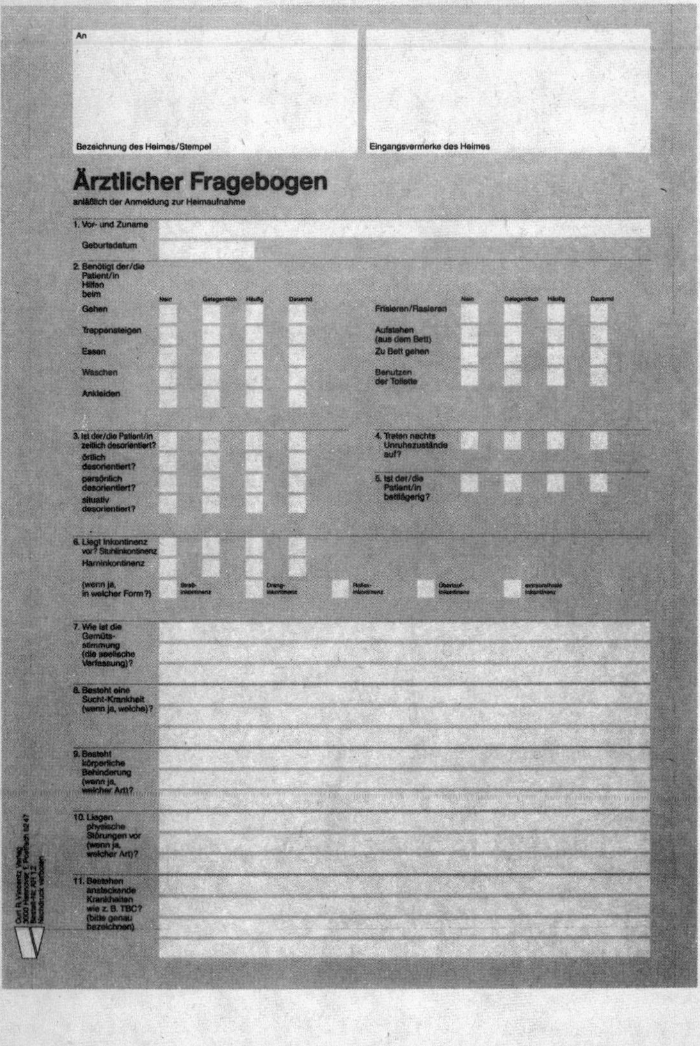

An

Bezeichnung des Heimes/Stempel

Eingangsvermerke des Heimes

Ärztlicher Fragebogen

anläßlich der Anmeldung zur Heimaufnahme

1. Vor- und Zuname

Geburtsdatum

2. Benötigt der/die Patient/in Hilfen beim

	Nein	Gelegentlich	Häufig	Dauernd
Gehen				
Treppensteigen				
Essen				
Waschen				
Ankleiden				
Frisieren/Rasieren				
Aufstehen (aus dem Bett)				
Zu Bett gehen				
Benutzen der Toilette				

3. Ist der/die Patient/in zeitlich desorientiert?
örtlich desorientiert?
persönlich desorientiert?
situativ desorientiert?

4. Treten nachts Unruhezustände auf?

5. Ist der/die Patient/in bettlägerig?

6. Liegt Inkontinenz vor? Stuhlinkontinenz
Harninkontinenz
(wenn ja, in welcher Form?) Streß-inkontinenz, Drang-inkontinenz, Reflex-inkontinenz, Überlauf-inkontinenz, extraurethrale Inkontinenz

7. Wie ist die Gemütsstimmung (die seelische Verfassung)?

8. Besteht eine Sucht-Krankheit (wenn ja, welche)?

9. Besteht körperliche Behinderung (wenn ja, welcher Art)?

10. Liegen physische Störungen vor (wenn ja, welcher Art)?

11. Bestehen ansteckende Krankheiten wie z. B. TBC? (bitte genau bezeichnen)

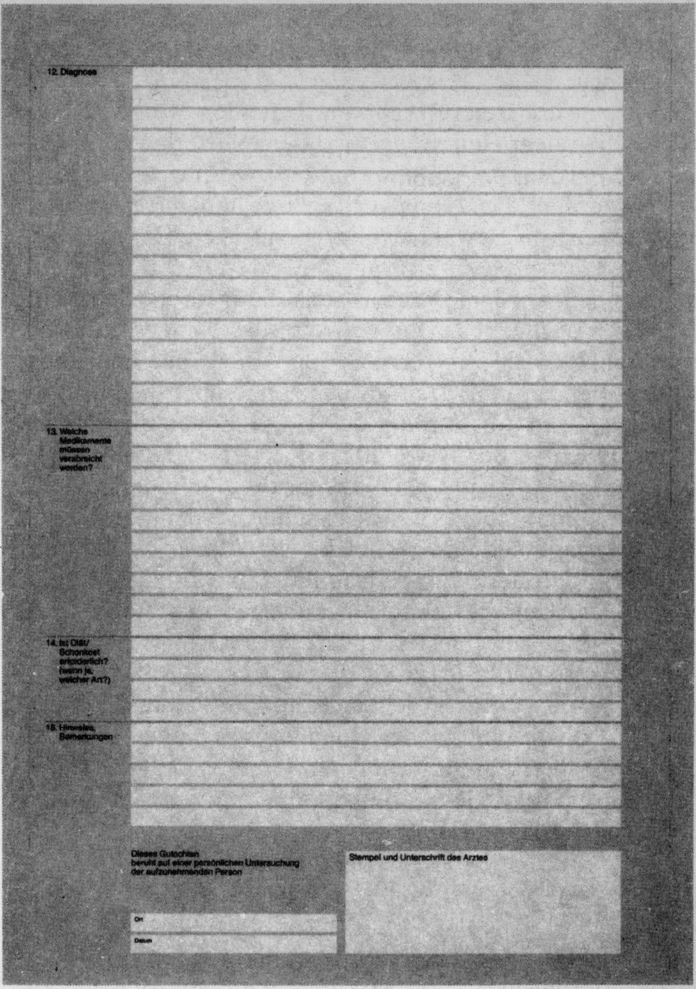

12. Diagnose

13. Welche Medikamente müssen verabreicht werden?

14. Ist Diät/ Schonkost erforderlich? (wenn ja, welcher Art?)

15. Hinweise, Bemerkungen

Dieses Gutachten beruht auf einer persönlichen Untersuchung der aufzunehmenden Person

Ort

Datum

Stempel und Unterschrift des Arztes

Diese beiden Formulare sind erhältlich bei den Trägern der freien Wohlfahrtspflege, den Sozialämtern oder den Heimen selbst. Da es meistens nicht einfach ist, einen

geeigneten Heimplatz zu finden, können diese beiden Formulare in mehreren Heimen gleichzeitig abgegeben werden.
Ist dann ein freier Heimplatz gefunden worden, muß zwischen dem Heimträger und dem Bewerber bzw. seinem gesetzlichen Vertreter ein Heimvertrag abgeschlossen werden. Der Heimvertrag regelt die Rechte und Pflichten von Bewohner und Heimträger. Die Leistungen, die das Heim erbringt, müssen im einzelnen beschrieben werden. Auch ist das dafür zu entrichtende Entgelt anzugeben. Der Vertreter des Heimes muß vor Abschluß des Heimvertrages den Bewerber schriftlich über den Vertragsinhalt, insbesondere über die Leistungen und die Ausstattung des Heims sowie die Rechte und Pflichten der Bewohner informieren. Es empfiehlt sich aber trotzdem, den Vertrag, der von jedem Heimträger unterschiedlich ausgestaltet werden kann, genauestens zu lesen. Vielleicht ist es noch wichtig zu wissen, daß der Heimvertrag nicht nachträglich zu Lasten des Heimbewohners geändert werden darf. Ein Vertragsmuster eines Heimvertrages ist am Schluß dieses Kapitels abgedruckt.
Außerdem gibt es in jedem Heim eine Heimordnung. Oft ist sie Bestandteil des Heimvertrages, und der Interessent unterschreibt mit dem Heimvertrag, daß er gleichzeitig die Heimordnung anerkennt. In der Heimordnung ist zum Beispiel geregelt, ob Tiere mitgebracht werden dürfen, wieviel Schlüssel der Bewohner erhält, wann und wo die Mahlzeiten eingenommen werden usw.
Wer weitere Informationen über Heime, ihre Mindestanforderungen, die Mitwirkungsrechte von Bewohnern usw. haben will, dem wird empfohlen, das Heimgesetz oder genauer: Das Gesetz über Altenheime, Altenwohnheime und Pflegeheime für Volljährige in der ab 1. August 1990 geltenden Fassung zu lesen. Es wurde ge-

genüber der bis Juli 1990 geltenden Fassung wesentlich verbessert und die Rechte der Heimbewohner gestärkt. So ist erklärtes Ziel des neuen Heimgesetzes:

1. die Interessen und Bedürfnisse der Heimbewohner und der Bewerber für die Aufnahme in ein Heim vor Beeinträchtigungen zu schützen, insbesondere die Selbständigkeit und Selbstverantwortung der Bewohner im Heim zu wahren,
2. die Beratung in Heimangelegenheiten zu fördern.

Um diese Ziele zu erreichen, müssen die Heimträger den Aufsichtsbehörden Auskünfte erteilen, Einsicht in die Buchführung zulassen, den Personalbestand offenlegen sowie Zutritt zu allen Räumlichkeiten gestatten. Bis zu einem gewissen Grad kann auch der Heimbeirat, der von den Bewohnern eines Heimes gewählt wird, deren Rechte wahrnehmen. Insbesondere wirkt der Heimbeirat bei Fragen der Unterbringung, der Heimordnung, Verpflegung und bei der Freizeitgestaltung mit.

Muster eines Heimvertrages

Zwischen ______________________
Im folgenden »Heimträger« genannt, vertreten durch den Heimleiter

und

Frau/Herrn __________, geboren am __________, bisher wohnhaft ____________, vertreten durch ____________
im folgenden »Heimbewohner« genannt
wird folgender

Heimvertrag

geschlossen, wobei als Vertragsgrundlagen der Aufnahmeantrag vom ____________ und das ärztliche Zeugnis vom ____________ dienen.

§ 1 Leistungsumfang

(1) Das Heim übernimmt die Betreuung und Pflege des Bewohners, indem es folgende Leistungen erbringt bzw. bereithält:

1. Unterkunft.
   Der Bewohner und der Heimträger verständigen sich vor Aufnahme über eine zweckentsprechende Ausgestaltung des Zimmers mit Einrichtungsgegenständen und Hausrat. Eine Verlegung kann vorgenommen werden, wenn es die Belange des Heimes erfordern.
2. Mitbenützung der Gemeinschaftsräume und -einrichtungen.
3. Volle Verpflegung einschließlich Schonkost aufgrund ärztlicher Empfehlung.
4. Reinigung des Zimmers.

5. Pflege und Erhaltung von persönlichen Bekleidungs- und Wäschestücken einschl. Bettwäsche (ohne Kosten für chemische Reinigung).
6. Betreuung, allgemeine Beratung, kleine persönliche Hilfeleistungen, Pflege bei vorübergehender Erkrankung.
7. Angebote der Begegnung und Beschäftigung, insbes. zur Förderung des religiösen, kulturellen und geselligen Lebens.

(2) Soweit möglich, werden die Leistungen einem verbesserten oder verschlechterten Gesundheitszustand des Bewohners angepaßt.

(3) Wenn dauernde Pflegebedürftigkeit eintritt, übernimmt das Heim in der Pflegeabteilung:
1. Die Grundpflege.
2. Behandlungs- und aktivierende Pflege auf ärztliche Anordnung, soweit sie vom Heim erbracht werden kann.
3. Therapeutische und rehabilitative Leistungen auf ärztliche Verordnung, soweit sie vom Heim erbracht werden können.

(4) Bei Eintritt einer dauernden Pflegebedürftigkeit ist der Bewohner mit einer Verlegung in die Pflegeabteilung einverstanden.

(5) Es besteht freie Arztwahl. Die Heimleitung ist dem Bewohner bei Vermittlung ärztlicher Leistungen behilflich. In der Pflegeabteilung erbringt in der Regel der Heimarzt die ärztlichen Leistungen.

§ 2 Pflegesatz

(1) Der Tagessatz für den Heimaufenthalt, allgemein »Pflegesatz« genannt, richtet sich nach den für das Heim ermittelten Gesamtaufwendungen.
Für Bewohner im Altenheim werden zusätzlich Pflegezuschläge erhoben, soweit eine besondere Pflege erforderlich ist. Der Zuschlag richtet sich nach dem Grad der Pflegebedürftigkeit. Bei überdurchschnittlich hohem Pflegeaufwand kann ein Schwerstpflegezuschlag berechnet werden. Der Schwerstpflegezuschlag ist vom Zeitpunkt der Feststellung der Schwerstpflegebedürftigkeit an fällig.

(2) Mit dem Pflegesatz werden die in § 1 genannten Leistungen abgegolten. Tritt dauernde Pflegebedürftigkeit ein und wird der Bewohner in die Pflegeabteilung verlegt, gilt der für diese Abteilung festgesetzte Pflegesatz als vereinbart.

(3) Der allgemeine Pflegesatz beträgt z. Zt. ____ DM täglich.

(4) Der Schwerstpflegezuschlag beträgt z. Zt. ____ DM täglich.

§ 3 Pflegesatz bei Abwesenheit

(1) Bei vorübergehender Abwesenheit des Bewohners (Reise, Krankenhaus, Kur, Urlaub) muß die ersten drei Tage der Pflegesatz weiter bezahlt werden. Ab dem vierten Tag wird ein gekürzter Pflegesatz berechnet. Der gekürzte Tagespflegesatz wird höchstens dreißig Kalendertage pro Jahr eingeräumt. Bei Krankenhaus- und Kuraufenthalten sind Ausnahmen mit vorheriger Genehmigung des Heimträgers möglich.

§ 4 Fälligkeit und Zahlung des Entgelts

(1) Der Pflegesatz einschließlich Zuschläge ist monatlich im voraus bis zum 3. Werktag des Monats zu entrichten.

(2) Der Bewohner verpflichtet sich, unverzüglich die Hilfe des Trägers der Sozialhilfe zu beantragen, wenn für ihn erkennbar wird, daß er zur Zahlung des Entgelts nicht mehr in der Lage ist.

(3) Soweit die Heimkosten durch öffentliche Kostenträger ganz oder teilweise übernommen werden, rechnet der Heimträger mit den zuständigen Stellen unmittelbar ab.

§ 5 Erhöhung der Pflegesätze

(1) Der Heimträger kann durch schriftliche Erklärung die Pflegesätze erhöhen, wenn sich die bisherige Berechnungsgrundlage verändert hat, das erhöhte Entgelt angemessen und zur Deckung der Kosten erforderlich ist.

(2) Die Erhöhung des Entgelts ist bei dem Bewohner spätestens vier Wochen vor dem Zeitpunkt, in dem die Erhöhung wirksam werden soll, schriftlich geltend zu machen und zu begründen.

(3) Soweit die Erklärung des Heimträgers nur den Grund und nicht den Umfang der Erhöhung angeben kann, ist der Heimträger berechtigt, den Pflegesatz nachträglich mitzuteilen.

§ 6 Eingebrachte Sachen

(1) Für eingebrachte Sachen kann der Heimträger nur dann eine Haftung übernehmen, wenn ihn ein Verschulden trifft.

(2) Sollen Wertsachen oder Taschengeldbeträge vom Heim verwaltet werden, bedarf dies einer Vereinbarung mit der Heimleitung.

§ 7 Vertragsdauer

Vertragsbeginn ist der ______________
Der Vertrag wird auf unbestimmte Zeit, d. h. unbefristet, abgeschlossen. Bei Kurzzeitpflege: Die vorübergehende Unterbringung endet am ______________

§ 8 Kündigung

(1) Der Bewohner kann den Heimvertrag spätestens am dritten Werktag eines Kalendermonats für den Ablauf des nächsten Monats schriftlich kündigen. Aus wichtigem Grund kann der Bewohner ohne Einhaltung einer Kündigungsfrist kündigen, wenn ihm die Fortsetzung des Heimvertrages bis zum Ablauf der Kündigungsfrist nicht zuzumuten ist.

(2) Der Heimträger hat das Recht zur Kündigung nur, wenn ein wichtiger Grund vorliegt. Das ist insbesondere der Fall, wenn

1. der Gesundheitszustand des Bewohners sich so verschlechtert hat, daß eine sachgerechte Betreuung in dem Heim nicht mehr möglich ist. In diesem Fall bemüht sich das Heim, eine angemessene anderweitige Unterbringung zu vermitteln.

2. der Bewohner seine vertraglichen Pflichten schuldhaft so gröblich verletzt, daß dem Träger die Fortsetzung des Vertrages nicht mehr zugemutet werden kann oder der Bewohner für zwei aufeinanderfolgende Termine mit der Entrichtung des Entgelts im Verzug ist.

(3) Die Kündigung des Heimträgers bedarf der schriftlichen Form.

§ 9 Vertragsende

(1) Das Vertragsverhältnis endet außer durch Kündigung im Falle des Todes des Bewohners mit Ablauf des 14. Tages nach dem Todestag. Bis zu diesem Zeitpunkt ist der Pflegesatz zu entrichten, wobei § 3 entsprechend anzuwenden ist.

§ 10 Heimordnung

Die Heimordnung in der jeweils gültigen Fassung ist Bestandteil dieses Vertrages.

§ 11 Vertragsänderungen

Änderungen und Ergänzungen dieses Vertrages bedürfen der Schriftform.

Ort, Datum

Heimträger Bewohner

Kurzer Streifzug durch das Schwerbehindertenrecht

1 Allgemeines

Laßt uns das Leben wieder leise lernen.
(Nelly Sachs)

Wer pflegebedürftig ist, muß viele Nachteile in Kauf nehmen, die ein gesunder Mensch, der sich allein versorgen kann, nicht hat. Mehrausgaben für Gefälligkeits- oder Hilfsdienste fallen an. Wege, die anderen mühelos und selbstverständlich sind, etwa zum Einkaufen, zum Arzt oder zur Arbeit, werfen Probleme auf.
Es ist Aufgabe des Sozialstaates, diese Belastungen auszugleichen und Chancengleichheit für Behinderte so weit wie möglich zu gewährleisten. Um dieser Aufgabe gerecht zu werden, wurden in mehreren Gesetzen spezielle Regelungen für Schwerbehinderte geschaffen. Wer pflegebedürftig ist, zählt zum Personenkreis der Schwerbehinderten. »Den« Behinderten schlechthin gibt es nicht, jede Behinderung bringt ihre eigenen Probleme und Beeinträchtigungen mit sich. Es erscheint deshalb notwendig, einen kurzen Überblick über die Grundlagen des Rechts der Schwerbehinderten zu geben.

2 Das Schwerbehindertengesetz

Das Schwerbehindertengesetz (SchwbG) oder vollständig, das Gesetz zur Sicherung der Eingliederung

Schwerbehinderter in Arbeit, Beruf und Gesellschaft vom 26. 8. 1986 nennt u. a. den Personenkreis, der schwerbehindert ist. Das Gesetz, das in erster Linie Schwerbehinderte schützt, die im Arbeitsleben stehen, gilt auch für alle anderen Schwerbehinderten gleichermaßen.
Das Ausmaß einer Behinderung wird im »Grad der Behinderung«, abgekürzt: GdB, gemessen. Dabei kommt es weder auf die Art der Behinderung noch auf die Ursache an. Es wird also nicht unterschieden, ob jemand aufgrund eines Unfalles, einer Erkrankung, einer Kriegs- oder Geburtsbeschädigung behindert ist.

2.1 Wer ist schwerbehindert?

Dazu sagt § 1 des SchwbG:
Schwerbehinderte im Sinne dieses Gesetzes sind Personen mit einem Grad der Behinderung von wenigstens 50, sofern sie ihren Wohnsitz, ihren gewöhnlichen Aufenthalt oder ihre Beschäftigung (...) rechtmäßig im Geltungsbereich dieses Gesetzes haben.
Ausnahmsweise können Personen mit einem GdB von wenigstens dreißig den Schwerbehinderten gleichgestellt werden, wenn dies notwendig ist, um einen geeigneten Arbeitsplatz zu erhalten (§ 2 SchwbG). Zuständig für die Gleichstellung ist das Arbeitsamt.

2.2 Was ist eine Behinderung im Sinne des Gesetzes?

§ 3 SchwbG:
(1) Behinderung im Sinne dieses Gesetzes ist die Auswirkung einer nicht nur vorübergehenden Funktionsbeeinträchtigung, die auf einem regelwidrigen körperlichen, geistigen oder seelischen Zustand beruht. Regelwidrig ist

ein Zustand, der von dem für das Lebensalter typischen abweicht. Als nicht nur vorübergehend gilt ein Zeitraum von mehr als sechs Monaten. Bei mehreren sich gegenseitig beeinflussenden Funktionsbeeinträchtigungen ist deren Gesamtauswirkung maßgebend.
(2) Die Auswirkung der Funktionsbeeinträchtigung ist als Grad der Behinderung (GdB), nach Zehnergraden abgestuft, von 20 bis 100 festzustellen.

Erläuterungen zu § 3 SchwbG:
Der Grad der Behinderung (GdB) drückt einen Mangel, eine Einschränkung an körperlichem, geistigem oder seelischem Vermögen gegenüber dem für das Lebensalter typischen Zustand aus. Dies gilt sowohl für Kinder als auch für alte Menschen. Typische Alterserscheinungen werden bei der Beurteilung deshalb nicht berücksichtigt. Gesundheitsstörungen, die aber nicht regelmäßig und nicht nur in hohem Alter auftreten (Arthrosen, Geschwülste), beeinflussen sehr wohl den GdB.
Ausschlaggebend für den anzuerkennenden GdB ist die Schwere der gesundheitlichen Beeinträchtigung. Welche Funktionsbeeinträchtigung zu einer in Zehnergraden meßbaren Behinderung führt und wie hoch diese ist, das legen ärztliche Gutachter anhand einer Tabelle fest. Diabetes mellitus kann zum Beispiel zu einem GdB von zwanzig bis achtzig führen, je nachdem, wie schwer die Krankheit einstellbar ist und ob weitere Komplikationen dazukommen. Eine Oberschenkelamputation führt nach der Tabelle zu einem GdB von vierzig bis fünfzig, eine Querschnittslähmung zu einem GdB von hundert.
Die Tabelle enthält nur *Anhaltswerte.* Alle körperlichen, geistigen oder seelischen Störungen sind im Einzelfall je nach Art und Schwere zu berücksichtigen.

2.3 Wie kommt ein Behinderter zu einem Schwerbehindertenausweis?

Der Behinderte oder sein gesetzlicher Vertreter muß beim zuständigen Versorgungsamt einen Antrag auf Anerkennung der Schwerbehinderteneigenschaft stellen. Dies kann formlos, schriftlich oder mündlich geschehen. Es gibt allerdings ein Formblatt, das auch bei den Gemeindeverwaltungen erhältlich ist. Das Versorgungsamt stellt nach Antragstellung und anhand ärztlicher Gutachten den Grad der Behinderung fest. Die Funktionsbeeinträchtigungen werden in einem Bescheid und in einem amtlichen Ausweis, dem Schwerbehindertenausweis, festgehalten.

Praktischer Hinweis:

Jedem Behinderten wird geraten, einen Schwerbehindertenausweis zu beantragen. Nur durch den Bescheid des Versorgungsamtes oder den Schwerbehindertenausweis können das Vorliegen einer Behinderung nachgewiesen und die im Kapitel »Ausgleich behinderungsbedingter Nachteile« dargestellten Hilfen und Vergünstigungen in Anspruch genommen werden.

Es gibt zwei Arten von Ausweisen:
– Mit dem grünen Ausweis weist der Schwerbehinderte den Grad seiner Behinderung nach und kann Rechte und Nachteilsausgleiche in Anspruch nehmen.
– Den Ausweis, der zur Hälfte grün, zur Hälfte orangefarbig ist, erhalten Schwerbehinderte, die berechtigt sind, die unentgeltliche Beförderung im öffentlichen Personenverkehr zu beanspruchen. Dazu mehr im Kapitel »Ausgleich behinderungsbedingter Nachteile für Pflegebedürftige«, Punkt 2.1.
Neben der Behinderung sind oft weitere gesundheitliche

Merkmale Voraussetzung, daß Nachteilsausgleiche in Anspruch genommen werden können. Diese weiteren gesundheitlichen Merkmale werden ebenfalls vom Versorgungsamt festgestellt und in Form sogenannter *Merkzeichen* in den Schwerbehindertenausweis aufgenommen.

2.4 Bedeutung von Merkzeichen

Merkzeichen **G**:
Das Merkzeichen **G** steht Schwerbehinderten zu, die in ihrer Bewegungsfähigkeit im Straßenverkehr erheblich beeinträchtigt sind. Dies kann wegen Gehbeschwerden, innerer Leiden wie schweren Herzschäden oder wegen eines Anfallsleidens sein.
Schwerbehinderte, die diese Voraussetzungen erfüllen oder die hilflos (Merkzeichen **H**, siehe unten) oder gehörlos sind, erhalten einen Schwerbehindertenausweis, der durch einen orangefarbenen Flächenaufdruck gekennzeichnet ist. Dieser Flächenaufdruck ist Voraussetzung, damit die Freifahrt im Personenverkehr (siehe Kapitel »Ausgleich behinderungsbedingter Nachteile für Pflegebedürftige«, Punkt 2.1) in Anspruch genommen werden kann.

Merkzeichen **aG**:
Dieses Merkzeichen steht für außergewöhnliche Gehbehinderung und steht Schwerbehinderten zu, die sich wegen der Schwere ihres Leidens dauernd nur mit fremder Hilfe oder nur mit großer Anstrengung bewegen können. Dazu gehören Querschnittsgelähmte, Doppeloberschenkelamputierte, aber auch Gleichgestellte, zum Beispiel schwerst Herz- und Lungenkranke.

Merkzeichen **H**:
Dieses Merkzeichen steht für hilflos. Hilflos ist, wer infolge seiner Behinderungen nicht nur vorübergehend für die gewöhnlichen und regelmäßig wiederkehrenden Verrichtungen im Ablauf des täglichen Lebens in erheblichem Umfang fremder Hilfe dauernd bedarf (siehe auch Kapitel »Pflegehilfen und Leistungsgesetze«, Punkt 2.1.1). Dazu gehören Personen, die querschnittsgelähmt, doppel- oder mehrfachamputiert sind, oder die ein Anfallsleiden haben.

Merkzeichen **Bl**:
Das Merkzeichen steht Blinden zu. Dazu gehören auch Menschen, die noch einen geringen Rest an Sehkraft besitzen.

Merkzeichen **RF**:
Das Merkzeichen steht für Befreiung von der Rundfunkgebührenpflicht. Es steht Personen zu, die wegen ihrer Leiden ständig nicht an öffentlichen Veranstaltungen teilnehmen können.

Merkzeichen **B**:
Das Merkzeichen steht Schwerbehinderten zu, die auf ständige Begleitung angewiesen sind. Es wird immer der Personenkreis sein, dem auch das Merkzeichen **G** zusteht, die außergewöhnlich gehbehindert oder hilflos sind.

Praktischer Hinweis:

Sie können die Schwerbehinderteneigenschaft auch rückwirkend feststellen lassen. Es ist empfehlenswert, mit dem Antrag auf Anerkennung der Schwerbehinderteneigenschaft gleichzeitig feststellen zu lassen, seit wann diese Eigenschaft besteht. Dadurch können Nachteilsausgleiche, zum Beispiel im Steuerrecht, noch nachträglich in Anspruch genommen werden.

Ausgleich behinderungsbedingter Nachteile für Pflegebedürftige

1 Allgemeines

Dem Nächsten muß man helfen.
Es kann uns allen Gleiches ja begegnen.
(Friedrich Schiller)

Pflegebedürftige müssen aufgrund ihrer Behinderungen manche Nachteile in Kauf nehmen. Die Behinderungen bringen vielfach auch finanzielle Belastungen mit sich. Unabhängig von der Ursache der Behinderung sollen diese Nachteile von Pflegebedürftigen und anderen Behinderten durch Sonderregelungen ausgeglichen werden.

Das folgende Kapitel nennt die wichtigsten Bestimmungen, die der Chancengleichheit von Behinderten gegenüber Nichtbehinderten dienen.

Manche Städte und Gemeinden gewähren darüber hinaus Schwerbehinderten zusätzliche Vergünstigungen, wie zum Beispiel

- Befreiung von der Hundesteuer,
- Eintrittsermäßigungen in öffentlichen Einrichtungen,
- bevorzugte Abfertigung in Behörden,
- usw.

Oft erhalten Schwerbehinderte auch bei Veranstaltungen von privaten Organisationen Eintrittsermäßigungen. Außerdem gewähren die meisten Verbände und Vereine Behinderten Beitragsermäßigungen.

Praktischer Hinweis:
Nähere Auskünfte erteilen die jeweiligen Gemeindeverwaltungen, die Verbände und Veranstalter.

2 Nachteilsausgleich im Steuerrecht

Unser Steuerrecht richtet sich weitgehend nach der Leistungsfähigkeit des Steuerpflichtigen. Es will auch helfen, Lasten gleichmäßig zu verteilen. Deshalb sehen verschiedene Gesetze Erleichterungen für Körperbehinderte vor. Auch dadurch will der Gesetzgeber Mehraufwendungen und Nachteile, die diesem Personenkreis infolge der Behinderung gegenüber anderen Steuerpflichtigen entstehen, ausgleichen.

2.1 Lohn- und Einkommensteuer

Im Einkommensteuergesetz (EStG) finden sich gleich mehrere Erleichterungen für Körperbehinderte. Das sind einmal Bezüge, die ganz oder zum Teil steuerfrei sind. Zum anderen werden Pausch- und Freibeträge gewährt, die das zu versteuernde Einkommen mindern. Inwieweit sich diese Erleichterungen im Einzelfall auswirken, hängt von den persönlichen Verhältnissen (Art und Umfang der Behinderung, Einkommen, Familienstand usw.) ab.

2.1.1 Steuerfreies Einkommen

Steuerfrei sind:
– Leistungen der gesetzlichen Kranken- und Unfallversicherung wie Renten und Pflegegeld. Krankengeld fällt

jedoch seit 1990 unter den Progressionsvorbehalt, das heißt, es ist zwar steuerfrei, wird aber zur Festsetzung des Prozentsatzes der Einkommens- bzw. Lohnsteuer herangezogen. Steuerfrei sind auch Kapitalabfindungen und Renten, die ein anderer, auch ein Haftpflicht- oder Unfallversicherungsträger, wegen Körperverletzung zahlt – allerdings nur dann, wenn dadurch Schadensersatz geleistet werden soll.
Werden Renten oder Kapitalabfindungen als Ersatz für entgangene oder entgehende Einnahmen geleistet, müssen sie versteuert werden.

– Leistungen nach dem Bundesversorgungsgesetz und Leistungen nach den Gesetzen, die das Bundesversorgungsgesetz für anwendbar erklärt (siehe Kapitel Pflegehilfen und Leistungsgesetze, Punkt 8). Dazu gehören auch Pflegegelder und Pflegezulagen.

– Bezüge, die aus öffentlichen Mitteln wegen Hilfsbedürftigkeit gewährt werden. Dazu gehört das Pflegegeld nach dem Bundessozialhilfegesetz.

2.1.2 Pauschbeträge

Pauschbetrag für Körperbehinderte:
Körperbehinderte erhalten nach § 33b EStG einen jährlichen Pauschbetrag, mit dem die infolge der Behinderung entstehenden außergewöhnlichen Belastungen abgegolten werden sollen. Dieser wird nicht, wie sonst im Steuerrecht üblich, um eine zumutbare Eigenbelastung gekürzt. Voraussetzung ist, daß der Behinderte eine Rente oder andere laufende Bezüge erhält. Hat er diese nicht, so muß die Behinderung äußerlich erkennbar sein oder es muß sich um eine Berufskrankheit handeln.
Die Höhe des Pauschbetrages richtet sich nach dem

Grad der Behinderung. Auch Behinderte mit einem GdB von weniger als fünfzig – also nicht nur Schwerbehinderte – erhalten den Pauschbetrag, der wie folgt gestaffelt ist:

Stufe	*Grad der Beh.*	*Pauschbetrag*
1	25 und 30 v. H:	600 DM
2	35 und 40 v. H.	840 DM
3	45 und 50 v. H.	1.110 DM
4	55 und 60 v. H.	1.410 DM
5	65 und 70 v. H.	1.740 DM
6	75 und 80 v. H.	2.070 DM
7	85 und 90 v. H.	2.400 DM
8	95 und 100 v. H.	2.760 DM

Für Blinde und Körperbehinderte, die infolge der Körperbehinderung ständig so hilflos sind, daß sie nicht ohne fremde Wartung und Pflege sein können (Merkzeichen »Bl« oder »H« im Ausweis), erhöht sich der Pauschbetrag auf 7.200 DM. Diesen hohen Pauschbetrag erhalten auch Personen, die einen Bescheid über die Gewährung von Pflegegeld oder Pflegezulage nach den in den Kapiteln Pflegehilfen zitierten Gesetzen vorweisen können. Dabei ist nicht Voraussetzung, daß tatsächlich eine Pflegeperson angestellt ist.
Von Schwerbehinderten wird die Behinderung dadurch nachgewiesen, daß sie dem Finanzamt ihren Schwerbehindertenausweis vorlegen. Behinderte mit einer Behinderung unter fünfzig benötigen eine Bescheinigung des Versorgungsamtes. Beziehen sie wegen der Behinderung eine Rente, so genügt der Rentenbescheid (Ausnahme: Bescheid der gesetzlichen Rentenversicherung). Hat ein minderjähriges Kind wegen einer Behinderung Anspruch auf den Freibetrag, so kann der Steuerpflichtige diesen auf sich übertragen lassen.

Praktischer Hinweis:

Der Behindertenpauschbetrag kann schon von der Gemeinde bei der Ausstellung der Lohnsteuerkarte eingetragen werden. Er kann aber auch mit dem Lohnsteuerjahresausgleich oder der Einkommensteuererklärung geltend gemacht werden.
Entstehen einem Behinderten durch seine Behinderung höhere Aufwendungen als der maßgebliche Pauschbetrag, so können die tatsächlichen Aufwendungen *anstelle des Pauschbetrages* geltend gemacht werden. In diesem Fall werden die tatsächlichen Aufwendungen jedoch um eine zumutbare Eigenbelastung gekürzt. Deshalb lohnt sich die Geltendmachung der tatsächlichen Aufwendungen nur, wenn sie nach Kürzung um die zumutbare Eigenbelastung noch höher sind als der maßgebliche Pauschbetrag.

Neben dem Behindertenpauschbetrag können außerordentliche Krankheits- oder Kurkosten und auch Unterbringungskosten in einem Pflegeheim als außergewöhnliche Belastungen – allerdings gekürzt um die zumutbare Eigenbelastung – zusätzlich berücksichtigt werden.

Pauschbetrag für Pflege:
Seit 1990 kann eine steuerpflichtige Pflegeperson, die einen Schwerbehinderten oder Hilflosen in ihrer Wohnung oder dessen Wohnung persönlich pflegt, für ihre Aufwendungen einen Pflegepauschbetrag mit 1.800 DM als außergewöhnliche Belastung ansetzen.

Praktischer Hinweis:

Hat die Pflegeperson tatsächlich höhere Aufwendungen, können diese *anstelle des Pauschbetrages* als außergewöhnliche Belastung geltend gemacht werden – allerdings dann unter Anrechnung einer zumutbaren Eigenbelastung.

2.1.3 Freibeträge Fahrtkosten

Erwerbstätige Körperbehinderte, deren Grad der Behinderung
- mindestens siebzig beträgt oder
- mindestens fünfzig und die erheblich gehbehindert sind (Merkzeichen **G** oder **aG** im Ausweis), können erhöhte *Werbungskosten* geltend machen. Für Fahrten zwischen Wohnung und Arbeitsstätte sowie für Familienheimfahrten bei doppelter Haushaltsführung können die tatsächlichen Aufwendungen oder ein Kilometersatz von fünfzig Pfennigen geltend gemacht werden. Wird der Körperbehinderte von einer dritten Person gefahren, so können auch die Leerfahrten (Ab- und Anfahrten des Fahrers) geltend gemacht werden. Voraussetzung ist, daß der Behinderte
- keine Fahrerlaubnis besitzt oder
- aus Gründen, die mit der Körperbehinderung zusammenhängen, von der Fahrerlaubnis keinen Gebrauch macht.

Körperbehinderte, deren
- GdB achtzig beträgt sowie
- Personen mit GdB von siebzig und erheblicher Gehbehinderung im Straßenverkehr (Merkzeichen **G**)

können auch *Privatfahrten als außergewöhnliche Belastung* geltend machen, soweit sie nicht Betriebsausgaben oder Werbungskosten sind. Dasselbe gilt, wenn ein Steuerpflichtiger den Körperbehinderten-Pauschbetrag für seinen gehbehinderten Ehegatten oder sein gehbehindertes Kind in Anspruch nimmt. Als angemessen wird ein Aufwand für Privatfahrten von insgesamt 3.000 km jährlich angesehen. Bei einem Kilometersatz von 0,42 DM wird damit ein Aufwand von 1.260 DM als außergewöhnliche Belastung berücksichtigt.

Bei Steuerpflichtigen mit dem Merkzeichen **aG** im Ausweis, also bei Körperbehinderten, die so behindert sind, daß sie sich außerhalb des Hauses nur mit Hilfe eines Autos bewegen können, werden *alle* Kraftfahrzeugkosten (soweit sie nicht Betriebsausgaben oder Werbungskosten sind) als außergewöhnliche Belastung anerkannt. Dieser Personenkreis kann also neben den unvermeidbaren Kosten zur Erledigung privater Angelegenheiten auch Kosten für Erholungs-, Freizeit- und Besuchsfahrten geltend machen. Auch Kosten für andere Verkehrsmittel, zum Beispiel Taxifahrten, werden anerkannt.

Praktischer Hinweis:

Diese Vergünstigung wird *neben* dem Körperbehinderten-Pauschbetrag gewährt. Der Steuerpflichtige muß sich bei den Fahrtkosten allerdings eine zumutbare Eigenbelastung anrechnen lassen.

Beschäftigung einer Hausgehilfin oder Haushaltshilfe:

Ebenfalls neben dem Pauschbetrag für Körperbehinderte können Aufwendungen für eine *Haushaltshilfe* bis zum Betrag von hundert Mark monatlich oder 1.200 DM (bei Pflegebedürftigen 150 DM monatlich oder 1.800 DM, siehe oben) jährlich geltend gemacht werden, wenn die Beschäftigung entweder wegen
– Vollendung des 60. Lebensjahres beim Steuerpflichtigen oder dessen Ehegatten oder
– wegen einer Körperbehinderung mit einem GdB von mindestens fünfzig beim Steuerpflichtigen, seinem Ehegatten oder einer zum Haushalt gehörenden unterhaltenen Person oder
– wegen Krankheit einer der vorgenannten Personen erforderlich ist.

Unterbringung im Pflegeheim:
Ein Freibetrag in dieser Höhe kann auch für Aufwendungen einer Unterbringung des Steuerpflichtigen oder

seines Ehegatten in einem Pflegeheim geltend gemacht werden. Die Unterbringungskosten müssen allerdings Aufwendungen enthalten, die mit den Dienstleistungen für eine Haushaltshilfe vergleichbar sind, das sind zum Beispiel Kosten der Zimmer- und Wäschereinigung und der Essenszubereitung.

Beschäftigung einer ambulanten Pflegekraft:
Wird eine Pflegekraft zu Hause angestellt, kann ebenfalls der Freibetrag mit 1.800 DM geltend gemacht werden.

Praktischer Hinweis:
Behinderte, die pflegebedürftig und deshalb im Heim sind, können *wahlweise* die tatsächlichen Unterbringungskosten als außergewöhnliche Belastung oder den Pauschbetrag von 7.200 DM geltend machen und *zusätzlich* den Pflegepauschbetrag von 1.200 DM bzw. 1.800 DM.

2.2 Kraftfahrzeugsteuer

Bei der Kraftfahrzeugsteuer gibt es für Körperbehinderte entweder eine fünfzigprozentige Ermäßigung oder eine Befreiung – je nach dem Grad der Behinderung.

Steuerbefreiung:
Von der Kraftfahrzeugsteuer befreit ist ein Fahrzeug eines Schwerbehinderten, der
- blind
- hilflos oder
- außergewöhnlich gehbehindert ist.

Diese Voraussetzungen sind durch den Schwerbehindertenausweis, der die Merkzeichen **Bl**, **H** oder **aG** enthalten muß und zusätzlich mit dem orangefar-

benen Flächenaufdruck gekennzeichnet ist, nachzuweisen.
Schwerbehinderte im Sinne des Bundesversorgungsgesetzes (siehe Kapitel Pflegehilfen und Leistungsgesetze, Punkt 7) sind diesen Behinderten gleichgestellt, wenn sie bereits am 1. Juni 1979 von der Kraftfahrzeugsteuer befreit waren.

Praktischer Hinweis:

Wer zu diesem Personenkreis gehört, der kann *neben* der Steuerbefreiung auch die unentgeltliche Beförderung von Schwerbehinderten im öffentlichen Personenverkehr in Anspruch nehmen. Beide Hilfen werden nebeneinander gewährt.

Weitere Voraussetzungen:
Halter des Fahrzeugs muß der Schwerbehinderte selbst sein. Es ist allerdings nicht notwendig, daß dieser eine Fahrerlaubnis besitzt. Ist ein Minderjähriger körperlich, seelisch oder geistig behindert, kann ein Fahrzeug auch auf den Minderjährigen zugelassen werden, wenn die gesetzlichen Vertreter einwilligen. Eine Benutzung durch andere Personen als den Behinderten selbst ist nur zulässig für Fahrten mit oder für den Behinderten. Die Befreiung kann nur für ein Fahrzeug des Schwerbehinderten geltend gemacht werden.

Steuerermäßigung:
Schwerbehinderte mit orangefarbenem Flächenaufdruck und dem Merkzeichen **G** im Ausweis, also Personen, die in ihrer Bewegungsfähigkeit im Straßenverkehr erheblich beeinträchtigt sind, sowie Gehörlose bekommen die Kraftfahrzeugsteuer auf Antrag um fünfzig Prozent ermäßigt. Der Schwerbehinderte muß sich entscheiden, ob er die Steuerermäßigung *oder* unentgeltlich mit Bus oder Bahn (siehe unten) fahren will.

Nur eine der beiden Erleichterungen kann in Anspruch genommen werden.
Zu den weiteren Voraussetzungen siehe oben unter Steuerbefreiung.

Praktischer Hinweis:
Die Befreiung oder Ermäßigung der Kfz-Steuer kann gleichzeitig mit der Zulassung bei der Kfz-Zulassungsstelle oder beim Finanzamt beantragt werden. Nähere Auskünfte erteilen das zuständige Finanzamt oder das zuständige Versorgungsamt.

2.3 Sonstige Steuern

Steuervorteile für Schwerbehinderte sind darüber hinaus bei der Grundsteuer, der Umsatzsteuer, der Erbschafts- und Schenkungssteuer und der Vermögensteuer möglich. Nähere Auskünfte erteilen die zuständigen Finanzämter.
Auch die gemeindliche Hundesteuer kann blinden, gehörlosen oder hilflosen Personen erlassen bzw. ermäßigt werden. Auskünfte geben die Stadt- und Gemeindeverwaltungen.

3 Im Straßen- und Reiseverkehr

Auch Schwerbehinderte sollen soweit wie möglich am Leben in der Gemeinschaft teilnehmen können. Dabei machen die zurückzulegenden Wegstrecken oft große Probleme. Um die Mobilität von Schwerbehinderten zu erhalten, wurden deshalb Vergünstigungen beim öffentlichen Personenverkehr und bei der Benutzung eines eigenen Kraftfahrzeuges geschaffen.

3.1 Unentgeltliche Beförderung Schwerbehinderter im öffentlichen Personenverkehr

Anerkannte Schwerbehinderte haben Anspruch auf *unentgeltliche Beförderung im öffentlichen Nahverkehr,* das heißt, sie müssen von den Unternehmen, die im öffentlichen Personenverkehr eingesetzt werden, kostenlos befördert werden. Die Voraussetzungen sind im einzelnen in § 59 SchwbG geregelt:

§ 59 SchwbG Pflicht zur unentgeltlichen Beförderung
(1) Schwerbehinderte, die infolge ihrer Behinderung in ihrer Bewegungsfähigkeit im Straßenverkehr erheblich beeinträchtigt oder hilflos oder gehörlos sind, sind von Unternehmern, die öffentlichen Personennahverkehr betreiben, gegen Vorzeigen eines entsprechend gekennzeichneten Ausweises (Schwerbehindertenausweis mit orangefarbenem Flächenaufdruck) unentgeltlich zu befördern; das Recht zur unentgeltlichen Beförderung entbindet nicht von der Zahlung eines tarifmäßigen Zuschlags bei der Benutzung zuschlagspflichtiger D-Züge. Voraussetzung ist, daß der Ausweis mit einer gültigen Wertmarke versehen ist. Sie wird gegen Entrichtung eines Betrages von 120 DM für ein Jahr oder 60 DM für ein halbes Jahr ausgegeben . . .

Nicht alle Personen müssen die Wertmarke bezahlen. Auf Antrag wird eine für ein Jahr gültige Wertmarke kostenlos ausgegeben an
– Schwerbehinderte, die gesundheitlich besonders betroffen sind, das sind Blinde oder Hilflose (Merkzeichen **Bl** oder **H**) oder
– Schwerbehinderte, die Arbeitslosenhilfe oder laufende Hilfe zum Lebensunterhalt nach dem BSHG oder dem JWG oder ergänzende Hilfe oder Hilfe in besonderen Lebenslagen nach dem BVG beziehen, wenn sie in

ihrer Bewegungsfähigkeit im Straßenverkehr erheblich beeinträchtigt (orangefarbener Aufdruck und Merkzeichen **G**) oder gehörlos sind;

– bestimmte Schwerkriegs- oder Wehrdienstbeschädigte und andere Versorgungsberechtigte im Sinne des Bundesversorgungsgesetzes, die schon vor dem 1. 10. 1979 freifahrtberechtigt waren.

Die Wertmarke wird nicht ausgegeben, solange der Ausweis einen gültigen Vermerk über die Inanspruchnahme von Kraftfahrzeugsteuerbefreiung oder -ermäßigung, siehe oben, trägt.

Die unentgeltliche Beförderung ist im Umkreis von fünfzig Kilometern vom Wohn- oder Aufenthaltsort (z. B. auch Ferienort) des Berechtigten möglich. Sie gilt für Busse, Straßenbahnen, Fähren, U- und S-Bahnen, Nahverkehrs-, Eil- und D-Züge der Deutschen Bundesbahn. Eine Freifahrt im Fernverkehr ist nicht möglich.

Braucht ein Schwerbehinderter eine Begleitperson und ist dies durch das Zeichen **B** im Schwerbehindertenausweis deutlich gemacht, wird auch die Begleitperson unentgeltlich befördert. Die Begleitperson kann im Nah- und Fernverkehrsbereich *ohne* Kilometerbegrenzung frei fahren, auch wenn der Behinderte selbst bezahlen muß.

Praktische Hinweise:

Nähere Auskünfte erteilen die Fahrkartenausgabestellen der Deutschen Bundesbahn, DER-Reisebüros und sonstige DB-Verkehrsagenturen.

Hinweis für Rollstuhlfahrer:

Rollstuhlfahrer können zum Beispiel wegen Zugangsschwierigkeiten die Freifahrten nur eingeschränkt oder gar nicht nutzen. Deshalb stellen Sozialämter von finanzkräftigen Kommunen Fahrgutscheine aus. Diese Leistungen sind freiwillig, ein Anspruch darauf besteht nicht. Mit den speziellen Freifahrtscheinen können ein- oder mehrmals pro Monat Fahrdienste von Wohlfahrtsverbänden kostenlos in Anspruch genommen werden. Es empfiehlt sich, beim zuständigen Sozialamt nachzufragen, da die Fahrdienste regional unterschiedlich gehandhabt werden.

3.2 Bei der Benutzung von Kraftfahrzeugen

Pflegebedürftige, bei denen eine außergewöhnliche Gehbehinderung im Schwerbehindertenausweis festgestellt wurde (Merkzeichen aG), sowie Blinde (Merkzeichen Bl) haben *Erleichterungen beim Parken* ihrer Kraftfahrzeuge. Ihnen stehen insbesondere auf öffentlichen Parkflächen Parkplätze zur Verfügung, die mit dem Zusatzschild »Rollstuhlfahrersymbol« gekennzeichnet sind. Allerdings muß der Parkausweis gut sichtbar ausgelegt sein. Schwerbehinderte dürfen darüber hinaus ihre Kraftfahrzeuge im eingeschränkten Halteverbot parken oder die angegebene Höchstparkdauer bei begrenzter Parkzeit überschreiten. Parkplätze mit Parkscheinautomaten dürfen ohne Gebühr und zeitlich unbegrenzt benutzt werden, sofern in zumutbarer Entfernung keine andere Parkmöglichkeit besteht. Hat der Schwerbehinderte oder Blinde keinen Führerschein, ist aber auf die Benutzung eines Kraftfahrzeugs angewiesen, kann für den jeweiligen Fahrzeugführer eine Ausnahmegenehmigung bei der örtlich zuständigen Straßenverkehrsbehörde (Gemeindeverwaltung gibt Auskunft!) beantragt werden.

Schwerbehinderte, die blind, hilflos oder außergewöhnlich gehbehindert sind, Schwerkriegsbeschädigte und NS-Verfolgte, also die Personen, die auch von der Kfz-Steuer befreit sind, erhalten einen *Beitragsnachlaß in der Kraftfahrzeug-Haftpflichtversicherung* und der Fahrzeugvollversicherung in Höhe von fünfundzwanzig Prozent. Voraussetzung ist, daß das Fahrzeug hauptsächlich der Fortbewegung des Berechtigten dient und von der Kfz-Steuer befreit ist (siehe oben Punkt 1.2). Ist der Kfz-Steuersatz nur ermäßigt – bei Gehörlosen und Gehbehinderten –, so wird der Versicherungsbeitrag um 12,5 Prozent ermäßigt. Behinderte Halter eines Pkws mit Katalysator, die bereits deshalb ganz oder teilweise von der Kfz-Steuer befreit sind, können die Ermäßigung in der Haftpflichtversicherung ebenfalls erreichen. Sie müssen sich dazu vom Finanzamt bescheinigen lassen, daß sie auch aufgrund ihrer Behinderung Anspruch auf Steuerermäßigung oder Steuerbefreiung hätten.

Praktischer Hinweis:

Die Beitragsermäßigung ist auch bei Fahrzeugen möglich, die geleast werden. Nähere Auskünfte erteilen die Versicherungsgesellschaften.

3.3 Seniorenpaß für Schwerbehinderte

Beim Wort »Seniorenpaß« fühlen sich naturgemäß nur Menschen, die älter als sechzig Jahre sind, angesprochen. Doch den Seniorenpaß und damit die in der Regel fünfzigprozentige Fahrpreisermäßigung bei Fahrten mit der Deutschen Bundesbahn kann man auch unabhängig vom Alter bekommen: Schwerbehinderte mit einem Grad der Behinderung von mehr als fünfundsiebzig, erhalten den Seniorenpaß schon in jungen Jahren. Der »Seniorenpaß« berechtigt auch Kinder und Jugendliche, im Fernverkehr zum halben Preis zu fahren. Nachzuweisen ist die Schwerbehinderung mit dem Schwerbehindertenausweis.

Praktischer Hinweis:

Der Seniorenpaß kann an den Fahrtkartenschaltern oder bei den Verkaufsagenturen der Bundesbahn erstanden werden. Dort liegen auch Merkblätter für nähere Informationen bereit.

4 Beim Wohnen

4.1 Wohnbauförderung im sozialen Wohnungsbau

Personen oder Familien, deren Jahreseinkommen eine festgelegte Grenze nicht oder nicht wesentlich überschreitet, erhalten beim Bau, Umbau oder Kauf eines Wohnhauses oder einer Wohnung Darlehen aus Mitteln des sozialen Wohnungsbaus. Rechtsgrundlage ist das Zweite Wohnungsbaugesetz. Dieses sieht auch Erleichterungen für Schwerbehinderte vor und zwar:

– in der Erhöhung der Einkommensgrenze für Schwerbehinderte mit einem GdB von fünfzig Prozent um 4.200 DM jährlich, für Schwerbehinderte mit einem GdB von mindestens achtzig Prozent um 9.000 DM jährlich,

– bei Überschreitung der zulässigen Wohnfläche. Grundsätzlich werden nur Wohnungen gefördert, deren Wohnfläche eine bestimmte Größe nicht überschreitet. Wenn der Wohnungsinhaber zum Beispiel wegen einer schweren Behinderung mehr Wohnraum braucht, so wird diese Grenze angemessen erhöht.

Praktischer Hinweis:

Die Einkommensgrenzen und die Wohnflächenbegrenzung gelten auch für denjenigen, der eine Wohnung des sozialen Wohnungsbaus beziehen will und dazu einen Wohnberechtigungsschein braucht. Weitere Auskünfte erteilen die Wohnbauförderungsstellen der Landratsämter bzw. die Gemeinden.

4.2 Wohngeld und Lastenzuschuß

Wohngeld nach dem Wohngeldgesetz können Personen erhalten, deren Familieneinkommen eine festgelegte Höchstgrenze nicht übersteigt. Mieter und Untermieter von Wohnungen und Heimbewohner erhalten einen Mietzuschuß, Eigentümer von selbstgenutztem Wohnraum einen Zuschuß zu den Hauslasten.
Lebt ein Schwerbehinderter im Haushalt, dessen GdB mindestens achtzig Prozent beträgt, so wird vom anzurechnenden Einkommen ein Freibetrag in Höhe von monatlich 200 DM oder jährlich 2.400 DM abgezogen. Das gleiche gilt, wenn ein zum Haushalt rechnender Angehöriger Pflegegeld nach dem Bundessozialhilfegesetz (siehe Kapitel Pflegehilfen durch die Sozialhilfe, Punkt 5) bezieht.

Praktischer Hinweis:
Nähere Auskünfte von den Wohngeldstellen der Stadt- und Landkreise und den Gemeindeverwaltungen.

5 Bei der Kommunikation

5.1 Befreiung von der Rundfunk- und Fernsehgebührenpflicht

Die Bundesländer haben Verordnungen erlassen, nach denen ein Rundfunkteilnehmer oder dessen Ehegatte keine Rundfunkgebühren bezahlen muß, wenn er unter anderem

– einen Grad der Behinderung von wenigstens achtzig Prozent hat und deshalb an öffentlichen Veranstaltungen nicht teilnehmen kann oder
– pflegebedürftig ist und Hilfe zur Pflege nach dem Bundessozialhilfegesetz, dem Bundesversorgungsgesetz oder Pflegezulage nach dem Lastenausgleichsgesetz bezieht.
Auch Bewohner von Altenheimen und Altenpflegeheimen können die Gebührenbefreiung beantragen, wenn ihr Einkommen zur Bezahlung der Heimkosten gebraucht wird und ihnen nur ein Taschengeld verbleibt.

Praktische Hinweise:

Die gesundheitlichen Voraussetzungen stellt das Versorgungsamt durch das Merkzeichen **RF** im Schwerbehindertenausweis fest. Wo die Gebührenbefreiung beantragt werden kann, steht in den jeweiligen Landesverordnungen. Die Sozialämter oder die Verbände der freien Wohlfahrtspflege haben Antragsformulare und können nähere Auskünfte erteilen.

5.2 Ermäßigung von Telefongebühren

Der Personenkreis, der Rundfunkgebührenbefreiung erhalten kann (siehe Punkt 5.1), der erfüllt nach der Fernmeldeordnung auch die Voraussetzungen für eine Ermäßigung seiner Telefongebühren. Ermäßigt werden sowohl Anschluß-, Übernahme- und Grundgebühren, als auch laufende Gesprächsgebühren.

Praktischer Hinweis:

Nähere Auskünfte erteilen die Stadt- und Gemeindeverwaltungen, die Post- und Fernmeldeämter sowie die Sozialämter.

6 Nachteilsausgleich in sonstigen Bereichen

6.1 Beitrittsrecht zur gesetzlichen Krankenversicherung

Hat ein Schwerbehinderter – aus welchen Gründen auch immer – keinen Krankenversicherungsschutz, kann er innerhalb von drei Monaten nach Feststellung seiner Schwerbehinderung einer gesetzlichen Krankenkasse oder einer Ersatzkasse als freiwilliges Mitglied beitreten. Ein zusätzliches Gesundheitszeugnis dürfen die Krankenkassen nicht verlangen, auch können die Leistungen der Kassen ohne Wartezeit in Anspruch genommen werden. Der Versicherungsschutz ist umfassend, die bestehenden Erkrankungen oder Behinderungen dürfen nicht ausgeschlossen werden.

Praktischer Hinweis:

Nähere Auskünfte erteilen die Krankenkassen.

6.2 Beim Kindergeld

Normalerweise wird Kindergeld nur für Kinder bis zu sechzehn Jahren bezahlt. Für Kinder, die wegen einer körperlichen, geistigen oder seelischen Behinderung nicht in der Lage sind, durch eine Erwerbstätigkeit sich selbst zu unterhalten, wird Kindergeld ohne Altersbegrenzung gewährt. Allerdings muß die Behinderung vor dem 27. Lebensjahr festgestellt worden sein.

Praktischer Hinweis:

Zuständig für die Zahlung von Kindergeld sind die Kindergeldkassen bei den Arbeitsämtern. Für Beschäftigte im öffentlichen Dienst ist der Dienstherr, der Arbeitgeber bzw. der Träger der Versorgung zuständig. Diese Stellen erteilen auch nähere Auskünfte.

Ein Wort zu Pflegschaften bzw. Betreuungen

1 Allgemeines

Wir schulden einem Menschen dieselbe Rücksicht wie einem Bild, das wir bedachtsam ins rechte Licht hängen.
(Ralph Waldo Emerson)

Mit Vollendung des achtzehnten Lebensjahres ist eine Person uneingeschränkt geschäftsfähig, das heißt, sie kann in allen Lebensbereichen wirksam Rechtsgeschäfte vornehmen. Unabhängig vom Alter sind jene Personen geschäftsunfähig, bei denen ein nicht nur vorübergehender Zustand krankhafter Störung der Geistestätigkeit vorliegt, der die freie Willensbestimmung ausschließt. Diese Personen sind nicht in der Lage, rechtswirksame Handlungen vorzunehmen, zum Beispiel Verträge abzuschließen oder Anträge zu stellen. Doch auch Menschen mit geistiger Behinderung leben in einer sozialen Umwelt, in denen sie verbindlich Handlungen vornehmen müssen. Deshalb muß ein anderer rechtswirksam für sie handeln können. Das derzeit geltende Recht bietet dazu zwei Möglichkeiten:
Die Pflegschaft und die Vormundschaft.
Die Anordnung einer *Pflegschaft* ist ausreichend, wenn ein Mensch mit einer geistigen oder seelischen Behinderung lediglich für *einzelne* Rechtsgeschäfte einen Helfer braucht. Dadurch wird seine Eigenschaft als Handelnder nicht in Frage gestellt.
Der Gesetzgeber hat verschiedene Pflegschaften vorgesehen. In der Praxis wird wegen körperlicher oder geistiger Gebrechen die *Gebrechlichkeitspflegschaft* am

häufigsten eingerichtet, und zwar dann, wenn der einzelne seine Angelegenheiten, insbesondere seine Vermögensangelegenheiten nicht mehr selbst zu besorgen vermag. Bei einer Pflegschaft hat der Pfleger immer nur ganz bestimmte Aufgabengebiete, zum Beispiel die Wahrnehmung des Aufenthaltsbestimmungsrechts, die Vertretung beim Abschluß eines Vertrages oder bei vermögensrechtlichen Angelegenheiten. Sie berührt die Geschäftsfähigkeit nicht, der Behinderte kann neben dem Pfleger und auch gegen dessen Willen handeln.
Die *Vormundschaft* umfaßt die Fürsorge für *alle* persönlichen und vermögensrechtlichen Angelegenheiten des Betroffenen. Ein Volljähriger wird unter Vormundschaft gestellt, wenn er entmündigt worden ist. Die Vormundschaft ist nur in Ausnahmefällen notwendig, meistens reicht eine Pflegschaft aus.
Aber wer beschäftigt sich – solange er im Vollbesitz seiner körperlichen und geistigen Kräfte ist – schon damit, wie es sein wird, wenn diese Kräfte einmal schwinden oder durch ein plötzliches Ereignis, wie etwa einen Unfall, eingeschränkt werden? Die Tatsache, daß man einmal seine Geschäfte nicht mehr selbst erledigen kann, wird oftmals ins Unterbewußtsein abgeschoben. Doch Verdrängung ist keine Lösung. Deshalb sollten sich nicht nur diejenigen, die von Berufs wegen mit Vormundschaften und Pflegschaften zu tun haben, diesem wichtigen Themenkreis annehmen. Insbesondere für ältere Menschen und Pflegebedürftige kann es wichtig sein, etwas über dieses Rechtsgebiet zu erfahren. In jüngster Vergangenheit ist das Vormundschaftsrecht allerdings in die Schlagzeilen geraten: es sei nicht mehr zeitgemäß und soll deshalb gründlich reformiert werden. Immerhin besteht es seit fast hundert Jahren nahezu unverändert. Besonders der Widerspruch zu dem im Grundgesetz verankerten Recht auf freie Entfaltung der Persönlichkeit macht eine grundlegende Reform

notwendig. Die derzeit geltende Regelung wird dem Grundsatz, in die Persönlichkeitsrechte behinderter Menschen nur im unbedingt notwendigen Umfang einzugreifen, nicht gerecht. Zu sehr stehen vermögensrechtliche Aspekte im Vordergrund, während die persönliche Betreuung des Betroffenen oft zu kurz kommt. Seit jeher besteht ein Spannungsverhältnis zwischen notwendiger Fürsorge auf der einen und Entrechtung auf der anderen Seite. In Zukunft sollen den Betroffenen deshalb erheblich mehr Rechte belassen werden als bisher. In Erwartung der Reform werden derzeit nur noch in dringenden Fällen Entmündigungen ausgesprochen. Die zukünftigen Regelungen werden im folgenden in ihren Grundzügen dargestellt.

2 Die Betreuung von hilfsbedürftigen Personen

Lassen die geistigen und körperlichen Fähigkeiten von erwachsenen Personen nach, so stehen die Angehörigen und auch die Betroffenen selbst dieser Situation meistens ratlos gegenüber. Oft werden sinnlose Geschäfte, vor allem sogenannte Haustürgeschäfte, abgeschlossen, die nachher nur schwer oder gar nicht mehr rückgängig gemacht werden können. Das ist dann meistens der Anlaß, etwas zum Schutz des Betroffenen zu unternehmen – eine Pflegschaft oder in schweren Fällen eine Vormundschaft einzurichten.
In jüngster Zeit hat sich immer mehr die Meinung durchgesetzt, daß jemand, der fremde Hilfe bei der Erledigung seiner Rechtsgeschäfte braucht, nicht unbedingt alle seine Rechte verlieren muß – entmündigt wird, wie das bisher oft der Fall war. Vielmehr muß es

möglich sein, daß eine Person trotz eines »Fürsorgers« ein Mensch mit Rechten und Pflichten bleiben kann und dies auch im Rechtsleben. Deshalb wird es ab 1992 keine Entmündigungen mehr geben. Vormundschaften und Pflegschaften über Volljährige werden durch eine sogenannte »Betreuung« ersetzt. Die rund 250.000 erwachsenen Personen, die derzeit unter Pflegschaft oder Vormundschaft stehen, sollen ebenfalls einen Betreuer erhalten. Künftig werden alle erwachsenen Personen voll geschäftsfähig bleiben. Kann jemand bestimmte Geschäfte nicht mehr selbst erledigen oder notwendige Entscheidungen nicht mehr selbst treffen, wird vom Vormundschaftsgericht ein Betreuer mit beschränktem Aufgabenbereich bestellt. So ein Fall tritt zum Beispiel dann ein, wenn jemand in seiner Wohnung verwahrlost, sich aber weigert, in ein Heim zu gehen. Dann wird ein Betreuer bestellt, der versucht, den Betreffenden zu einem Umzug in ein Pflegeheim zu bewegen. Letztlich zählt aber der Wille des Betreuten, da die Bestellung eines Betreuers keine Auswirkungen auf die Geschäftsfähigkeit des Betreuten hat. Nur wo im Einzelfall Einschränkungen zum Schutz des Betreuten notwendig sind, etwa bei erheblicher Selbstgefährdung, kann vom Vormundschaftsgericht ein Einwilligungsvorbehalt angeordnet werden. Der Betreute braucht dann zu einer bestimmten Entscheidung die Einwilligung seines Betreuers.

Das bisherige Recht enthält viele Regelungen, die das Vermögen des Betroffenen schützen, die Sorge um die Person tritt dagegen zurück. Auch das soll nun anders werden. Die persönliche Betreuung, sprich die Personensorge, soll nun eindeutig im Vordergrund stehen. Die Möglichkeiten der Förderung und Betreuung, insbesondere im sozialen Bereich, sollen dann besser ausgeschöpft werden. Außerdem werden Betreuungen nur noch für eine bestimmte Zeitdauer (fünf Jahre) ange ordnet und nicht wie bisher üblich auf Dauer, da sich der Zustand von Kranken und Behinderten durch Medikamente und Heilbehandlungen oftmals erheblich bessern läßt. Dies alles und noch viele weitere Einzelheiten regelt das neue Betreuungsgesetz oder genauer: Das Gesetz zur Reform des Rechts der Vormundschaften und Pflegschaften für Volljährige, das Eingriffe in persönliche Rechte nur noch dann zuläßt, wenn sie unbedingt notwendig sind. Im Mittelpunkt steht das Wohl der Betroffenen, vor allem ihre persönliche Betreuung. Ob sich die Betreuungen in der Praxis als praktikabel erweisen, kann erst nach einer Einführungszeit beurteilt werden.

3 Es muß nicht gleich eine Pflegschaft bzw. Betreuung sein: Die Vorsorgevollmacht

Jeder kann, solange er noch im Vollbesitz seiner geistigen und körperlichen Kräfte ist, selbst Vorsorge für den Fall treffen, daß er – etwa nach einem Unfall oder im Alter – geschäftsunfähig wird (siehe auch Kapitel »Private Vorsorge durch Versicherungen und Vereinbarungen«, Punkt 4). Damit kann vermieden werden, daß vom Vormundschaftsgericht bei Bedarf eine Pflegschaft, oder nach neuem Recht eine Betreuung, eingerichtet werden muß. Die Eigenvorsorge besteht darin, daß eine sogenannte *Vorsorgevollmacht* erteilt wird. Besonders für ältere Menschen ist eine Altersvorsorgevollmacht ein geeignetes Mittel, eine Pflegschaft oder Betreuung zu umgehen. In der Praxis sieht das so aus:
Der Vollmachtgeber selbst wählt eine Person aus und erteilt dieser Person Handlungsvollmacht für den Fall seiner Geschäftsunfähigkeit. Damit durch die Vorsorge-

vollmacht wirklich eine Betreuung ersetzt werden und der Bevollmächtigte für den Betroffenen handeln kann, empfiehlt es sich, die Vollmacht möglichst allgemein und in weitem Umfang zu erteilen. Man spricht dann von einer Generalvollmacht. Der Bevollmächtigte kann dann umfassend tätig werden und *rechtsverbindlich* Handlungen für den Vollmachtgeber vornehmen. Natürlich birgt das die Gefahr des Mißbrauchs in sich. Mit Vorlage der Vollmacht kann der Bevollmächtigte im schlimmsten Fall ein Bankkonto des Vollmachtgebers auflösen. Geschieht dies nicht im Sinne des Bevollmächtigten, macht sich das Bankinstitut nicht schadenersatzpflichtig. Deshalb sollte nur eine wirkliche Vertrauensperson bevollmächtigt werden.

Ihre rechtlichen Grenzen findet die Vorsorgevollmacht dort, wo das Gesetz vorschreibt, daß Rechtsgeschäfte höchstpersönlich vorgenommen werden müssen, wie etwa bei der Erstellung eines Testaments.

Wer keine Vorsorgevollmacht erteilen will, der akzeptiert im Falle seiner Geschäftsunfähigkeit die Bestellung eines Betreuers durch das Vormundschaftsgericht. Auch die Mitwirkung dieser Stelle kann im Hinblick auf die oben angedeuteten Gefahren Vorteile haben. Das künftige Betreuungsgesetz räumt jedem Betroffenen das Recht ein, Vorschläge zur Auswahl des Betreuers zu äußern. Das Vormundschaftsgericht muß dem Vorschlag entsprechen, wenn die vorgeschlagene Person geeignet und zur Wahrnehmung der Betreuung bereit ist. Der Betroffene kann auch vorschlagen, eine bestimmte Person *nicht* zu bestellen. Außerdem können Wünsche zur Wahrnehmung der Betreuung geäußert werden.

3.1 Form der Vorsorgevollmacht

Es findet sich nirgends eine Vorschrift, in der für eine Vorsorgevollmacht eine bestimmte Form vorgeschrieben wird. Wegen der Rechtssicherheit wird aber in jedem Fall empfohlen, die Vollmacht *schriftlich* festzuhalten. Banken anerkennen in der Regel eine Vollmacht nur nach einer bankinternen Unterschriftsbeglaubigung. Wer ganz sicher gehen will, der läßt seine Vorsorgevollmacht von einem Notar beurkunden. Der Notar ist nämlich verpflichtet, sich vor einer Beurkundung von der Geschäftsfähigkeit des Vollmachtgebers zu überzeugen. Es empfiehlt sich ohnehin, die Vorsorgevollmacht zu einem Zeitpunkt zu erteilen, in dem noch keine Zweifel an der Geschäftsfähigkeit des Vollmachtgebers bestehen. Das kann bei eventuell folgenden Rechtsstreitigkeiten ganz erhebliche Vorteile haben. Bei einer kurz vor Eintritt der Geschäftsunfähigkeit erteilten Vollmacht wird vom Vormundschaftsrichter die Wirksamkeit der Vollmacht sehr sorgfältig geprüft werden müssen.
Besitzt jemand größere Vermögenswerte, so kann es von Vorteil sein, wenn in der Vorsorgevollmacht zwei Bevollmächtigte bestellt werden. Dann kann man bestimmen, daß wichtige Rechtsgeschäfte nur gemeinsam ausgeführt werden können.

3.2 Beispiel einer Vorsorgevollmacht

Ich, . . ., bevollmächtige hiermit meine Ehefrau . . . und meinen Sohn . . ., je einzeln, mich – soweit gesetzlich zulässig – in allen persönlichen Angelegenheiten, auch soweit sie meine Gesundheit betreffen, zu vertreten. Die Vollmacht gilt insbesondere in allen Vermögens-, Steuer- und sonstigen Rechtsangelegenheiten.

Schenkungen kann jeder Bevollmächtigte nur in dem Rahmen vornehmen, der auch einem Pfleger bzw. Betreuer gestattet ist.
Die Vollmacht ist widerruflich.
Jeder Bevollmächtigte kann mich und einen Dritten gleichzeitig vertreten.
Die Vollmacht und das ihr zugrundeliegende Rechtsverhältnis bleiben gültig, wenn ich geschäftsunfähig geworden sein sollte oder wenn ich nicht mehr lebe.

4 Wer gibt Rat und Auskunft?

Bisher zuständig für Pflegschaften und Entmündigungen sind die Vormundschaftsgerichte. Nach dem neuen Betreuungsgesetz wird die Zuständigkeit für Betreuungen bei den Vormundschaftsgerichten bleiben. Diese sind bei den Amtsgerichten, in Württemberg bei den Notariaten bzw. den Amtsgerichten, angesiedelt. Wer für den Fall der eigenen Geschäftsunfähigkeit vorsorgen möchte oder einen Angehörigen hat, der seine Rechtsgeschäfte nicht mehr allein erledigen kann, der sollte nähere Auskünfte direkt bei dem für den jeweiligen Wohnort zuständigen Vormundschaftsgericht holen. Wo dieses zu finden ist, das kann dem Telefonbuch entnommen oder bei der Gemeindeverwaltung erfragt werden.

Adressen, die weiterhelfen:

Arbeiterwohlfahrt
Bundesverband e. V.
Postfach 1149
5300 Bonn 1
Telefon: 02 28/6 68 50

Bundesarbeitsgemeinschaft der freien
Wohlfahrtspflege e. V.
Franz-Lohe-Straße 17
5300 Bonn 1
Telefon: 02 28/2 26-1

Bundesarbeitsgemeinschaft Hilfe für
Behinderte e. V.
Kirchfeldstraße 149
4000 Düsseldorf 1
Telefon: 02 11/31 00 60

Deutscher Caritasverband
e. V.
Karlstraße 40
7800 Freiburg
Telefon: 07 61/20 01

Deutscher Paritätischer
Wohlfahrtsverband
– Gesamtverband e. V. –
Heinrich-Hoffmann-
Straße 3
6000 Frankfurt a. M. 71
Telefon: 0 69/67 06-0

Mitglieder des DPWV
sind:

- Der Arbeiter-Samariter-Bund Deutschland e. V.
- Der Verband der Kriegs- und Wehrdienstopfer, Behinderten und Sozialrentner Deutschlands e. V.

Deutscher Verein für
öffentliche und private
Fürsorge
Am Stockborn 1–3
6000 Frankfurt a. M.

Deutsches Rotes Kreuz
e. V.
Friedrich-Ebert-Allee 71
5300 Bonn 1
Telefon: 02 28/54 11

Diakonisches Werk der
evangelischen Kirche in
Deutschland e. V.
– Hauptgeschäftsstelle –
Stafflenbergstraße 76
7000 Stuttgart 1
Telefon: 07 11/21 59-0

Kuratorium Deutsche
Altershilfe
Wilhelmine-Lübke-
Stiftung e. V.
An der Pauluskirche 3
5000 Köln 1

Verband der Kriegs- und
Wehrdienstopfer, Behin-
derten und Sozialrentner
Deutschlands e. V.
– Hauptgeschäftsstelle –
Wurzerstraße 2–4
5300 Bonn 2

Zentralwohlfahrtsstelle
der Juden in Deutschland
e. V.
Postfach
6000 Frankfurt 1
Telefon 0 69/43 02 06

Verbände in den neuen Bundesländern:

Landesgeschäftsstelle
Brandenburg
Friedrich-Ebert-Straße 33
O - 1500 Potsdam
Telefon: 00 37 33/2 13 18

Landesgeschäftsstelle
Sachsen
Am See 13
O - 8010 Dresden
Tel.: 00 37 51/4 95 13 79

Landesgeschäftsstelle
Thüringen
Meister-Eckehardt-Str. 6
O - 5020 Erfurt
Telefon: 00 37 61/2 69 17

Volkssolidarität e. V.
Hauptgeschäftsstelle –
Rykestraße 53
O - 1055 Berlin
Telefon: 0 03 72/4 40 02 51

Literatur, die weiterhilft:

Bundesarbeitsgemeinschaft Hilfe für Behinderte e. V.: Die Rechte behinderter Menschen und ihrer Angehörigen, Düsseldorf 1989

Bundesministerium für Arbeit und Sozialordnung: Rentenreform '92, Bonn 1990

Bundesministerium für Jugend, Familie, Frauen und Gesundheit: Anzahl und Situation zu Hause lebender Pflegebedürftiger, Social-Data-Studie von 1978
1. Teilbericht der Sachverständigenkommission zur Erstellung des 1. Altenberichts der Bundesregierung, 1990

Bundesministerium für Jugend, Familie, Frauen und Gesundheit: Ihre Rechte als Heimbewohner, 1990

Döring, Bärbel (Hrsg.): Zu Hause leben oder im Altenheim, Frankfurt 1989

Kleinere Schriften des Deutschen Vereins für öffentliche und private Fürsorge: Rechtsfragen des alten Menschen, Frankfurt 1987

Klessmann, Edda: Wenn Eltern Kinder werden und doch Eltern bleiben, Stuttgart 1990

Künzel-Schön, Marianne: Wenn unsere Eltern älter werden, Reinbek 1988

Kuratorium Deutsche Altershilfe e. V.: Hilfe und Pflege im Alter, Bonn 1986

Landkreistag Baden-Württemberg: Hinweise zur Hilfe für Behinderte, April 1984

Mergler, Otto: Kommentar zum Bundessozialhilfegesetz, Köln 1990

Ministerium für Arbeit, Gesundheit, Familie und Sozialordnung Baden-Württemberg: Ältere Menschen in Baden-Württemberg, Stuttgart 1987

Ministerium für Arbeit, Gesundheit, Familie und Sozialordnung Baden-Württemberg: Ratgeber für behinderte Menschen und ihre Angehörigen, Stuttgart 1989
Pery-Lyman, Dorotee: Tausend Tage Lebensende, München 1989
Presse- und Informationsamt der Bundesregierung: Bonner Almanach 1989/90, Politik zum Nachschlagen, Bonn 1989
Schellhorn Walter: Kommentar zum Bundessozialhilfegesetz, Loseblattsammlung, Darmstadt, Neuwied 1985
test, Zeitschrift der Stiftung Warentest, September 1990
Vincentz-Verlag: Altenheim-Adreßbuch, Hannover 1989

Fundstellenverzeichnis für zitierte Rechtsvorschriften

Im Text werden immer wieder auszugsweise Gesetze und Rechtsvorschriften zitiert. Wer nähere Informationen möchte, kann die gesamten Gesetzestexte im Bundes- bzw. im Reichsgesetzblatt (BGBL und RGBL) nachlesen. Diese Gesetzessammlung befindet sich u. a. in größeren Bibliotheken und Verwaltungen.

BGB vom 18. 8. 1896 (RGBl. I S. 195), zuletzt geändert am 8. 12. 1986 (BGBl. I S. 2317)
BSHG i. d. F. vom 20. 1. 1987 (BGBl. I S. 401)
BTG (Betreuungsgesetz) vom 12. 9. 1990 (BGBl. I S. 2002 ff.)
BVG i. d. F. vom 22. 1. 1982 (BGBl. I S. 21), zuletzt geändert am 20. 12. 1988 (BGBl. I S. 2477)
LAG i. d. F. vom 1. 10. 1969 (BGBl. I S. 1909), zuletzt geändert am 9. 6. 1987 (BGBl. I S. 1357)
RVO i. d. F. vom 15. 12. 1924 (RGBl. I S. 779), zuletzt geändert am 20. 12. 1988 (BGBl. I S. 2477)
SchwbG i. d. F. vom 26. 8. 1986 (BGBl. I S. 1421, 1550), zuletzt geändert am 14. 12. 1987 (BGBl. I S. 2602)
SGB I vom 11. 12. 1975 (BGBl. I S. 3015)
SGB V vom 20. 12. 1988 (BGBl. I S. 2477), geändert am 20. 12. 1988 (BGBl. I S. 2606)
Wohngeldgesetz i. d. F. vom 11. 7. 1985 (BGBl. I S. 1421, 1661)
Heimgesetz i. d. F. vom 23. 4. 1990 (BGBl. I S. 758)
Gesundheitsreformgesetz vom 20. 12. 1988 (BGBl. I S. 2477)

Stichwortverzeichnis

R

S

T

U